ワークスタディ

商法 会社法

石山 卓磨 編

不磨書房

〔執筆者紹介〕

氏名	所属	執筆分担〈Lesson〉
石山 卓磨（いしやま たくま）	（日本大学教授）	1, 4, 28
河内 隆史（かわち たかし）	（神奈川大学教授）	2, 7, 21
中村 信男（なかむら のぶお）	（早稲田大学教授）	3, 17, 38
土井 勝久（どい かつひさ）	（札幌大学教授）	5, 24, 26
土田 亮（つちだ りょう）	（東亜大学助教授）	6, 15, 19
松岡 啓祐（まつおか けいすけ）	（専修大学助教授）	8, 20, 31
松崎 良（まつざき りょう）	（東日本国際大学助教授）	9, 11, 32
王子田 誠（おうしだ まこと）	（東亜大学講師）	10, 14, 25
川島 いづみ（かわしま いづみ）	（早稲田大学教授）	12, 13, 18
前田 修志（まえだ ただし）	（東亜大学助教授）	16, 22, 35
松嶋 隆弘（まつしま たかひろ）	（日本大学助教授）	23, 29, 37
松本 博（まつもと ひろし）	（宮崎産業経営大学講師）	27, 33, 39
大久保 拓也（おおくぼ たくや）	（日本大学助手）	30, 34, 36

〔執筆順〕

はしがき

　本書は，法学検定試験の受験準備を視野に入れて編集された，会社法の受験参考書である。しかし，法学検定試験の受験生のみが利用すべきものでは決してない。司法試験，公認会計士試験等，各種の受験勉強において共通する重要なことは，膨大な分量を擁する会社法をいかにして的確に把握するかということであり，このためには，骨格となる基本的重要事項を正確に理解することから始めなければならない。本書はそのために利用する好個の文献となるものと信ずる。各種資格試験の受験生のみならず，会社法学の学問的探求に関心をもつ学生諸君にとっても，折に触れ基本に立ち返って己の位置づけを確認しようとする場合，本書は役に立つものと考える。もちろん，実務に携わる人にとっても有益な書となろう。

　会社法は改正の多い法律であり，最新の内容を包含した会社法の全体像を適当な分量で簡潔・的確に紹介する文献を手にすることは容易ではない。とくに最近の会社法改正の頻繁さは，受験生にとっては不安と悩みの種ではなかったろうか。本書は，平成13年6月・11月・12月の商法改正までが収録された内容となっており，学習上の基本書として活用していただければ，これにすぎるよろこびはない。

　　平成14年5月

　　　　　　　　　　　　　　　　　　　　　　　　　石山　卓磨

目　次

はしがき

第1章　会社総論

Lesson 1　会社の概念 …………………………………………………………1
　　1　会社の意義 …………………………………………………………1
　　2　会社の営利性 ………………………………………………………2
　　3　会社の社団性 ………………………………………………………3
　　4　会社の法人性 ………………………………………………………6

Lesson 2　会社の権利能力 ……………………………………………………8
　　1　法人格と権利能力 …………………………………………………8
　　2　会社の権利能力の取得と設立中の会社 …………………………8
　　3　会社の権利能力の喪失と清算中の会社 …………………………9
　　4　会社の権利能力の制限 ……………………………………………9
　　5　定款の目的による権利能力の制限 ………………………………9
　　6　会社の政治献金 ……………………………………………………11
　　7　目的外の行為による法的効果 ……………………………………12

Lesson 3　法人格の否認 ………………………………………………………15
　　1　法人格否認の意義とその背景・実定法上の根拠 ………………15
　　2　法人格否認の法理の具体的適用場面 ……………………………16
　　3　法人格否認の法理による判決効（既判力）の拡張の可否 ……19

Lesson 4　会社の種類 …………………………………………………………22
　　1　各種の会社 …………………………………………………………22
　　2　合名会社 ……………………………………………………………22
　　3　合資会社 ……………………………………………………………23
　　4　株式会社 ……………………………………………………………24

  5 有限会社 …………………………………………………………27

第2章　株式会社の設立

Lesson 5　発起設立と募集設立 ………………………………………29
  1 株式会社の設立 ……………………………………………29
  2 発起設立 ……………………………………………………30
  3 募集設立 ……………………………………………………34

Lesson 6　変態設立 ……………………………………………………38
  1 総　説 ………………………………………………………38
  2 変態設立事項の内容 ………………………………………38
  3 変態設立事項の調査 ………………………………………41

Lesson 7　発起人の権限 ………………………………………………44
  1 発起人の法的地位 …………………………………………44
  2 発起人と発起人組合・設立中の会社 ……………………44
  3 発起人の権限と設立中の会社の実質的権利能力 ………45
  4 定款に記載のない財産引受 ………………………………46
  5 会社成立後も未払いの設立費用 …………………………48
  6 会社不成立の場合の責任 …………………………………49

Lesson 8　設立関与者の責任 …………………………………………51
  1 設立関与者の責任の意義 …………………………………51
  2 発起人・取締役の会社に対する責任 ……………………51
  3 発起人の第三者に対する責任 ……………………………54
  4 会社不成立の場合の発起人の責任 ………………………54
  5 擬似発起人の責任 …………………………………………54
  6 取締役および監査役の責任 ………………………………55
  7 会社資本の払込取扱金融機関 ……………………………55
  8 会社設立手続の瑕疵と設立の無効 ………………………56

第3章　株　　式

Lesson 9　数種の株式 …………………………………………………60

	1	数種の株式の意義 …………………………………60
	2	数種の株式の類型 …………………………………62

Lesson 10 株式の譲渡 ……………………………………………71
- 1 株式の自由譲渡性 …………………………………71
- 2 権利株および株式発行前の譲渡制限 ………………71
- 3 定款による譲渡制限 ………………………………71
- 4 株式の譲渡 …………………………………………73
- 5 株式の担保化 ………………………………………74

Lesson 11 自己株式の取得 ……………………………………76
- 1 自己株式の意義 ……………………………………76
- 2 自己株式の取得の原則的禁止 ………………………76
- 3 自己株式の取得の新たな法規制の内容 ……………78

Lesson 12 株式の併合と分割 ………………………………86
- 1 株式の併合と分割の意義 …………………………86
- 2 株式の併合 …………………………………………86
- 3 株式の分割 …………………………………………89

Lesson 13 株式の消却 ………………………………………93
- 1 株式の消却とは何か ………………………………93
- 2 株式を消却できる場合 ……………………………93
- 3 株式の消却に関する商法の規制の変遷 ……………94
- 4 定款の規定に基づく利益による株式の消却 ………96
- 5 取締役会の決議に基づく株式の消却 ………………97

Lesson 14 端株制度と単元株制度 …………………………100
- 1 投資単位の調整 …………………………………100
- 2 端株制度 …………………………………………101
- 3 単元株制度 ………………………………………102

第4章　株主総会

Lesson 15 株主総会の招集 ………………………………105
- 1 株主総会の意義と招集手続 ………………………105

		2	招集の決定	106
		3	招集通知の発送	107
		4	招集手続の瑕疵と全員出席総会	109

Lesson 16 議決権の行使 ··· 111
  1 議決権 ··· 111
  2 議決権の代理行使と書面投票制度 ··················· 113
  3 議決権の不統一行使 ··· 116

Lesson 17 株主総会の運営 ·· 118
  1 株主総会の運営と議長 ····································· 118
  2 株主総会の報告事項と決議事項 ······················ 119
  3 株主の質問権と取締役・監査役の説明義務 ······ 121
  4 動議の扱い ··· 122
  5 採決の方法と延会・続会 ·································· 123

Lesson 18 総会決議の瑕疵 ·· 126
  1 総会決議の瑕疵とその処理方法 ······················ 126
  2 総会決議の取消 ··· 126
  3 総会決議の無効 ··· 130
  4 総会決議の不存在 ··· 131
  5 判決の効力 ··· 131

第5章　取締役・取締役会

Lesson 19 取締役の選任と終任 ······································ 133
  1 取締役の地位 ·· 133
  2 取締役の資格・欠格事由 ·································· 133
  3 取締役の員数と任期 ······································· 135
  4 取締役の選任 ·· 136
  5 取締役の終任 ·· 138

Lesson 20 取締役会の権限 ·· 141
  1 取締役会の意義──企業の業務執行決定機関・監督機関── ······ 141
  2 取締役会の招集権限とその手続 ······················ 142

	3	取締役会の2つの権限――重要業務の決定と監督――……………142
	4	決議方法と議事録の作成・開示方法……………………………143
	5	取締役会の「決議の瑕疵」の効力と代表取締役の行為の効力……144
	6	その実態と活性化………………………………………………145
	7	大会社等向けの選択的ガバナンス・システムの採用……………146
	8	会社役員と内部者（インサイダー）取引規制……………………150
	9	相場操縦の規制…………………………………………………151

Lesson 21　代表取締役の権限………………………………………153
　　1　株式会社における代表取締役……………………………………153
　　2　代表取締役と取締役会の関係……………………………………153
　　3　代表権の範囲とその制限…………………………………………154
　　4　必要な決議を欠く代表取締役の行為の効力……………………155
　　5　代表権の濫用………………………………………………………156
　　6　共同代表取締役……………………………………………………157

Lesson 22　取締役の義務……………………………………………160
　　1　一般的義務…………………………………………………………160
　　2　競業避止義務………………………………………………………161
　　3　利益相反取引………………………………………………………163

Lesson 23　取締役の責任……………………………………………167
　　1　取締役の会社に対する責任………………………………………167
　　2　取締役の第三者に対する責任……………………………………170

Lesson 24　取締役の報酬……………………………………………174
　　1　序　論………………………………………………………………174
　　2　取締役の報酬の有償性……………………………………………174
　　3　取締役の報酬の法的性質…………………………………………175
　　4　報酬の内容…………………………………………………………175
　　5　使用人兼務取締役とその報酬……………………………………178
　　6　総会未決定の報酬…………………………………………………180
　　7　報酬額の変更………………………………………………………180

Lesson 25　違法行為差止と代表訴訟………………………………182

1　違法行為差止請求権 …………………………………………………182
　　2　株主代表訴訟 ……………………………………………………………182

第6章　監　査　役

Lesson 26　監査役の地位 …………………………………………………186
　　1　総　説 ……………………………………………………………………186
　　2　監査役の地位 ……………………………………………………………188
　　3　小会社の監査役 …………………………………………………………192

Lesson 27　監査役の権限 …………………………………………………194
　　1　一般的権限 ………………………………………………………………194
　　2　個別の権限 ………………………………………………………………194
　　3　監査費用 …………………………………………………………………197

Lesson 28　大会社の監査制度 ……………………………………………199
　　1　総　説 ……………………………………………………………………199
　　2　大会社における監査役制度 ……………………………………………199
　　3　大会社における監査役会 ………………………………………………200
　　4　会計監査人 ………………………………………………………………202

第7章　計　　算

Lesson 29　資本と準備金 …………………………………………………206
　　1　資本の意義 ………………………………………………………………206
　　2　準備金 ……………………………………………………………………209

Lesson 30　利益配当 ………………………………………………………213
　　1　利益配当の意義 …………………………………………………………213
　　2　配当可能利益 ……………………………………………………………213
　　3　利益配当の決定および支払 ……………………………………………216
　　4　中間配当および建設利息 ………………………………………………217

Lesson 31　違法配当 ………………………………………………………219
　　1　違法配当の意義──利益配当の要件── ……………………………219
　　2　株主に対する返還請求 …………………………………………………220

　　　　3　取締役等の会社に対する弁済責任・刑事責任・行政責任············221
　　　　4　企業情報の開示と粉飾決算との関係——公開会社法と
　　　　　　しての証券取引法——··223

第8章　新株発行・社債

Lesson 32　新株の有利価額発行 ···229
　　　　1　新株の有利価額発行の意義——新株発行により既存
　　　　　　株主が被る不利益への対処——···229
　　　　2　新株の第三者割当の目的 ··230
　　　　3　公正な発行価額 ···230
　　　　4　特別決議のない有利価額発行の私法上の効力 ································233
　　　　5　特別決議のない有利価額発行の新株発行差止請求 ····························234
　　　　6　特別決議のない有利価額発行と取締役の対三者責任 ··························236
　　　　7　新株予約権の有利発行 ··236

Lesson 33　社　　債 ···238
　　　　1　社債の意義 ···238
　　　　2　社債と株式の相違 ···238
　　　　3　社債の種類 ···239
　　　　4　社債の発行手続 ··240
　　　　5　社債の管理 ···241
　　　　6　社債の償還と元利支払 ···243

Lesson 34　新株予約権と新株予約権付社債 ···245
　　　　1　新株予約権 ···245
　　　　2　新株予約権付社債 ···248

第9章　完全親会社

Lesson 35　株式交換・株式移転 ··252
　　　　1　総　説 ···252
　　　　2　株式交換 ···253
　　　　3　株式移転 ···258

第10章　会社分割

Lesson 36　新設分割・吸収分割 …………………………………… 260
 1　会社分割の意義 …………………………………………… 260
 2　会社分割の手続 …………………………………………… 260
 3　簡易分割 …………………………………………………… 263
 4　分割無効の訴え …………………………………………… 264

第11章　資本減少

Lesson 37　資本減少 ………………………………………………… 267
 1　資本減少の意義 …………………………………………… 267
 2　資本減少の方法 …………………………………………… 268
 3　資本減少の手続 …………………………………………… 268
 4　資本減少の効力 …………………………………………… 269
 5　資本減少の無効 …………………………………………… 269

第12章　合　　併

Lesson 38　合併手続 ………………………………………………… 271
 1　合併の意義と態様 ………………………………………… 271
 2　合併手続 …………………………………………………… 272
 3　簡易合併 …………………………………………………… 275
 4　合併無効の訴え …………………………………………… 277

第13章　会社の消滅

Lesson 39　解散・清算 ……………………………………………… 280
 1　会社の解散 ………………………………………………… 280
 2　株式会社の継続 …………………………………………… 281
 3　清　算 ……………………………………………………… 281

解答と解説 ……………………………………………………………… 287
事項索引 ………………………………………………………………… 301

ワークスタディ

商法 会社法

第1章　会社総論

Lesson 1　会社の概念

1　会社の意義
(1)　営利社団法人

　商法52条は，「本法において会社とは商行為をなすを業とする目的をもって設立したる社団をいう」と規定し（1項），かつ「営利を目的とする社団にして本編（＝商法会社編）の規定により設立したるものは商行為をなすを業とせざるもこれを会社とみなす」と規定している（2項）。また，54条は，「会社はこれを法人とす」と規定している（1項）。52条1項所定の「商行為をなすを業とする」とは，501条・502条ならびに若干の特別法規（担信3条，信託6条，無尽2条）において商行為と定められている行為（基本的商行為）を，利益を得る目的で，一定の計画の下，継続的・反復的に行うことをいう。ついで，有限会社法1条は，「本法において有限会社とは商行為その他の営利行為をなすを業とする目的をもって本法により設立したる社団をいう」と規定し（1項），かつ「有限会社はこれを法人とす」と規定している（2項）。以上より，商法および有限会社法上，会社とは，商行為をなすを業とするか否かを問わず，営利社団法人を意味することになる。

(2)　商事会社と民事会社

　商行為をなすを業とする会社のことを商事会社というが，これは当然に商人である（固有の商人）（4条1項）。これが営業としてなす行為はもとより商行

為であるが (501条・502条)，これが営業のためになす行為も商行為であり（付属的商行為）(503条1項)，これがなす行為はその営業のためになすものと推定される（同2項）。他方，商行為以外の事業を営む会社は民事会社といわれるが，これも商人とみなされる（擬制商人）(4条2項後段，有2条)。そして，これが営業としてなす行為は商行為に準じて扱われるとともに (523条)，これが営業のためにする行為も商行為とされる (503条1項)。このように，現在では，法規の適用上，商事会社と民事会社とを区別する実益はなく，このことは有限会社についても同様である（有2条）。

2 会社の営利性

　会社の営利性とは，会社自体が利益獲得の目的で対外的に営利活動を遂行することのみを意味するのではなく，これに加えて，対外活動によって得た利益を社員（＝社団構成員＝出資者）に直接分配することを意味する。この場合，分配方法は，利益配当の方法によると残余財産分配の方法によるとを問わない。これに対し，商人概念の要素となる営利性は，営利を目的として対外的取引をなすこと自体を意味するものであり，営利法人概念における営利性とは意味が異なる。

　なお，団体の活動を通じて，直接，団体員相互間の経済的地位の向上ないし相互扶助を目的としている各種の協同組合や相互保険会社においては，この本来の目的を達成する手段として収益の獲得を試みる実体があるとしても，ここにいう会社の営利性は法制度上認められない。また，国家・市町村等の公法人や公益法人も各種の営利事業（交通事業など）を行うが，これは本来の公益目的遂行のために行うものであり，それによって得た利益を構成員に分配するものではないので，会社の営利性とは異なる。

　会社が営利法人である以上，社員は当然に利益の分配を受ける権利を有する。したがって，取得した利益をすべて他に寄付したり福祉事業にあてることを目的とする会社は設立できない。

3 会社の社団性
(1) 商法52条の「社団」の意義

　商法上，会社はすべて社団であり (52条, 有1条1項)，法人であるが (54条1項, 有1条2項)，しかし，68条および147条は，合名会社と合資会社の内部関係につき，民法の組合規定を準用しており，合名・合資会社に組合的性質があることを認めている。そのため52条にいう社団の概念が組合概念と対立する狭義の社団概念であるとするならば，合名・合資会社は同条の会社の定義から排除されてしまい，すべての会社を社団法人とする同条の趣旨は損なわれてしまうことになる。そこで，同条における社団の意義をいかに解すべきかという問題が生ずる。

　社団と組合は，それぞれ，実質的側面と法形式的側面とから区別することができる。そもそも組合とは，各当事者が出資をして共同の事業を営むことを約する契約をいい (民667条)，そこには共同目的を有する独立の存在すなわち団体の存在が認められるものの，構成員（＝組合員）の個性が重視される結果，団体の独立性と発展性は乏しいものとなっている。他方，社団は，団体の単一性が強く現れ，構成員の個性はその背後に隠れて希薄となり，団体の独立性と発展性が富むものとなっている。つまり社員の個性が濃厚か希薄かによって両者は実質的に区別されることになる。次に法形式的に区別するならば，組合とは，各構成員が相互に契約関係により直接的に結合している団体であるのに対し，社団とは，各構成員が各自団体と直接的な社員関係を有する結果として，各構成員が団体を通じて間接的に結合している団体をいう。したがって実質的意義における組合を法形式的意義における会社として規制することも可能である。

　そこで，52条における「社団」の意義であるが，学説は，これをもって，組合と区別された意味での社団であるとする社団説と，社団と組合とを包含する上位概念としての「人の団体」であるとする人的結合説とに大別される。もっとも両説はさらに解釈を異にする立場からなりたっており，社団説1説は，組合性と法人性は両立せず，合名会社・合資会社はそれらが法人である以上，組合ではありえず，これらは組合と区別された意味での社団であるとする。これに対し社団説2説は，52条の「社団」は形式的意義における社団を意味すると

解する。この説は，多数の構成員からなる団体では社団形式によらなければ法律関係の処理はほとんど不可能であるが，少人数からなる団体は組合形式でも処理できるし，簡便な処理を欲すれば社団形式をとることも不可能ではなく，商法は，合名・合資会社のような実質的分類では組合に属するような人的会社も，簡易な処理のために社団と定めたと解する。

人的結合説は，商法制定当時「社団」という語は，漠然と人的結合ないし団体という意味で使用されていたことをも根拠としているが，人的結合説1説は，合名・合資会社につき，これらは外部的にのみ法人であって，内部関係は組合であるから，社員と会社の関係は認められず，社員相互間の関係のみが存在すると解している。これに対し人的結合説2説（通説）は，52条の「社団」を，共同の目的を有する複数人の結合体すなわち人の団体と解するとともに，合名・合資会社は「権利能力ある組合」であると解する。そして，合名・合資会社の場合，会社・第三者関係および会社・社員関係に加えて，社員相互関係および社員・第三者関係が認められているのはその実体が組合的性質を有する結果にほかならないとする。

(2) 1人会社と社団性

(a) 後発的1人会社　会社が社団法人であるならば，構成員が1人であることは，本来的に社団性とは相容れないことになる。なぜなら，社団法人に関しては，伝統的に，一定の目的のために集まった人の集団に対して1個の法人格が付与されたものという趣旨で理解されてきており，社員が複数存在することが前提だからである。したがって現行商法上，合名・合資会社の場合，社員が1人になることは解散原因に該当する（94条4号・147条）。

一方，株式会社の場合であるが，昭和13年の商法改正前までは旧221条（現404条）3号において株主（＝社員）が7人未満になることが解散原因とされていた。それが同年の改正ではこの3号が削除されたが，株主が1人になることを解散原因に加える措置はとられず，同条1号は依然として94条4号を除外したままである。そこで，学説は，この形式的根拠に加えて，以下のような実質的根拠にたち，株式会社の場合には，株主が1人になっても例外的に会社の存続が認められると解してきた。すなわち，①企業維持の要請から，1人会社を認める必要と実益がある，②全株式がたまたま1人の株主に帰しても，株式譲

渡により容易に正常の会社に復帰する可能性があるので，1人株式会社は潜在的社団ともいえる（潜在的社団説），③社員資格が物化している株式会社の社団性の基礎は，社員が複数であることに求められるべきではなく，社員たる地位すなわち株式が複数あることに求められるべきである（株式社団説），などである。なお有限会社においては社員が1人になることは解散原因とされていた（平2改正前有69条1項5号）。

(b) 原始的1人会社　　平成2年の商法・有限会社法の改正により，現在は，株式会社・有限会社ともに社員1人による設立が可能となっている（原始的1人会社）。その理由は，①法は会社設立に際して複数の設立関与者による相互牽制を期待しているにもかかわらず，実際には，形式的・名目的な発起人の名を連ねることで株式会社が設立されており，規制の意味が認められなかったこと，②出資者1人による個人企業の法人成りや親会社の100パーセント出資による子会社設立という現実のニーズを許容し，これと，設立に際しての資本充実責任を最初の取締役にも負担させる法的措置とを連動させた方が，適法な会社の設立が実現できる，ということである。

現在，実務上も，定款認証・設立登記は発起人・原始社員1人で足りることで統一されており，混乱はないが，学説上は，後発的1人会社に妥当する潜在的社団説をそのまま原始的1人会社にあてはめることには疑問を呈するむきもある。設立当初からの1人会社や完全子会社の場合には株式譲渡がなされることはほとんど見込まれず，潜在的社団といういいかたは比喩的表現にとどまるからである。そこで，原始的1人会社は元来は特別の財産組織としての実態を有するものであるが，現行法上後発的1人会社と区別されていない以上は，社団の例外と位置づけざるをえないとする説，あるいは，1人会社の設立行為は財団の寄附行為に類似した単独行為であるとする説が唱えられている。このように会社の定義規定である52条に手を加えないまま1人会社の設立を承認したところに問題があったわけであり，むしろ，52条の社団性規定を削除し，各種の会社の本質解明を学説にゆだねるべきであるとする立場もある。

4　会社の法人性
(1)　法人格の意義と属性
　会社は，前述のように法人である。法人とは，自然人以外の権利義務の帰属主体をいい，法人となることのできる法律上の資格を法人格（＝法人がもつ権利能力）という。

　法人には，一般的に，以下のような主たる属性が認められる。すなわち，①法人自体の名において権利を有し義務を負担する，②法人自体の名において訴訟当事者となる，③法人自体に対する債務名義によってのみ，法人の財産に対して強制執行をなすことができる，④法人の財産とその構成員の財産とが区別され，法人の財産はその構成員の債権者の責任財産とはならない，⑤法人の債権者にとっての責任財産は法人の財産に限られ，その構成員の財産は法人の責任財産とはならない，である。しかし，合名会社・合資会社の場合には，社員（＝構成員）の債権者は社員の持分を差し押え，当該社員を退社させることができ（91条・147条），退社による社員の持分払戻請求権には差押の効力が及ぶので，④の属性は完全でない。また，合名・合資会社の社員は会社債権者に対して直接責任を負うので（商80条・147条・157条），⑤の属性はない。これに対し，株式会社・有限会社の場合は，債権者による社員の退社制度はなく，また社員有限責任の原則が確立しているので，①から⑤までの属性すべてが認められる。

　このように，同じく法人であっても，財産関係の独立性には会社間で相違があるし，また，非法人の団体であっても法人の属性を一切有しえないというものでもない。法人格とは，財産を独立させる種々の属性の集合名詞であり，法人格については，その有無ではなく，いかなる属性が認められるかが検討されるべきであるとの主張もある。

ワーク 1　演習問題

【問】　会社の法人性に関する以下の記述中，正しいものを1つ選びなさい。
【法学検定試験3級程度】
(1)　非営利社団法人であっても会社とされる場合がある。
(2)　商行為以外の事業を営む社団法人は会社とはなりえない。

(3) 会社の営利性とは，営利を目的として対外的取引をなすことをいう。
(4) 合名会社は，社員1名で設立することはできず，社員が1名となった場合には解散する。
(5) 法人の財産はその構成員の債権者にとっての責任財産とはなりえないという法人の一般的属性は，あらゆる種類の会社についてあてはまる。

(担当：石山卓磨)

Lesson 2　会社の権利能力

1　法人格と権利能力

　法律上，人には生まれながらの人である自然人と，法によって特に法人格を付与された法人があり，自然人であれ法人であれ，人はすべて自ら権利を有し，義務を負担することができる。このように権利義務の主体となることができることを権利能力という。

　自然人は生まれながらの人であるから，その権利能力には何らの制限もなく，また出生の時に権利能力を取得し（民1条ノ3），死亡の時にそれを失う。それに対して，法人は法によって特に人格を付与されたものであるから，権利能力には一定の制約があり，またその取得と喪失の時期も自然人とは異なる。

2　会社の権利能力の取得と設立中の会社

　会社は営利の目的をもって設立された社団であり（52条），法人である（54条2項）。会社は本店所在地において設立登記をすることによって成立し（57条），その時に権利能力を取得する。

　しかし，通説は，設立登記によって法人格を取得するが，営利社団である会社の実体までが突然出現するのではなく，設立過程においてしだいに1個の団体が形成され，すでに実在しているこの団体が最終的に設立登記によって法人格を取得して完全な会社となると考えている（同一性説）。この団体を設立中の会社といい，成立後の会社と実質的に同一であるから，その法的性質は権利能力なき社団である。多数説は，法人格を有しない以上，設立中の会社には形式上は権利能力がないが，実質上は発起人が設立のためにした行為の効果が設立中の会社に帰属すると解して，設立中の会社に実質的権利能力を認めるが，設立の目的の範囲内に限られるとする。

3　会社の権利能力の喪失と清算中の会社

　会社の解散とは，会社の法人格が消滅する原因となる法律事実をいう。解散によって直ちに会社の法人格を消滅させると，内外の関係者に著しく不利益を与えるので，合併と破産の場合を除いて，解散後に清算手続によって法律関係を整理したうえで（417条，有72条），清算の終了の時に法人格が消滅することとしている。

　したがって，会社は解散しても直ちに権利能力を失うわけではなく，解散後もなお清算の目的の範囲内で会社は存続する（117条・430条1項，有75条1項）。これを清算中の会社というが，その権利能力は清算の目的の範囲内に限定される。したがって，清算中の会社は営業行為をすることはできない。また破産宣告を受けた会社は，破産の目的の範囲内で権利を有し，義務を負う（破4条）。

4　会社の権利能力の制限

　法によって特に法人格を付与される会社は，自然人と全く同じ権利能力を有するわけではなく，次のような制限が問題となる。

　第1に，性質による制限である。すなわち自然人に特有な身体生命に関する人格権や家族法上の権利（親権・相続権など）は享有できない。しかし，同じ人格権でも名誉・信用に関するものは享有することができる。また会社の名称である商号についても，商号権が認められる。

　第2に，法令による制限である。会社は法によって法人格が付与されるので，立法政策によって会社の権利能力を一定の範囲に限定することは当然認められる。商法は，会社は他の会社の無限責任社員となることはできないと定めている（55条，有4条）。他の会社の無限責任社員となると，その会社が支払不能になった場合に，他の会社の会社債権者に自己の全財産を傾注することになるので，自己の会社債権者に不測の損害を与えることになり，不適切であるという政策的配慮による。

5　定款の目的による権利能力の制限

　第3に，定款の目的による権利能力の制限が問題となる。民法43条は，法人は定款または寄付行為よって定められた目的の範囲内において権利を有し義務

を負うと規定するが，この規定が営利社団法人である会社についても適用ないし類推適用されるかが争われている。

(1) 制限肯定説

制限肯定説は多数説であり，民法43条は法人の本質に基づく規定として会社にも類推適用が認められ，会社の権利能力が定款所定の目的によって制限されると解している。その結果，定款所定の目的外の行為は無効になり，会社は相手方の善意・悪意を問わず，権利を取得せず，義務を負わないとする。その根拠は，社員は定款所定の事業の経営を共同の目的として会社に出資したのであるから，会社の機関もこの目的以外に使用する権限を有しないこと，定款所定の目的は登記により公示されているから，取引の相手方もこれを知るのが当然であることなどである。

判例も，大審院以来一貫して，定款所定の目的による会社の権利能力の制限を肯定している。しかし，当初は目的の範囲を厳格に解していたが，その後の経済発展に伴って会社の経済活動が拡大して実情に合わなくなったため，しだいに定款の目的条項を弾力的に解するようになってきた。すなわち，定款所定の目的自体に包含されない行為でも，その目的を遂行するのに必要または有益な行為については権利能力を有するとし，ある行為が定款所定の目的遂行に必要か否かの判断は，各場合の具体的な事実や代表者の主観的事情によって決めるべきではなく，もっぱら行為の客観的・抽象的性質によって決すべきであると解している（最判昭和27年2月15日民集6巻2号77頁，最判昭和30年10月28日民集9巻11号1748頁など）。

(2) 制限否定説

制限否定説は，民法43条の類推適用を否定し，近時有力に主張されている。会社の目的が登記されているといっても，その目的を遂行するのに必要な行為も含むのであれば，一定の取引が目的の範囲内か否かは不明確であること，社員の利益よりも取引の安全の保護を図るべきであることなどを根拠とする。また諸外国では目的による権利能力の制限を廃止する傾向にあることも大きな理由とされている。

(3) 営利目的制限説

また営利目的制限説は，会社は営利の目的をもって設立された社団法人であ

るので (52条)，営利の目的によって権利能力が制限されると主張している。しかし，営利の目的とは，会社が企業活動によって利益を得ることだけでなく，企業活動から生じた利益を社員に分配することも含むというのが通説であり，営利の目的は営利事業を営むこと自体を意味するわけではないので，会社が非営利行為を行うことが必ずしも否定されることにはならないと解される。実際上ある行為が営利の目的の範囲内にあるか否かを決定する基準も明確でないという批判もある。

(4) 代表権制限説

さらに代表権制限説は，会社の権利能力は定款の目的によって制限されないが，代表機関の代表権が制限され，ただその制限は善意の第三者に対抗できないと主張している。代表権の個別的具体的制限ではなく，定款所定の目的の範囲という一般的な必ずしも明確ではない基準によって代表権を制限し，第三者の善意・悪意を問題とすることは，いたずらに紛争を招くおそれがあると批判されている。

6 会社の政治献金

会社の権利能力が定款所定の目的によって制限されるか否かは，当初，取引行為を中心に争われてきたが，その後，会社の営業と直接には関係のない社会事業，育英事業，福祉事業などへの寄付や，宗教団体，政党などへの献金が会社の権利能力の範囲内に含まれるか否かが議論されるようになった。特に政党に対する政治献金を会社が行えるか否かについて，八幡製鉄政治献金事件を契機として大いに議論された。

この裁判では，①会社による寄付行為は会社の権利能力の範囲内の行為として認められるか，②政治献金は公序良俗違反行為 (民90条) として無効になるか，③政治献金は定款違反行為として取締役の忠実義務違反 (254条ノ3) になるか，などの点について争われた。

判例は，「一見定款所定の目的と関係がないような行為でも，……社会的作用に属する活動をすることは，会社の企業体としての円滑な発展をはかる点に相当の価値と効果を認めうるものであるから，このような行為も，間接ではあるが，目的遂行上必要な行為といってよい。……政党は議会制民主主義をささ

える不可欠なものであるから，……社会の構成単位たる会社に対しても，政党の発展に協力することが当然期待されるので，その協力の一態様としての政治献金の寄付も，会社に対して期待ないし要請される限りのものは，会社にその能力がないとはいえない。」と判示して，政治献金をする権利能力があることを認めている (最大判昭和45年6月24日民集24巻6号625頁)。

　制限否定説によれば，政治献金も当然に権利能力の範囲内と解される。制限否定説では対立があり，判例と同様に，定款所定の目的を遂行するうえで間接的に必要または有益な行為であるとして，権利能力を認める見解が多い。それに対して，少数説は，会社は営利行為については権利能力があり，非営利行為は能力外であるが，ただ社会事業・教育事業などについては総株主の同意が期待できるので，権利能力が認められるのに対して，政治献金や宗教団体への寄付は株主間の価値観の対立から総株主の同意は期待できないので，権利能力は認められないと主張する。

　判例や多数説によると，定款所定の目的によって会社の権利能力が制限されるとしながら，その目的を遂行するのに必要な行為も含むとしており，結局これまで権利能力が否定されたケースは存在しない。したがって，このような迂遠な論理を使うのではなく，単刀直入に定款所定の目的によって会社の権利能力は制限されないと解すべきであろう。

7　目的外の行為による法的効果

　定款の目的による権利能力の制限を肯定するか否かにかかわらず，目的の機能として会社の内部関係において，次のような法的効果を生じる。

　第1に，合名会社および合資会社において会社の目的の範囲外の行為をするには，総社員の同意が必要である (72条・147条)。

　第2に，株式会社および有限会社では違法行為差止請求権が問題となる。取締役が会社の目的の範囲外の行為をなし，それにより会社に回復すべからざる損害が生ずるおそれのある場合には，株式会社であれば6カ月前より引き続き株式を有する株主が，また有限会社であれば社員が，会社のために取締役に対してその行為を止めることを請求することができる (272条，有31条ノ2)。株式会社の監査役も，取締役が会社の目的の範囲外の行為をなし，それにより会社

に著しい損害が生ずるおそれのある場合に，違法行為差止請求権を行使することができる（275条ノ2）。

　第3に，株式会社および有限会社では取締役の責任が問題となる。取締役は定款遵守義務（254条ノ3，有32条1項）があるから，定款所定の目的の範囲外の行為をすることはこの義務に違反することとなり，それによって会社に損害が発生したときには，会社に対する損害賠償責任（266条1項5号，有30条ノ2第1項3号）が生じる可能性がある。さらに悪意または重大な過失があれば，第三者に対する責任も問題となる（266条ノ3第1項，有30条ノ3第1項）。

　第4に，取締役解任の訴えが問題となる。取締役の職務遂行に関し，不正の行為または法令定款に違反する重大な事実があったにもかかわらず，株主総会がその取締役の解任決議を否決したときは，6カ月前より引き続き総株主の議決権の100分の3以上を有する株主は，30日以内に取締役解任の訴えを提起することができる（257条3項）。有限会社の総社員の議決権の10分の1以上を有する社員も，取締役解任の訴えを同様に提起することができる（有31条ノ3）。

　第5に，会社の解散命令が問題となる。取締役が法務大臣から書面による警告を受けたにもかかわらず，定款に定める会社の権限を踰越または濫用する行為を継続・反復した場合に，公益を維持するため会社の存立を許すべきではないと認めるときは，法務大臣または株主，債権者その他の利害関係人の請求により，裁判所は会社の解散を命令することができる（58条1項3号）。定款所定の目的の範囲外の行為をすることは，会社の権限を踰越することにつながる。

　もっとも単に定款所定の目的の範囲外の行為をするだけでこれらの効果が生じるわけではなく，それにより会社に深刻な損害が発生するとか，それが公益を害するとか，かなり重大な場合であることが必要である。

ワーク 2　演習問題

【問】　会社の権利能力に関する以下の記述中，誤りであるものを1つ選びなさい。　　　　　　　　　　　　　　　　　【法学検定試験3級程度】
（1）　会社は，有限会社の社員となることはできるが，合名会社の社員となることはできない。

(2) 会社は，本店所在地における設立登記の時に権利能力を取得し，本店所在地における解散登記の時に権利能力を失う。

(3) 会社は定款所定の目的の範囲内において権利を有し義務を負うが，その目的を遂行するのに必要有益な行為については権利能力を有する，と解するのが判例である。

(4) 判例は，社会の構成単位である会社も政党の発展に協力することが要請されるので，会社に対し期待ないし要請される限り，政治献金をする権利能力があると解している。

(5) 会社は営利の目的をもって設立された社団法人であるが，営利の目的とは営利事業を営むことを意味するわけではないので，非営利行為を行うこともできる。

(担当：河内隆史)

Lesson 3　法人格の否認

1　法人格否認の意義とその背景・実定法上の根拠
(1)　法人格否認の法理の意義
　法人格否認の法理とは，ある会社について，その法人としての形式的独立性を貫くと正義・衡平の理念に反する結果をもたらすと認められる場合に，当該会社の存在を全面的に否定するのではなく，法人としての存在は認めつつも特定事案の処理のために当該会社の法人格を一時否認し，会社とその背後にある実体とを同一視する法理をいう。この法理は，会社法人格を全面的かつ恒久的に否定する会社解散命令（58条1項）と異なり，ある具体的な法律問題の解決のために必要な限りにおいて，当該会社にはあたかも法人格がないものと考えて事案の処理を行うものである。
(2)　判例における法人格否認の法理の確立とその実定法上の根拠
　もともと法人格否認の法理は，英米の判例法において確立されたものであるが，第2次世界大戦後にわが国の商法がアメリカ法の強い影響を受けたことに加え，戦後の中小企業の法人成り（株式会社成り）により中小株式会社が濫設されて有限責任制度の濫用等が指摘されていたこと，さらにわが国でも親子会社が多数存在しながら，商法がこれに所要の法規制を施していないため，企業グループの局面でも法人制度の濫用等が問題視されていたことから，当面の問題解決策として学説上こうした法理導入の必要性が提唱されていた。こうした事情を背景に，最高裁（最判昭和44年2月27日民集23巻2号511頁）は，「およそ法人格の付与は社会的に存在する団体についてその価値を評価してなされる立法政策によるものであって，これを権利主体として表現せしめるに値すると認めるときに，法的技術に基づいて行われるものである」から，「**法人格が全くの形骸に過ぎない場合**，または**それが法律の適用を回避するために濫用されるが如き場合**においては，法人格を認めることは，法人格なるものの本来の目的に照

らして許すべからざるものというべきであり，法人格を否認すべきことが要請される場合を生じるのである」と判示して法人格否認の法理を導入したものである。

なお，わが国においては，法人格否認の法理についてその実定法上の根拠を，民法1条3項に定める権利濫用禁止原則に求めるのが多数説である。

2 法人格否認の法理の具体的適用場面

(1) 法人格否認の法理の適用事例

ところで，法人格否認の法理が適用されるのは，どのような場合か。前掲最判昭和44年2月27日によれば，会社法人格が法律の適用を回避するために濫用される場合と，会社法人格が全くの形骸にすぎない場合とがあげられている。学説上も，法人格濫用事例と法人格形骸化事例にこの法理が発動されるものと解するのが従来の多数説である。

(2) 法人格の濫用事例

(a) 濫用事例の類型　　まず法人格の濫用事例とされているのは，以下のとおりである。第1は，**会社制度の利用による法律上の義務・責任の回避ないし潜脱事例**である。①法律上競業避止義務を負うべき者（41条1項・48条1項・74条1項・147条・264条，有29条）がその義務潜脱のために自らが支配社員または支配株主として実質的に支配するダミー会社に競業行為を行わせる場合，②会社に当該会社自身を被保険者とする損害保険契約を締結させた上で，その支配社員・株主が保険事故を招致し，もって当該会社をして保険金を取得させる場合（641条の潜脱），③親会社が労働組合活動に積極的な子会社従業員の排除を狙って子会社を偽装解散し全従業員をいったん解雇したのち，当該子会社の営業財産を利用して新会社を設立し，従前の営業を継続するような場合（不当労働行為事例。労組7条の潜脱）がこれに該当する。①のケースにつき，名古屋高判昭和47年2月10日高民集25巻1号48頁が，法人格否認の法理により競業避止義務がダミー会社にまで及ぶ旨を判示しているし，③の事例についても，神戸地判昭和54年9月21日判時955号118頁が法人格否認の法理により，子会社従業員と親会社間の雇用契約の継続を認めている。

第2は，**契約上の義務の潜脱・回避事例**である。④契約上一定の不作為義務

を負う者が，この義務を回避する意図でダミー会社を利用し，契約上禁止された行為を行わせる場合や，⑤取引上多額の債務を負う会社（旧会社）が債権者からの責任追及を免れる目的で，その会社の支配者（支配社員・株主等）が新会社を設立してここに旧会社の財産を移転させる一方，旧会社を解散させ，その上で新会社が商号・営業目的・役員・従業員など旧会社とほぼ同じ状態で営業を継続する場合がこれに該当する。④の事例については，熊本地八代支判昭和35年1月13日下民集11巻1号4頁が，会社形態を利用して競業避止契約を回避することは許されない旨を判示する（ただし，当該事案では，結論的に法人格否認の法理の適用を否定している）。⑤の事例について，最判昭和48年10月26日民集27巻9号1240頁は，法人格の濫用事例にあたるとして債権者が新旧両会社のいずれに対しても債務の履行を請求しうる旨を判示しており，その他にも同旨の判例が多い。

　第3は**会社利用による債権者詐害事例**である。⑥債務者が債権者からの強制執行を免れる目的で，自己の財産を出資して株式会社を設立するケースがこれである。これが合名会社・合資会社または有限会社で問題となったときは，債権者による会社設立取消の訴え（141条・147条，有75条1項）による解決が可能である。他方，株式会社にあっては債権者詐害を理由とした会社設立取消の訴えの制度が法定されていないので，判例では，宇都宮地判昭和33年7月25日下民集9巻7号1433頁が，法人格否認の法理により成立後の会社への債権行使を認める必要があるとする。しかし，学説はこれを批判し，当該出資行為に対する詐害行為取消権の行使によって解決すべきであるとするのが多数説である。

　(b)　法人格濫用の認定要件　　なお，法人格の濫用を理由とする法人格否認が認められるための要件を巡っては見解の対立がある。法人格の分離を客観的に見て，社会通念として容認できない場合には，支配株主等の主観的意図の如何を問わず，法人格を否認すべきとする**客観的濫用説**と，法人格の濫用事例として認定するためには，支配株主等の背後者が会社を意のままに支配しているという支配要件（客観的要素）に加えて，支配株主等が会社を違法・不当な目的のために利用しているという目的要件（主観的要素）が備わることを要すると解する**主観的濫用説**がこれである。多数説・判例は後説の立場に立脚している。

(3) 法人格の形骸化事例

(a) 法人格の形骸化事例　これに対し，法人格の形骸化とは，前掲最判昭和44年2月27日によれば，「会社形態がいわば単なる藁人形に過ぎず，会社即個人であり，個人即会社であって，その実質が全く個人企業と認められる場合」をいうものとされている。要するに，支配株主と会社との実質的な一体関係が認められる場合をいうものであろう。もっとも，この事案は個人企業が法人成りした株式会社における法人格の否認が問題となったケースであるが，法人格の形骸化事例はそのような場合に限定されず，子会社を道具として利用している親会社の責任が問題となるケースについても認められる。現に，仙台地判昭和45年3月26日判時588号38頁は，親会社が完全子会社に対し統一的な経営指揮・管理を行っている場合において，経営不振を理由にその完全子会社を解散し，その全従業員を解雇したところ，当該子会社の従業員より法人格否認の法理により未払賃金の支払を当該親会社が請求されたという事案について，親会社が子会社の業務財産を支配し得るだけの株式を保有して両社が経済的単一体を構成していること，子会社の企業活動について親会社が現実の統一的支配を行っていることの2要件が充足される場合には，法人格の形骸化を理由として子会社債務につき親会社の責任が認められるとする。同判決は，親会社が子会社債務につき責任を負わされるのは，子会社のすべての債権者に対してではなく，もっぱら従業員のような受働債権者に限られるとするが，ともかく本事案においては，完全親子会社関係にあること，親子会社間における役員兼任関係や親会社から子会社への幹部従業員の派遣，子会社が親会社の専属的下請であることなどの事実認定に基づき，当該子会社の経営は人事・生産などすべての面で親会社の現実の統一的支配のもとにあったと認定し，親会社の責任を認めたものである。

(b) 法人格形骸化の認定要件　もっとも，法人格の形骸化について，上記2判例のように支配株主ないし親会社の実質的支配や会社・子会社との実質的一体関係を認定要件とする立場（**実質的支配説**）では，わが国に多数存在する小規模・閉鎖的な株式会社の大部分と親子会社の多く（殊に純粋持株会社と完全子会社）において法人格の形骸化が常態として認められることとなり，行きすぎることとなろう。法人格否認の法理はもともと特定の事案処理のために衡

平の観点から発動される例外的法理であるのに，こうした立場では，むしろ法人格形骸化を理由とする法人格の否認が原則化しかねない。

そこで，法人格形骸化の認定においては，支配社員・株主や親会社の実質的支配に加え，社員・株主と会社間の業務・財産の混同の反復・継続，明確な帳簿記載・会計区分の欠如，株主総会・取締役会の不開催など会社として必要な手続の無視・不遵守などの諸事情も併存することが必要であるとする立場（**形式的形骸化説**）が判例の主流となっているし，学説上も有力である。この立場では，これらの事実がすべて揃う必要はないとされているが，それでも株主総会や取締役会の不開催という事実は会社の内部手続の不遵守・懈怠にすぎず，こうした事実から直ちに会社債権者の利益が害されるとはいえないので，その意味で法人格形骸化の認定については業務財産の混同が必要であるとの指摘がある。さらに，中小規模の閉鎖会社は，形式的形骸化説にいう法人格形骸化の認定事由が常態として認められることが少なくないので，多くの中小会社ではほとんど常に法人格が形骸化を理由として否認されることにもなりかねない。そうだとすると，実質的支配説に立脚した場合の問題が，形式的形骸化説に立ったとしても，程度の差こそあれ妥当することとなり，やはり法人格否認の法理の本来の機能を逸脱するおそれがあろう。

こうした点を考慮して，近時，法人格形骸化事例については，むしろ支配権濫用ないし株主・社員有限責任原則の濫用を問題とすべきであるとの立場が有力化しつつある。

3　法人格否認の法理による判決効（既判力）の拡張の可否

法人格否認の法理により，会社の背後にいる支配株主・社員と会社とが，または旧会社と新会社とが実体法上一体として取り扱われる場合に，訴訟手続または強制執行手続においても，支配株主・社員または旧会社に対する判決の既判力または執行力を会社または新会社にまで及ぼすことができるか。最判昭和53年9月14日判時906号88頁の事案では，損害賠償請求訴訟を提起され第1審で敗訴した会社（旧会社）が控訴審の審理中に債権者からの責任追及を免れる目的で，その会社の代表取締役が新会社を設立してここに旧会社の財産を移転させた上で旧会社とほぼ同様の商号・営業目的・役員構成により営業を継続す

るに至ったことから，控訴審においても勝訴した債権者（原告・控訴人）が旧会社に対する債務名義をもって新会社財産に対する強制執行を求める執行文付与の訴えを提起した。

　前掲最判昭和53年9月14日は，「新会社設立が旧会社の債務の支払を免れる意図のもとになされたものであり法人格の濫用と認められる場合には，法人格否認の法理により債権者は自己と旧会社間の確定判決の内容である損害賠償請求を新会社に対しても行うことができるものと解するのが相当である」としつつも，「この場合においても，権利関係の公権的な確定及びその迅速確実な実現を図るために手続の明確，安定を重んずる訴訟手続ないし強制執行手続においては，その手続の性格上旧会社に対する判決の既判力及び執行力の範囲を新会社にまで拡張することは許されないものというべきである」と判示し，手続法上の問題としては法人格否認の法理による判決効の主観的範囲の拡張を否定する旨を明らかにする。

　他方，学説上は，新旧両会社間において法人格が否認される場合には両社を単一体と評価したり，訴訟当事者概念を実質的に把握したりすることで，民訴115条1項1号にいう「当事者」に確定判決を受けた会社と同一視される背後者ないし新会社を包摂し，法人格否認の法理による判決効の主観的範囲の拡張を肯定する説も有力であるが，上記最判と同様の理由によりこれを否定するのが多数説である。

ワーク 3　演習問題

【問】　法人格否認の法理に関する以下の記述のうち誤っているものを1つ選びなさい。　　　　　　　　　　　　　　　　【法学検定試験3級程度】
(1) 判例によれば，法人格の濫用または法人格の形骸化と認定される場合に当該事案処理のために法人格が否認される。
(2) 法人格濫用が認定されるには，支配株主・社員等の背後者が会社を支配しているだけでなく，会社制度を違法もしくは不当な目的達成のために利用していることが必要であると解するのが判例の立場である。
(3) 債務者が債権者からの強制執行を免れる目的で自己の全財産を出資し，

有限会社を設立した場合，債権者は会社設立取消の訴えを提起することができるので，法人格否認の法理による必要がない。
(4) 法人格の形骸化を理由に法人格が否認されるのは，支配株主等による現実の統一的支配があることに加え，会社として必要な手続・要件を遵守していないことも必要であると解するのが判例の主流である。
(5) 会社が被告として受けた判決の既判力ないし執行力は法人格否認の法理により，当該会社を支配する支配株主にまで及ぼすことができると解するのが判例である。

(担当：中村信男)

Lesson 4　会社の種類

1　各種の会社

　商法は，会社を合名会社・合資会社・株式会社の3種に分け，かつ，この3種のみを認めている (53条)。このほか，有限会社法により有限会社が認められている。形式的には，商法上の会社は合名・合資・株式会社の3種であり，有限会社は特別法上の会社となるが，実質的には，会社はこれら4種類の形態からなり，有限会社法は，商法以外の法律の適用につき有限会社を商法の会社とみなす旨規定している (有89条)。これらの会社を区別する主要基準としては，社員 (＝社団構成員，出資者でもある) の責任態様の違いがあるので，以下，この観点を中心にして各会社を概観しておこう。なお，合名・合資会社の社員は，出資額にかかわらず1個の持分 (＝社員たる地位) を有するのに対し (持分単一主義)，株式・有限会社の社員は，出資1口につき1個の持分を有しており，数口の出資をした社員はそれに応じて数口の持分を有することになる (持分複数主義)。

2　合名会社

(1)　意　　義

　合名会社は，無限責任社員すなわち会社債務につき会社債権者に対して直接・連帯・無限の責任を負う (80条1項) 社員のみからなる一元的組織の会社である。社員は会社債権者に対して無限責任を負うと同時に，各自は原則として会社業務を執行する権利と義務を有している (70条)。したがって合名会社の社員は個性が重視されるため，その持分 (＝社員たる地位) を譲渡するためには他の社員全員の承諾が必要である (73条)。合名会社は人的信頼関係のある少人数の者からなる共同企業形態に適しており，人的会社の典型である。社員の個性が重視されるため，社員には自然人しかなりえない (55条)。

(2) 設立・出資

合名会社の設立手続は，2人以上の社員となろうとする者が定款を作成し(62条・63条)，設立登記をなすことで (64条)，会社が成立するため (57条)，きわめて簡単・単純である。社員が無限責任を負うため，資本の充実に配慮する必要がなく，社員の出資形態も，現金出資・現物出資のほか労務・信用出資も認められる (89条)。設立の瑕疵に対しては，設立無効の訴え (136条) のほか設立取消の訴え (140条) もある。

(3) 会社の財産関係

社員は利益配当請求権を有する反面，損失を分担する義務を負う。会社財産だけでは会社債務を完済できない場合には，社員は連帯して弁済責任を負う(80条)。社員の債権者は社員の持分を差し押さえて退社させ (90条・91条)，払い戻された持分から自己の債権の満足を得ることができる。

(4) 業務執行・代表

各社員は，原則として，会社の業務執行権限を有するが，定款で一部の社員にのみ業務執行権限を付与することもできる。この権限を有さない社員にも会社の業務・財産状況の検査権限が認められる (68条＝民673条)。

(5) 社員の変動

社員の持分の取得態様としては，会社の設立行為によるか設立後の入社による原始取得と，持分の譲渡か相続による承継取得がある。持分の喪失態様には，持分の承継取得の反射的効果としての相対的喪失と会社の消滅または退社による絶対的喪失がある。退社事由には，一方的告知による退社 (84条) と法定の退社原因の発生による退社 (85条) とがある。法定の退社原因としては，①定款所定事由による退社，②総社員の同意，③死亡，④破産，⑤後見開始の審判を受けたこと，⑥除名，がある。

3 合資会社

(1) 意　義

合資会社は，無限責任社員と有限責任社員とからなる二元的組織の会社であり (146条)，合名会社の一変形である (147条)。したがって，別段の定めがないかぎり，合名会社に関する商法規定が準用され (147条)，無限責任社員の地

位・責任は合名会社の無限責任社員と同じである。

(2) 設立・出資

設立手続は合名会社と同じであるが,有限責任社員が存在するため,定款の記載事項や登記事項が異なる(147条～149条)。有限責任社員の出資は財産出資に限られる(150条)。

(3) 財産関係

無限責任社員については合名会社におけると同様である。有限責任社員は会社債務につき,会社債権者に対して出資の額を限度として連帯して直接責任を負う。ただし,すでに会社に対して履行済みの出資価額についてはこの限りでない(157条1項)。

(4) 社員の変動

有限責任社員は責任が有限である反面,会社の業務執行には参加しえないが,持分譲渡に際しては無限責任社員全員の承諾が必要であり(154条),その意味で個性は重視されている。無限責任社員の変動については合名会社におけると同様である。なお,無限責任社員の死亡は退社事由となるが,有限責任社員が死亡しても退社とはならず,相続人が社員となる(161条1項)。

4 株式会社

(1) 意 義

株式会社とは,社員(=株主)の地位が株式と称する細分化された割合的単位の形をとり,これを有する社員が会社に対しその引受価額を限度とする有限の間接責任(200条1項)を負い,会社債権者に対しては何ら責任を負わない会社をいう。この株主有限責任の結果,株式会社の債権者にとっては,担保となるのは会社財産のみとなる。そこで,株式会社では,会社財産を確保する基準として一定の金額を定める資本制度が設けられている。株式会社は一般公衆から多額の資本を集めて大規模な企業活動を展開するうえで最もふさわしい企業形態であり,株主の個性が重視されず,もっぱら会社財産が重視される意味で,物的会社の典型とされる。

株式会社は,商法特例法上,大会社・中会社・小会社に分かれている。大会社とは,資本金が5億円以上または負債総額が200億円以上の株式会社をいい,

中会社とは，資本金が5億円未満1億円超で，負債総額が200億円未満の株式会社をいう。小会社とは，資本金が1億円以下で負債総額が200億円未満の株式会社をいう。なお，株式会社の最低資本金額は1,000万円である（168条ノ4）。

(2) 設　　立

株式会社の設立は発起人によってなされる。発起人は1人でよく（165条），設立に際して発起人のみで設立時に発行する株式の総数を引き受ける場合を発起設立（170条），発起人がその一部を引き受け，残りについては株主を募集する場合を募集設立（174条）という。いずれにおいても，資本充実の観点から厳重な法規制が設けられており（変態設立規制等，168条・173条等），設立関与者（発起人・最初の取締役等）にも厳重な責任が課せられている（192条・192条ノ2等）。

(3) 株式の譲渡

株式会社においては株主の個性が重視されず，また，株主の投下資本の回収方法としては株式譲渡しかないため，株式の自由譲渡性が原則として認められている（204条1項本文）。もっとも，定款による株式の譲渡制限（同項但書）および法律による譲渡制限（204条2項・210条）がある。株式の譲渡は，株券（＝株式を表章する有価証券）の交付によってなされる（205条1項）。

(4) 機関構造

株式会社は，株主総会・取締役会・代表取締役・監査役（大会社の場合には監査役会も加わる）の各機関からなりたつ。株主総会は，会社の基本的事項や取締役・監査役の選任等，商法・定款所定の事項についてのみ決議する（230条ノ10），会社の最高機関である。取締役会は，会社の業務執行を決定し，かつ代表取締役等の業務執行を監督する（260条1項），会社の意思決定機関である。代表取締役は，取締役中から取締役会において選任された者であり，会社の代表・業務執行機関である（261条1項）。監査役は，株主総会で選任される監査機関である（280条1項＝254条1項）。なお，一定の場合には検査役が選任されることもある（173条・181条・184条3項・237条ノ2・238条・294条・388条等）。取締役と監査役の報酬は株主総会によって決定される（269条・279条）。

大会社の場合には，監査機関として監査役のほか監査役会（商特18条の2）もある。さらに，大会社においては，株主総会において会計監査人を選任し，計

算書類の監査を受けなければならない（商特2条）。大会社と中会社の監査役の監査権限は会計監査権限に加えて取締役に対する業務監査権限も含まれるが（274条），小会社の監査役の監査権限は会計監査権限に限られる（商特22条・25条）。

(5) 取締役の義務と責任

株式会社の経営者である取締役は，会社と委任関係にあり（254条3項），会社に対して善管注意義務（民644条）と忠実義務（254条ノ3）を負う。また，競業避止義務（264条）を負うとともに，自己取引規制（265条）に服する。

取締役は，以下の場合，会社に対して損害賠償・弁済責任を負う（266条1項）。すなわち，①違法配当・違法中間配当をなした場合，②株主の権利行使に関し財産上の利益を供与した場合，③他の取締役に金銭を貸し付けた場合，④自己取引をなした場合，⑤法令・定款に違反する行為をなした場合，である。この責任追求のための手段として，株主代表訴訟制度がある（267条）。

取締役が，その職務を行うにつき，悪意または重大な過失があるときは第三者に対して損害賠償責任を負う（266条ノ3第1項）。

(6) 資金調達

株式会社は授権資本（166条1項3号）の枠内で未発行部分につき新株を発行して資本を調達することができるほか（280条ノ2），社債を募集して一般大衆から多額の資金を借り受けることもできる（296条）。さらに，数種の株式（222条）・新株予約権付社債（341条ノ2）などが定められており，多様な資金調達手段が備わっている。

(7) 企業結合

株式会社はその経済活動の過程において，他社との間で企業の結合・再編成をはかることもある。これに対応して，商法は，完全親会社を生み出す手段としての株式交換（352条）・株式移転（364条），営業譲渡（245条），会社分割（新設分割（373条）・吸収分割（374条ノ16）），合併（408条，吸収合併（409条）・新設合併（410条））等の規制を設けている。

5　有限会社

(1) 意　義

有限会社は，有限責任社員よりなる一元的組織の会社であるが，株式会社の長所（＝株主有限責任の原則）と，合名会社の長所（＝人的信頼関係）とが有機的に結合された，物的会社に人的会社の要素が加味された中間的な形態の会社である。

有限会社は，設立手続や組織が株式会社より簡略化されているので，中小規模の企業活動に適している。有限会社の閉鎖性を維持するために，社員の総数は原則として50人に制限されており（有8条），持分譲渡も制限されている（有19条2項）。持分の有価証券化は許されず（有21条），社債の発行も禁止されている（有59条4項・60条1項但書・64条1項但書）。最低資本金額は300万円である（有9条）。

(2) 設　立

株式会社の発起設立に相当する手続で進められ，払込は払込取扱機関になされ（有12条2項），変態設立事項については原則として検査役の調査を受ける（有7条・12条ノ2）。

(3) 社員の権利・義務・責任

社員は，業務執行権を有さず，業務執行は社員の選出する取締役がなす（有26条）。社員は，株主同様に，各自が引き受けた出資金額を限度とする有限の間接責任を負うのみであるが（有17条），特定の場合には，資本充実責任を負担しなければならない（有14条・15条・54条）。

(4) 持分の譲渡

社員が持分を社員以外の者に譲渡するにあたっては社員総会の承認が必要である（有19条2項）。この場合，社員は社員総会に対して，承認しない場合には譲渡の相手方を指定すべきことを請求することができる（同3項）。

(5) 機　関

有限会社の社員総会は，有限会社の最高の意思決定機関であり，公序良俗や有限会社の基本的性格に反しないかぎり，会社に関するいかなる事項についても決議できる万能機関である。

有限会社においては，株式会社と違って，取締役会と代表取締役とが分化し

ておらず，定款または社員総会で特に定めないかぎり，各取締役が代表権をもち（有27条），取締役の員数や任期に制限はない（有25条）。監査役は任意機関であり（有33条），置かなくてもよい。

(6) 資　本

有限会社の場合，資本の額は定款の絶対的記載事項とされる（有6条1項3号）。増資の場合，公募は認められず（有52条3項），社員には法定の出資引受権がある（有51条）。

ワーク 4　演習問題

【問】　各種の会社に関する以下の記述中，誤っているものを1つ選びなさい。

【法学検定試験3級程度】

(1) 会社は，他の会社の無限責任社員になることができない。
(2) 有限会社は，社員となるべき者1名でも有効に設立できる。
(3) 合名会社の定款で，社員の退社年齢を定めることはできない。
(4) 株式会社の定款には，支店の所在地を記載する必要はない。
(5) 合資会社の定款で，有限責任社員に会社代表権を付与することはできない。

(担当：石山卓磨)

第2章 株式会社の設立

Lesson 5　発起設立と募集設立

1　株式会社の設立
(1)　設立行為
　株式会社を含めて会社の設立という法律行為は，会社を作ろうとする者の意思が会社の設立という1つの目的に向かって実行される「合同行為」に分類され，「契約」や「単独行為」と区別される。さらに，株式会社の設立には，その設立を容易にするために国家の干渉を最小限にとどめ，あらかじめ設立に必要な事項を法定し，それを満たした場合に，当然に設立を認め法人格を付与するという「準則主義」が採られている。

(2)　発起人
　発起人とは株式会社の設立企画者のことであり，発起人の概念について実質的概念または形式的概念のどちらで捉えるべきか学説上争いがあるものの，通説は定款に発起人として署名（含。記名捺印）した者を発起人であるとする形式的概念で捉えている。発起人の資格について，商法は特に規定していないので，自然人，法人，外国人等誰でもなれる。しかし，被後見人，被保佐人，未成年者，破産者等の者は完全な行為能力を持たず（民9条・12条・4条，破147条以下），直接完全な法律行為ができないことから，通常はこれらの者を発起人にすることはない。通説判例は種類を問わず法人が発起人になりうるとする。しかし，判例（最判昭和30年10月28日民集9巻11号1748頁）は会社は定款所定の目的

の範囲内でのみ発起人になりうるとする。また，公益法人はその根本規則である「寄付行為」が公益を目的にしていることから，それが会社たる営利社団法人の「定款」に抵触すると考えられ，原則として公益法人は会社の発起人になれないと解すべきである。発起人は，権利能力なき社団である「設立中の会社」の業務執行機関であると同時に，民法上の発起人組合の組合員である。

(3) 発起人の定款作成

現行法では，発起人が1人以上であれば会社を設立できることになっている (165条)。発起人が1人で会社を作った場合の会社を「一人（いちにん）会社」という。発起人は，会社の基本的なことを定めた定款を作成し (166条・168条等参照)，公証人という公の機関により，株式会社の設立行為が正当な法律手続によってなされたという，意思表示ではないが認識の表示である「認証」を受けなければならない (167条)。株式会社の最低資本金は1,000万円以上でなければならない (168条ノ4)。

2 発起設立

(1) 意義と発起人の株式引受

発起設立とは，設立に際して発行する株式の全部を発起人だけで引き受ける設立形態である (170条1項)。株式引受は，書面によらなければならないが，発起人が作成署名する定款に記載する方法によってもよい (169条)。また，現物出資の場合も同様である。発起人は株式総数を引き受けた時，あらかじめ指定した払込取扱銀行または信託会社に (170条2項)，遅滞なく発行価額全額の払込をしなければならない (170条1項)。現物出資の場合には，払込期日に出資の目的財産の全部を給付しなければならないが，登記登録等は会社成立後でもよい (172条)。

(2) 払込および取締役と監査役の選任

発起人は，全額の払込をすると同時に，議決権の過半数により，取締役および監査役を選任しなければならない (170条1項・3項)。最初の取締役の任期は1年以内で (256条2項)，また最初の監査役の任期は就任後1年以内の最終の決算期に関する定時総会の集結の時までである (273条2項)。

(3) 裁判所選任の検査役の調査と少額出資等の特例

取締役は選任後遅滞なく，168条1項（変態設立事項）を調査するために，検査役の選任を，裁判所に請求しなければならない（173条1項）。また，取締役と監査役は，検査役の調査免除のための少額出資等の特例に関して，①現物出資または財産引受の対象財産が不動産の場合に必要書類となる弁護士の証明書類，②定款記載価額の総額が資本の5分の1かつ500万円以内か否か，③取引所の相場ある有価証券については定款記載額が相場を超えていないか否か等を調査しなければならないし，さらに，④株式総数の引受があったか否か，⑤現物出資の給付があったか否か等を調査しなければならない（173条ノ2）。取締役および監査役は，前記調査において，法令もしくは定款に違反しまたは不当な事項があると認められる時は，各発起人にそのことを通知しなければならない（173条ノ2第2項）。

平成2年の商法改正以前は，発起設立の場合，発起人だけによる会社設立に出資その他で公正さの確保が不十分として，常に裁判所選任の検査役の調査が必要であった。しかし，現行法では，発起設立における払込取扱場所の指定と少額出資等の特例とその調査の充実等により，裁判所選任の検査役の調査は，募集設立の場合と同様，原則として変態設立の場合だけとなった（173条）。

(4) 少額出資等の具体的特例

平成2年の商法改正前は，発起設立形態の場合，裁判所選任の検査役の調査が絶対的に義務づけられていたので，これを回避するために，実質上は発起設立でありながら，形式上は発起人以外の者を加えた募集設立形態をとることが多かった。

この実体を法律に反映させるために，現在は商法を改正し，発起設立の場合にも募集設立と同様に，株金払込場所を銀行または信託会社とすること（170条2項）により，払込の確実性を確認できるようにした見返りに，現金出資だけの発起設立の場合なら，裁判所選任の検査役の調査は不要とした。その理由は，発起設立が，個人企業の株式会社化（法人なり）や小規模な株式会社の設立形態として多く利用されかつ迅速に対応できるようにすることが重要であるとされたことによる。

しかし，法人なりでは，現物出資や財産引受は必要不可欠の事項である。こ

の現物出資や財産引受があると，改正前の規定によれば当然に金額の多寡によらず裁判所選任の検査役の調査が必要であった（改正前商173条）。そこで，この問題を解決するために，平成2年の改正商法は，発起設立の簡易迅速化をはかるために，変態設立事項がある場合でも，以下の場合には裁判所選任の検査役の調査を不要とした。

① 現物出資および財産引受の定款記載財産の総額が資本の5分1以下かつ500万円以下の場合　財産の総額とは現物出資と財産引受の各対象財産の総合計額である。また，資本とは，定款の絶対的記載事項ではないが，会社設立時に登記された資本の額であり（188条2項6号），原則として発行済株式の発行価額の総額である（284条ノ2第1項）。株式会社の設立時の資本は，最低資本金（168条ノ4）および公開会社は調達される最少額（166条1項6号・4項）の制限を受ける。つまり，現行法の下では株式会社の設立時に必要とされる最低資本金は1,000万円で，そのための株式は「会社ノ設立ニ際シテ発行スル株式ノ総数」（166条1項6号）により計算される。なお，公開会社の場合，授権資本制度を採用する場合には，会社の成立後定款を変更することなく，取締役会の決議により資本をこの4倍の4,000万円まで引き上げることが可能である（166条1項3号・4項）。しかし，閉鎖会社にはこのような制限はない（166条4項但書）。

たとえば，現物出資300万円と財産引受300万円とを行おうとすると，総合計額が600万円となり，500万円の絶対上限額を超過するので，合計財産全部つまり現物出資も財産引受も共に検査役の調査が必要になる。さらに，資本金1,000万円の株式会社を設立しようとして，動産100万円と不動産400万円とを現物で出捐しようとした場合，500万円の絶対上限額を超過していないが，資本の5分の1以内という対資本比率額を超過するので動産不動産ともに検査役の調査が必要になる。ただし，不動産については弁護士の証明を検査役の調査に代替しているので，この不動産の相当性について弁護士の証明（価額の適正性については不動産鑑定士の証明が必要である）があれば，調査を省略できる（173条3項）。

② 取引所の相場のある有価証券の場合で，定款に記載した価額がその相場を超えないとき　取引所の相場のある有価証券とは，上場されている（除。店頭取引登録銘柄）株券，新株引受権証券，社債券，転換社債券，公社債券等

をいう（商登80条4号，民事局長通達第1の1⑷イ(ｱ)C）。基準となる相場は，定款認証の日の前日の当該有価証券の最終価格，前日に売買取引がない場合には直近取引日の最終価格である。なお，買占め等で価格が騰貴している場合には定款認証の日の属する月の前の月の毎日の最終価格の平均額の方が低ければその金額を基準にできる。

③ 不動産の場合で，定款記載金額が相当である旨の弁護士の証明があるとき　弁護士の証明は不動産鑑定士の鑑定評価に基づいて行われ，この証明書は発起設立の場合には取締役及監査役へ（173条1項・3項・173条ノ2），また募集設立の場合には創立総会へ提出されなければならない（181条3項）。なお，不動産の鑑定評価書については，弁護士の証明書の付属書類として設立登記申請書に添付できる（商登80条4号）。また，実務上規定はないが，不動産の鑑定評価書は取締役会や創立総会にも提出されるべきである。

　＊　弁護士の証明を受けるのと，裁判所選任の検査役の調査を受けるのとでは，発起人または会社にとり，弁護士の証明を受ける方が，手続の簡易さ，調査のための期間の短縮，費用の軽減等で有利である。

弁護士の証明を要する不動産には，不動産鑑定士の鑑定評価の取得が要件となっている（173条3項）ので，当該不動産は鑑定評価の対象になる物でなければならない。不動産の鑑定評価に関する法律（昭和39年4月1日施行）2条（定義）1項は，「不動産の鑑定評価」とは，土地もしくは建物またはこれらに関する所有権以外の権利の経済価値を判定し，その結果を価額に表示することをいうと規定している。つまり，土地・建物とその所有権以外の諸権利（後掲）等がその対象であることを意味する。

しかし，不動産であっても，土地の定着物である（参考：民86条1項「土地及ヒ其定著物ハ之ヲ不動産トス」）樹木，土地に据え付けられた機械，立木等は民法86条1項の趣旨および定着物の評価について特別の専門的知識を必要とするので当該対象不動産から除外するものと解される。さらに，特別法により土地や建物とは別に1つの不動産とされる物，たとえば工場財団（工場抵当法14条1項），鉱業財団（鉱業抵当法3条），港湾運送事業財団（港湾運送事業法26条），立木法上の立木（立木ニ関スル法律2条1項）等も除外される。したがって，これらを現物

出資や財産引受の対象にする場合には金額の多寡にかかわらず検査役の調査が必要である。

反対に，土地や建物に関する所有権以外の権利である地上権，地役権，試掘権，採掘権，賃借権等は不動産ではないが，不動産鑑定士の鑑定評価の対象になりうるので，少額財産の特例として不動産に準じて扱うことができる（民事局長通達第1の1⑷イ㋐d）。

税金に関しては，金銭出資の場合には出資金に課税される根拠がない。これに対し，現物出資の目的が不動産の場合には，出資者に対し，当該不動産の取得原価と出資評価額との差額に対しては，譲渡所得税（所得税33条・58条）が課される。

(5) 不完全な変態設立事項への対応

取締役および監査役は，不動産出資に関する弁護士の証明書，少額出資特例対象財産の定款記載額の相当性，設立時の発行株式総数の現実の引受の有無，現物出資の給付の有無等を調査し，未履行部分ないし法令定款違反および不当な事項があれば発起人に通告しなければならない（173条ノ2）。発起人はこれらの行為を完全に履行する義務がある（192条ないし195条）。また，裁判所は自己選任の検査役の調査報告を聞き，変態設立事項が不当であると認める時は，これに変更を加えて発起人へ通告することができる（173条4項）。裁判所選任検査役の裁判所への報告は，書面により行う（非訟128）。裁判所が変態設立事項に変更を加える裁判は「理由を付け決定」で行う。発起人または取締役等は，当該裁判に不服がある時は即時抗告をすることができる（非訟129条）。また，当該変更に服しない者は株式の引受を取り消すことができ，この場合には定款変更により設立を続行することになる（173条5項）。他方，変更通告が発起人へ到達した後2週間以内に引受の取消がない場合には，発起人は変更通告を認めたものと看做される（173条6項）。

3 募集設立

(1) 意　義

募集設立とは，設立に際して発行する株式の一部または大多数を発起人以外の者に株主募集により引き受けさせる株式会社の設立方法である（174条）。発

起人に資力がない場合または，壮大な計画による会社設立で相当な資本が必要な場合等に利用される。この場合でも，発起人は1株以上を書面によって引き受けなければならない（169条）。

募集方法は，公募でも特定募集でもいかなる方法によってもよい。ただ，公募の場合，一般投資家を保護するために，内容の未開示，適格機関投資家以外の一般投資家向けの募集，発行価額または売出価額の総額が1億円以上にあたる等の場合には，内閣総理大臣に募集または売出しに関し届出をしなければならない（証取4条）。

(2) **株主募集・申込・割当・引受・払込**

(a) **株主募集** 発起人以外から株式引受人を募集するので，設立会社の内容や募集・申込条件等を広く開示するために，株式申込証を作成しなければならない（175条）。株式申込証には，定款認証年月日と公証人の氏名，定款の絶対的記載事項，会社の存立時期と解散事由を規定すればその事由，数種の株式を設ける場合には各種の株式の内容とその数，株式の譲渡制限を規定した時はその規定，取締役または使用人へ新株引受権を授与する時はその規定，一単元の株式数を定めた時はその数，開業前に利息の配当をする時はその規定，株式の利益消却をする時はその規定，変態設立がある時はその事項，設立に際しての株式の発行事項，発起人が引き受けた株式の事項，払込取扱金融機関，一定の時期までに創立総会が終了しない時は株式の申込を取り消すことができること，名義書換代理人を置く時はその事項等を記載しなければならない（175条2項）。

(b) **申込** 株式申込人は株式申込証に，(a)の株式申込証に記載された事項と，自己が引き受ける株式の数，数種の株式を発行する時は自己が引き受ける株式の種類，その引受価額および自己の住所等を株式申込証に記載し，これに署名しなければならない（175条3項）。

なお，株式申込は会社の設立に参加するという営利社団法人への加入の意思表示であるから，その無効・取消に特別が設けられ，心裡留保に関する民法93条但書の規定の適用はない。つまり，発起人が株式引受人の（引き受けたくない旨の）真意を知りまたは知ることができる状態の場合でもこの引受は有効となる（175条5項）。また，創立総会に出席して権利を行使すると，それ以後は，

錯誤または株式申込証の要件の欠缺を理由とした引受の無効，詐欺強迫を理由とした引受の取消は認められない（191条）。しかし，制限能力者は当然に保護されるべきであるから，被後見人や被保佐人または未成年者は無効や取消を主張できる。さらに，仮設人や他人名義で株式を引き受けた者はその者自身が株式引受人としての責任を負う（201条）。

　(c)　**株式割当・引受**　発起人は株式申込人に対して自由に割当をすることができ，申込人は割当の範囲内で引受をすることができる。

　(d)　**払込**　株式申込人は割り当てられた株式の数に応じて，払込をする義務を負う（176条）。

発起人は，設立に際して発行する株式の総数の引受があった時は遅滞なく各株式につき発行価額全額の払込を，あらかじめ指定した払込取扱銀行に，させなければならない（177条1項・2項）。

(3)　失権手続（179条）

株式引受人が177条による株式の払込をしない時は，発起人は期日を定めて，その期日迄に払込をしない時は株式引受の権利を失うべき旨をその株式引受人に通知することができる。この通知は期日の2週間前にしなければならない。発起人がこの通知をしても，株式引受人が期日までに払込をしない時は，その引受権を喪失する。これを失権という。この場合，当該部分についてさらに株式引受人を募集できる。株式引受人が失権した場合発起人はその者に損害賠償の請求をすることができる。

(4)　創立総会（180条）

177条の株式の払込および現物出資の給付が履行された時，発起人は遅滞なく，創立総会を招集しなければならない。創立総会は，設立中の会社の決議機関であり，招集，取締役監査役の説明義務，議決権，会議の延期続行，議事録，決議の瑕疵等には株主総会の規定が準用される。しかし，会社設立という重要性を考慮し，決議は，出席した株式引受人の議決権の3分2以上かつ議決権総数の過半数に当たる多数をもって行う（180条2項）。

変態設立に関する裁判所選任の検査役の報告書と少額出資等の特例における不動産出資の場合で弁護士または弁護士法人の証明書は創立総会に提出されなければならない（181条3項）。

発起人は，創立総会で会社の創立に関する事項を報告しなければならない（182条）。そして，この総会で，取締役と監査役を選任しなければならない（183条）。任期は発起設立の場合と同様である。180条3項に256条ノ3が準用されていないので，選任決議については累積投票制度を採用できない。

　取締役と監査役は，発起設立同様，株式引受や出資の履行等設立手続について調査をし，創立総会に報告しなければならない（184条）。

　創立総会では，招集通知に議題として記載がない場合であっても，定款変更または設立の廃止の決議をすることができる（187条）。

(5) 裁判所選任検査役の調査（181条）

　変態設立を採る場合，発起人はこれ（168条1項）に関する調査をさせるために，検査役の選任を裁判所に請求しなければならない。少額出資等特例の場合には，発起設立の場合と同様，裁判所選任の検査役の調査は不要である。さらに，変態設立事項が不当と認められる時は，発起設立同様，変更することができる（185条）。

ワーク 5　演習問題

【問】　次の事項の中で，正しいものを選びなさい。【法学検定試験3級程度】
(1) 現物出資や財産引受は，発起人にだけ認められる手続である。
(2) 失権手続は発起設立にだけ認められる。
(3) 株式会社の最低資本金は発起設立の場合が300万円で，募集設立では1,000万円である。
(4) 変態設立事項は発起設立の場合にも募集設立の場合にも認められる。
(5) 募集設立の場合には，不特定多数の者が出資するので，裁判所選任の検査役の調査が常に必要である。

（担当：土井勝久）

Lesson 6　変態設立

1　総説

　設立に際して行われる行為のうち，濫用の危険性が大きく，会社，ひいては利害関係者を害するおそれの高いものが存在する。このような行為は「危険な約束」とも呼ばれ，168条1項はこれらの行為を列挙する。これらの事項を変態設立事項といい，定款に変態設立事項を定めた設立を変態設立という。変態設立事項は，定款の相対的記載・記録事項であると同時に，原則として裁判所の検査が要求され（173条・181条），場合によっては裁判所（発起設立の場合（173条））や創立総会（募集設立の場合（181条））により変更されることもある。

　168条は変態設立事項として，①発起人の特別利益，②現物出資，③財産引受，④発起人の報酬，⑤会社が負担すべき設立費用，を定める。

2　変態設立事項の内容

(1)　発起人の受けるべき特別利益（168条1項4号）

　発起人が受けるべき特別利益とは，会社設立の企画者としての功労に報いるために，発起人に特別に与えられる利益である。7号が定める発起人の受けるべき報酬との区別に若干の争いがあるが，両者には同一の規制がなされるから，議論の実益はとぼしい。発起人の特別利益としては，利益配当・残余財産分配，新株引受に関する優先権が典型とされる。特別利益としてこれらの優先権が与えられる場合，特別利益は定款に記載・記録された発起人に与えられるものであって，優先株の優先権のように株式に付着するものではないから，株式を譲渡しても，依然として発起人に属すると解されている。

(2)　現物出資（5号）

　現物出資とは，金銭以外の財産による出資のことである。出資される財産が過大評価されると会社の財産的基盤を危うくするおそれがあることから，株式

会社に対する出資は金銭出資が原則であるが，変態設立事項として定めることにより，現物出資が許される。

現物出資をなし得るのは発起人に限られる。現物出資者には発起人としての重い責任を負わせるのが妥当だからであると説明される（新株発行の場合にはこのような制限はない）。現物出資の目的となる財産は，貸借対照表の資産の部に掲げることができる財産であればよく，動産，不動産，債券，有価証券や，無体財産権，鉱業権などの権利のほか，のれん，営業の全部または一部でもよい。ただし，合名会社と異なり，信用や労務の出資は認められない。

現物出資を行うには，定款に，現物出資者の氏名を記載・記録するほか，出資の目的である財産（同一性を明らかにするに足りる程度に具体的特定的に表示する必要がある），評価額と現物出資者に対して与えられる株式の種類，株式数を記載・記録しなければならない。また，現物出資は株式の払込期日に目的たる財産の全部を給付しなければならない（対抗要件は会社成立後に具備してもよい（172条））。

(3) **財産引受**（6号）

(a) **財産引受の意義**　発起人が設立中の会社のために，会社の成立を条件として一定の財産を会社が譲り受ける契約をなすことを財産引受という。現物出資と同じく，譲り受ける財産が過大評価されるおそれがあることに加えて，現物出資に関する制限を潜脱する目的で行われるおそれがあることから，現物出資と同様の規制を行うこととしている。財産引受を行うには，定款に，譲渡される財産とその価格（対価が金銭以外の場合には対価となる目的物），および譲渡人の氏名を記載・記録しなければならない。

(b) **財産引受の性質**　財産引受は，本質的には発起人の行う開業準備行為のひとつである。また，現物出資とは異なり出資義務の履行としてなされるのではなく，金銭やその他を対価として財産を譲り受ける純粋な個人法上の取引行為である（売買に限らず，交換や請負のこともありうる）。よって，契約の性質に従って民法の適用を受け，詐欺，強迫による取消や錯誤による無効，危険負担，瑕疵担保などの問題は民法の規定に従う。また，財産引受は会社の成立を条件とするほか，検査役の検査と裁判所または創立総会の承認を法定条件とする契約であり，これらの条件が成就してはじめて効力を生じる。

(c) 財産引受と発起人の権限　　財産引受は会社の設立自体に必要な行為ではなく，設立後の会社のための開業準備行為である。開業準備行為が発起人の権限に含まれるかどうかについては学説は対立しており，これを受けて，財産引受を厳格な規制の下に発起人の権限として認めたことの意義についても説が分かれている。開業準備行為を発起人の権限外とする立場に立てば，財産引受は，本来発起人に属しない権限を例外的に許容したものと解され，開業準備行為を発起人の権限内と解すれば，財産引受は，発起人が本来自由になし得る行為について，実際上の弊害を考慮して，法が特に発起人の権限を制限したものであるということになる。

(d) 定款に記載・記録のない財産引受の効力　　また，定款に記載・記録のない財産引受（開業準備行為）の取扱いに関しても，同様に発起人の権限との関係で争いがある。判例は，開業準備行為を発起人の権限外の行為と解し，定款に記載のない財産引受を絶対的に無効として会社の追認を許さない（最判昭和28年12月3日民集7巻12号1299頁）。この無効は原則として会社からも財産の譲渡人からも主張できるが，信義則上，譲渡人からの主張が制限されることもある（最判昭和61年9月11日判時1215号125頁）。

(4)　**発起人の報酬**（7号）

発起人が受けるべき報酬とは，発起人が会社設立に尽くした労務に対する報酬である。特別利益との区別については(1)で述べたとおりである。発起人が自らの報酬を定めるとその額を恣意的に決めるおそれがあることから変態設立事項とされている。定款には報酬の総額を記載・記録すれば足り，個々の発起人の報酬額を記載する必要はない。また，最高限度額を定款に記載・記録したうえで，報酬の分配を取締役に一任することも差し支えない（大判昭和11年7月4日判決全集3輯7号29頁）。なお，定款に記載・記録した発起人の報酬については繰延べが認められる（286条）

(5)　**設 立 費 用**（8号）

設立費用とは，発起人が設立中の会社の機関として会社の設立のために必要とする一切の費用のことをいう。会社の設立に必要な行為から生じる費用であって，開業準備行為から生じる費用は含まれない。設立費用は本来，成立後の会社が当然に負担すべき費用であるが，会社が無制限に費用を負担すること

を許すと，発起人が不当な支出をして会社の財産的基盤を害するおそれがあることから，厳格な規制を置いている。定款に設立費用を記載・記録しなかった場合や，定款記載・記録額を実際の設立費用が上回った場合の超過分については発起人の負担となり，発起人はいかなる名目によってもその償還を求めることができず，会社もその負担を承認できない。

会社成立時において発起人が設立費用についての債務をまだ履行していない場合の取扱いについて，発起人の権限と設立中の会社の性格に起因する争いがある。第1の説は，会社成立後も債務は依然として発起人の債務であり，発起人は定款記載・記録額（検査役の調査を経たもの）を限度として会社に求償しうるにすぎないと解し，第2説は，債務は当然に成立後の会社に帰属し，定款記載・記録がなかったか，定款記載・記録額（検査役の調査を経たもの）を超過した部分につき発起人に求償しうると解している（Lesson 7 参照）。

なお，設立費用のうち，公証人に対して支払う定款の認証手数料，払込取扱金融機関に対して支払う報酬については平成2年改正で（168条1項8号但書），設立登記のための登録免許税は従来から解釈により，定款の記載・記録がなくても当然に会社の負担となる。各費用とも算定に客観性があり，濫用のおそれがないからである。実際に支出された定款記載・記録の設立費用，上記の手数料，報酬，免許税については繰延べが認められる（286条）。

3 変態設立事項の調査

変態設立事項は定款に記載・記録しただけでは効力を生じるのではなく，検査役の調査を受ける必要があり，その結果，発起設立の場合には裁判所により，募集設立の場合には創立総会において変更を受けることがある。

(1) 検査役の調査

発起設立においては取締役，募集設立においては発起人は，裁判所に対して，変態設立事項の調査を行うための検査役の選任を請求しなければならない（173条・181条）。ただし，①現物出資，財産引受に関する定款記載の目的物の額が資本の5分の1を超えず，かつ500万円を超えない場合，②現物出資，財産引受の目的物が取引所の相場のある有価証券で，定款に定めた価額が市場価格を超えない場合においては，検査役の調査は不要である（173条2項・181条2項）。

また、③現物出資、財産引受の目的物が不動産の場合で、不動産鑑定士の鑑定評価を受け、弁護士または弁護士法人が記載事項が相当であることを証明した場合も、検査役の調査は不要である（173条3項・181条2項）。これらの証明については、設立過程で選任された取締役、監査役が調査を行う（173条ノ2・184条2項）。なお、発起人、取締役などが検査役の調査を妨害した場合には罰則がある（498条1項4号）。

(2) 裁判所、創立総会による変更

検査役は、発起設立においては調査結果を裁判所に報告し（173条4項）、募集設立においては創立総会に報告を提出する（181条3項）。

発起設立においては、裁判者が検査役の報告をきき、変態設立事項を不当と認めたときには、裁判所はこれに変更を加えて各発起人に通告することができる（173条4項）。発起人は、裁判所の通告どおりに定款を変更するか、即時抗告によって変更の決定自体を争うか（非訟129条ノ4）、株式の引受を取り消すか（173条5項前段）のいずれかを選択する。裁判所の通告後（即時抗告が行われた場合には決定が確定したのち）、2週間以内に株式の引受を取り消した者がないときは、定款は通告に従って変更したものとみなされる。株式の引受が取り消された場合には、株式の総数の引受がない状態になるが、他の発起人がその株式を引き受けて設立手続を続行することができるほか、定款を変更して（発行株式数を減らして）設立手続を続けることもできる（173条5項後段）。

募集設立においては、創立総会に提出された報告を、取締役および監査役が調査して創立総会に報告する（184条）。変態設立事項を不当と認めたときには、総会決議によって変態設立事項を変更することができる。創立総会の決議によって、変態設立事項を拡大し、または新たな変態設立事項を追加することができるかどうかについて争いがあるが、判例は、創立総会の変態設立事項についての変更権は、変態設立事項が不当な場合に、監督是正する立場から、縮小または削除するためにのみ行使されるべきである、として拡張や追加は認められないとの立場をとっている（最判昭和41年12月23日民集20巻10号2227頁）。通説も同様の立場である。変態設立事項の変更が決議された場合、発起人は株式の引受を取り消すことができる（185条2項・173条5項）。決議後2週間以内に取消がなされなかった場合に変態設立事項が変更されたとみなされることや、取消が

あった場合の処理は発起設立の場合と同様である（185条2項・173条5項・6項）。

ワーク 6　演習問題

【問】　次の中で正しいものを1つ選びなさい。　　【法学検定試験3級程度】
(1)　資本金3,000万円の株式会社を設立する場合には，資本金の5分の1にあたる600万円までの価値のものを現物出資する場合には，検査役の検査は不要である。
(2)　総株主の同意があれば，創立総会で発起人の報酬を増額してよい
(3)　財産引受をなすことができるのは，発起人または株式引受人に限られる。
(4)　現物出資をなす者は，株式の払込期日までに，目的物を引き渡し，必要な対抗要件を備えなければならない。
(5)　変態設立事項が変更された場合には，発起人は株式の引受を取り消してもよい。

（担当：土田　亮）

Lesson 7　発起人の権限

1　発起人の法的地位

株式会社の設立には発起人が必要である。発起人は定款を作成し（165条），定款が書面によって作成されたときは，これに署名し，電磁的記録をもって作成されたときは，法務省令の定める署名に代わる措置をとらなければならない（166条2項・3項・33条ノ2第2項）。さらに株式会社の設立に際して，書面又は電磁的記録によって各自1株以上を引き受けなければならない（169条）。したがって，発起人は，設立中の会社の機関として設立事務を処理するとともに，株式会社の最初の株主（原始株主）となる。発起人が設立中の会社の機関として何をすることができるか，そして発起人のどのような行為が成立後の会社に帰属するかが，発起人の権限の問題である。

2　発起人と発起人組合・設立中の会社

(1)　発起人組合

まず株式会社の設立手続に入る前に設立企画者の間で，会社の設立を目的とする組合契約が締結され，この契約に基づく組合関係を発起人組合という。発起人組合の組合員は，当初は発起人となるべき者であるが，定款が作成されると，定款に発起人として署名またはそれに代わる措置をした者だけが発起人となる（通説）。

(2)　設立中の会社

株式会社の設立は，定款作成に始まる一連の複雑な手続を経て，設立登記によって法人としての会社が成立するが（57条），設立過程において次第に1個の団体が形成され，すでに実在しているこの団体すなわち設立中の会社が，最終的に設立登記によって法人格を取得して完全な会社となると考えられる。設立中の会社はやがて成立する会社の前身であり，法人格を有しないが，実質的に

は成立後の会社（営利社団法人）と同一であるから，その法的性質は権利能力なき社団である（同一性説）。会社設立のために必要な行為に基づく権利義務は，設立中の会社に法人格がないため形式上は発起人に帰属するが，実質上は設立中の会社に帰属しており，会社の成立によって形式上も当然に会社に帰属することになり，特別な移転行為は必要ない。

(3) 発起人の法的地位

発起人は，発起人組合の組合員たる地位と，設立中の会社の執行機関たる地位およびその構成員たる地位を併有し，その行為も，一面では発起人組合の履行行為であり，他面では設立中の会社の執行機関としての職務執行行為または構成員としての権利の行使・義務の履行という二面性をもつことがある。

本来，発起人は，設立企画者として会社の設立を推進する者であるが，発起人の範囲を明確にする必要から，形式的な基準に従って，発起人とは定款に発起人として署名した者をいうと解される（大判昭和7年6月29日民集11巻12号1257頁）。なお平成13年の商法改正により，定款が電磁的記録をもって作成されたときは，発起人は法務省令所定の署名に代わる措置をとることになったので（同条3項・33条ノ2第2項），その場合には署名に代わる措置をとった者が発起人と解されることになる。

3 発起人の権限と設立中の会社の実質的権利能力

(1) 発起人の権限

発起人は設立中の会社の機関であるが，発起人が設立に際して行った行為がすべて当然に成立後の会社に帰属するわけではなく，設立中の会社の機関としてその権限に属する行為に限って，その効果が当然に成立後の会社に帰属する。それでは発起人の権限はどの範囲で認められるのであろうか。一般に発起人の権限の問題は，財産引受（168条1項6号），設立費用（168条1項8号），会社不成立の場合の発起人の責任（194条）の解釈に関連して論じられる。

第1説は，発起人の権限を最も狭く解する見解であり，会社の形成・設立自体を直接の目的とする行為，すなわち定款の作成，株式の引受・払込に関する行為，創立総会の招集などの行為に限って発起人の権限を認める。取引行為では，開業準備行為は発起人の権限に属しないが，法定要件を満たした財産引受

だけは例外として認められるとする。設立に必要な取引行為に基づく債務も発起人に帰属し，発起人が弁済したときは，法定要件を満たした設立費用の総額の限度内で成立後の会社に求償できるにすぎないとする。

第2説は，発起人の権限に属する行為には，会社の設立にとって法律上・経済上必要な行為を含み，したがって第1説の認める行為はもちろん，設立事務所の賃借のような会社設立に必要な取引行為をも含むとする。

第3説は，営業をなしうる状態にある会社を創設することが会社の設立であるから，第1説・第2説が認めるもののほか，成立後の会社の営業開始のための準備行為である開業準備行為も発起人の権限に属するとする。

(2) 設立中の会社の実質的権利能力

設立中の会社を権利能力なき社団と解しつつ，不完全ながら権利能力を認める見解もある。しかし多数説は，法人格を有しない以上，設立中の会社には形式上は権利能力がないが，実質上は発起人が設立のためにした行為の効果が設立中の会社に帰属すると解し，設立中の会社に実質的権利能力を認める。

設立中の会社の実質的権利能力の範囲について，多数説は，清算中の会社の権利能力が清算の目的の範囲内に限られるのに対応して，設立の目的の範囲内に限られるとする。それに対して，設立中の会社は会社として成立し営業を行うことを目的とするから，開業準備行為にも及ぶとする有力説もある。この見解によれば，営業所や工場用の敷地・建物の譲受または賃借，営業の譲受，機械・原材料の買入，従業員の雇入，営業所や工場の設計の委託，成立後の会社の宣伝などにも実質的権利能力が認められる。

(3) 設立中の会社の実質的権利能力と発起人の権限の関係

一般には実質的権利能力の範囲と発起人の権限の範囲を特に区別して論じていない。これに対して両者を区別し，設立中の会社の実質的権利能力は設立の目的によって制限されず，制限されるのは発起人の権限であり，設立の目的の範囲外の行為は発起人の無権代理行為であるとの見解もある。この見解では発起人の権限の範囲が独自に重要性をもつ。

4　定款に記載のない財産引受

(1) 財産引受

会社の成立後に譲り受けることを約した財産，その価格および譲渡人の氏名は定款の相対的記載事項であり（168条1項6号），これを財産引受という。現物出資が金銭以外の財産による出資であり，社団法上の行為であるのに対し，財産引受は開業準備行為として行われる有償双務契約（通常は売買契約）であり，純然たる個人法上の行為である。しかし設立に際して会社が金銭以外の特定財産を確保する方法として両者は共通するので，財産引受も目的財産の過大評価により会社の財産的基礎が危うくされるおそれがあり，これを放置すれば，現物出資の厳重な監督規定は容易に潜脱される。そこで商法は，財産引受も変態設立事項として厳重な監督に服させることにした。ただし，現物出資と異なり，財産引受契約をなす者は発起人に制限されない（168条2項参照）。

(2) 追認の可否

定款に記載のない財産引受の効力について，判例（最判昭和28年12月3日民集7巻12号1299頁，最判昭和42年9月26日民集21巻7号1870頁など）・多数説は，設立中の会社の実質的権利能力の範囲は設立の目的によって制限され，発起人は本来開業準備行為をなす権限を有しないが，法は実際の必要上から厳重な要件の下に特に財産引受を例外的に許容したとして，定款に記載のない財産引受を確定的に無効とする（追認否定説）。この立場でも，会社に対する不当利得返還請求権を相手方に認めて（前掲最判昭和42年9月26日），結果的には追認を肯定したのと同様の救済をはかっている。民法117条の類推適用により，発起人に無権代理人と同じ責任が課される場合もある（最判昭和33年10月24日民集12巻14号3228頁）。

しかし，発起人の権限は本来開業準備行為に及ぶが，その危険性から厳重な法定要件を要求したものであり，定款に記載のない財産引受は，発起人の無権代理行為として，成立後の会社の追認が認められるとの見解（追認肯定説）が最近では多数を占めつつある。

(3) 事後設立

ところで現物出資や財産引受の厳格な規制の潜脱のため，金銭以外の特定財産を会社のために取得する旨の約束を，会社成立前ではなく会社成立直後にすることが予想される。このような財産引受の脱法行為を規制する必要はあるが，他面では成立後の会社の自治を尊重し，業務執行を過度に拘束すべきではない。そこで，会社成立前から存在する財産で営業のため継続使用すべきものを，会

社成立後2年内に資本の20分の1以上にあたる対価で取得する契約を結ぶ場合は，株主総会の特別決議が要求される（246条）。これを事後設立という。かつては検査役の調査を回避するために事後設立がよく利用されたが，平成2年改正によって，事後設立も原則として検査役の調査が必要となったので（同条2項・3項・173条・181条），現物出資や財産引受を避けるメリットはかなり少なくなった。

定款に記載のない財産引受について，追認否定説では，会社がその財産を取得するには改めて取得契約を締結し，その対価が資本の20分の1以上であれば，事後設立の手続が必要となる。それに対して追認肯定説では，財産引受を追認して既に締結された契約条件で取得するか，あるいは追認を拒否して改めて契約を締結するかを成立後の会社が選択できる。追認についても株主総会の特別決議を要すると解されるので，追認肯定説によっても規制潜脱のおそれは小さいであろう。

5　会社成立後も未払いの設立費用

(1) 設立費用

設立費用とは，定款・株式申込証の作成費，株主募集の広告費，創立事務所の賃借料など会社設立に必要な一切の費用をいい，開業準備費は含まない。発起人の濫費を抑制して会社の財産的基礎を確実にするため，設立費用を当然に会社の負担とせず，会社の負担に帰すべき設立費用も変態設立事項とし，その総額を定款に記載させ（168条1項8号），検査役の調査を要求している（173条・181条）。ただし定款認証の手数料および払込取扱銀行等に支払うべき報酬は，算定に客観性があるので，定款に記載しないで会社に負担させることができる。設立登記の登録税も同様である（286条）。

(2) 未払設立費用の支払義務者

会社と発起人の内部関係では，法定要件（定款の記載・検査役の調査など）を満たした限度で会社が設立費用を負担し，限度外の部分は発起人が負担する。しかし，会社成立後も設立費用が未払の場合，第三者との関係をどう解するかは問題である。

判例は，内部関係と同様に解している（大判昭和2年7月4日民集6巻429頁。限

度内会社負担説)。しかし，これでは債務の帰属が会社の内部事情によって決定されるため，第三者が非常に不安定な立場におかれ，また，多数の債務のうちどれを会社の負担とするのか明確な基準がなく，実際上処理が困難なので，学説の対立がある。

発起人全額負担説は，設立費用の債務は対外的には常に発起人に帰属すると解する。会社成立後も未払の設立費用について，債権者はすべて発起人に請求し，発起人はその弁済をした場合には，法定要件を満たした額を会社に求償できるとする。

会社全額負担説は，会社設立に必要な行為はすべて発起人の権限に属するので，設立費用の債務はすべて実質的に設立中の会社に帰属すると解する。会社成立と同時に対外的には成立後の会社が当然にこれを負担し，その弁済をした会社は法定要件を満たさない額を発起人に求償できるとする。

会社・発起人重畳責任説は，基本的には会社全額負担説と同様の立場に立ち，権利能力なき社団では，対外的にその社団財産をもって責に任ずるが，その代表者も責任を免れないとの理論から，会社と発起人の重畳的責任を認める。

発起人に対する求償が実際上あまり期待できないことを考えると，発起人の権限濫用を抑止し，成立後の会社の財産的基礎を確保するという趣旨には，発起人全額負担説がより妥当するのではなかろうか。

6　会社不成立の場合の責任

会社が成立しない場合には，発起人は設立に関してなした行為について連帯してその責任を負い，設立に関して支出した費用は発起人が負担する (194条)。過失の有無は問わない。

194条の立法趣旨について，会社の不成立により設立中の会社は初めに遡って存在しなかったことになり，発起人が形式的にも実質的にも権利義務の帰属主体となるので，同条は当然の規定とする説と，会社不成立の場合は設立中の会社が目的不達成により解散し，清算して残余財産があれば構成員たる株式引受人に分配すべきであるが，株式引受人保護のため発起人のみに全責任を負わせた政策的規定とする多数説が対立する。

また会社の設立に関してなした行為の範囲についても，発起人の権限と関連

して議論がある。通説は，会社の設立に関してなした行為とは，会社が成立すればその効果が当然会社に帰属したであろう行為を意味し，その範囲は発起人の権限と同一だとする。そこで発起人の権限を最も狭く解する説では，同条1項の責任は会社の設立自体を目的とする行為（株式払込金の受領など）に限って認める。発起人の権限は設立に必要な行為も含むとの説では，設立事務所の賃借，事務員の雇傭，株式募集広告の委託などにもこの責任を認めるが，この立場でも設立費用の借入については，判例は設立に関してなした行為に含まれないとし（大判昭和14年4月19日民集18巻472頁），多数説は含まれるとする。

ワーク 7　演習問題

【問】　発起人の権限に関する以下の記述中，正しいものを1つ選びなさい。

【法学検定試験3級程度】

(1) 発起人の権限は，法律上設立に必要な行為に限られるので，法律上設立に必要な費用の明細を定款に記載させることにより，成立後の会社が負担する設立費用の範囲を限定している。

(2) 発起人が会社の設立に際して書面で株式を引き受けなければならないのは，会社の設立を直接目的とする行為である株式の引受が，設立中の会社の機関としての職務権限に属するからである。

(3) 判例によれば，会社が成立しない場合には，発起人は，その権限に含まれるか否かを問わず，設立に関してなした行為について連帯して責任を負わなければならないので，設立費用の借入金債務についても連帯責任を負う。

(4) 判例によれば，会社の設立に必要な行為がすべて発起人の権限に属するわけではないので，会社成立後も未払の設立費用については，発起人が対外的に全額支払義務を負い，定款に記載のある限度で会社に求償することができる。

(5) 判例によれば，発起人は開業準備行為をすることができないので，定款に記載のない財産引受については，成立後の会社は，株主総会の特別決議によってもこれを追認することは認められない。　　　（担当：河内隆史）

Lesson 8　設立関与者の責任

1　設立関与者の責任の意義

　物的会社である株式会社の設立に際しては，必要な「資本の充実」を図るため，手続的にかなり複雑で過誤が生じやすいうえ，過去において発起人（promoter）等による不正な利得行為も数多く見られた（設立詐欺等）。そこで，会社の健全な設立を図り，企業維持（going concern）の原則を推し進め，会社債権者や株式引受人を保護するため，設立関与者（発起人・設立当時の取締役・監査役等）には厳しい民事責任が課され，罰則の制裁（486条の特別背任罪として懲役10年以下か1,000万円以下の罰金，その他489条・491条・492条ノ2・498条1項1号・4号・9号・同条2項等）が定められている。

設立関与者の民事責任

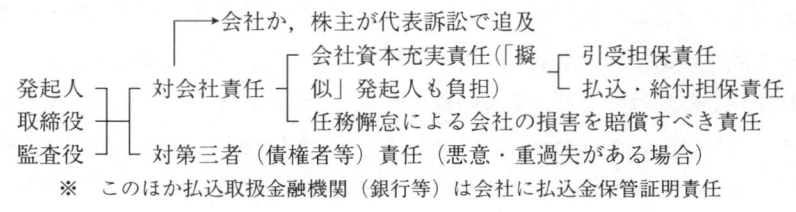

```
                  ┌→会社か，株主が代表訴訟で追及
                  │  会社資本充実責任（「擬    ┌ 引受担保責任
発起人  ┐         │  似」発起人も負担）        └ 払込・給付担保責任
取締役  ├─ 対会社責任┤
監査役  ┘         │  任務懈怠による会社の損害を賠償すべき責任
                  └ 対第三者（債権者等）責任（悪意・重過失がある場合）
```

　※　このほか払込取扱金融機関（銀行等）は会社に払込金保管証明責任

2　発起人・取締役の会社に対する責任

　株式会社における設立関与者とは，設立中の機関である発起人（後述の擬似発起人も含む），会社成立当時の取締役・監査役を指す。商法上こうした会社の設立に関与した者については，会社に対しては資本（会社財産）充実のための責任，任務懈怠による損害賠償責任があり，そのほか任務懈怠による第三者（債権者等）に対しても責任が規定され，かなり厳格な責任が課されている。なお，設立会社に関して株式等の払込証明を発行する銀行等の払込取扱金融機関についても，一定の責任が課されている。

(1) 資本充実の責任

(a) **株式引受・払込給付の不足分を担保すべき責任**　発起人・会社設立当時の取締役は，会社設立・スタート時点における資本充実責任を負担する。すなわち，第1に，会社設立に際して発行する株式のなかに，会社設立後，なお引受がなかったり，申込が取り消された株式があるときは，発起人・会社成立当時の取締役は共同してこれを引き受けたものとみなされる（「引受」担保責任，192条1項・203条1項）。第2に，その株式について，なお発行価額の払込がなかったり，現物による出資のときその給付がなされていない場合，発起人・取締役は連帯してその払込をなし，また給付未済の財産価額の支払をなす義務を負う（「払込・給付」担保責任，192条2項）。これらの責任は会社資本の充実を図るため，法が特別に認めた無過失責任とされる（通説）。そのため，総株主の同意があっても免除できず，この責任追及には株主代表訴訟が認められる（196条・267条以下）。

この第1の「引受担保」責任を負う発起人・取締役は，当然に株式の引受人となり，払込により自ら株主になる。しかし，第2の「払込・給付」担保責任の場合，株式引受人が株式の払込・給付を怠ったときでも，そのもとの引受行為は有効であるため，その者が会社成立により株主となる。すなわち，発起人等の義務はあくまでも補充的な位置づけに止まり，その義務を履行しても自ら株主になるわけでなく，本来の株式引受人であった者に「求償権」を有するにすぎない（民703条・704条）。ただし，株式引受人には払う資力がないかもしれず，そうすると会社の法律関係が不安定になってしまう。そこで，発起人等が払込・給付担保責任を履行した場合は，その払込・支払のときから6カ月以内に限り，本来の引受人に対して，株式の「引受価額を売買価格」としてその株式を自己に売り渡すよう請求できる（192条3項，株式売渡請求権）。ここで売買価格が引受価額となっているのは，引受人による投機を防止するためである。売買代金の支払債務は求償債権と相殺することで消滅するので，現実に支払う必要はない。株式引受人に株券が発行されていれば，株券の引渡を請求し，株券がまだ発行されていなければ株主の地位により会社に対し株券の発行を請求することになる。当該株式が第三者に譲渡されてしまっているときは，引受人に対し損害の賠償を請求する。

(b) **会社に提供された財産価格の不足額塡補責任** 「現物」による出資であったり,「財産」を引き受ける場合に目的となる財産については定款にその評価額を正確に記載しておかなければならない (168条1項5号・6号)。このような場合には評価の相当性・正確性を確保するため原則として裁判所が選任する「検査役の調査」が必要であるが,「少額の場合等」はこの調査は免除されている (173条2項・3項)。調査が免除される場合,発起人・会社成立当時の取締役は,目的財産の会社成立当時の実際の価格が定款の記載価格に「著しく不足」するときには,会社に対して連帯してその不足額を支払う義務を負う (192条ノ2第1項)。この責任も会社資本の充実を図るため,特に認められた無過失責任とされ,その責任には当初の目的財産の過大評価のみならず,その後の経済変動による物価下落の場合も含まれる。

ただし,「裁判所が選任する検査役の調査」を受けていれば,相当のコストを負担して検査役による厳重なチェックをしているという点が評価され,検査役調査制度の利用を促進するという理由から,「その財産の現物出資者」また「譲渡人でない発起人および取締役」は,その財産について**塡補責任を負わない** (192条ノ2第2項)。他方,その場合でも現物出資・財産引受の当事者である発起人・取締役は,不適切な財産評価による利得を防止するため,この責任を免れることはできないとされている (同項)。

(2) **任務懈怠による損害賠償責任**

設立中の会社の機関である発起人は,委任関係に準じて会社に対して善良なる管理者の注意をもって設立事務を処理すべき義務を負う (民644条,善管注意義務)。そこで,発起人が設立に関してそうした義務を怠ったときは,会社に対し連帯して損害賠償の責任を負うことになる (193条1項・186条)。発起人の任務懈怠による責任は,本来設立中の会社に対して負うものではあるが,設立中の会社の発起人に対する損害賠償請求権は,会社設立によって当然に成立後の会社に移転するため,このように規定されている。この責任は「過失責任」であり,また前述の資本充実責任と併存して,過失がある発起人のみが負担する。この責任は総株主の同意により免除できる一方で (196条・266条5項),株主代表訴訟による責任追及が認められている (196条・267条・268条ノ3)。

3 発起人の第三者に対する責任

発起人が会社の設立に関して任務を怠った場合，悪意または重大な過失があれば，特別の法定責任として第三者に対しても連帯して損害賠償の責任を負う(193条2項)。この「第三者」とは広く会社以外の者を指し，株式引受人をも含む（通説・判例）。

4 会社不成立の場合の発起人の責任

会社不成立とは設立が企画され，ある程度会社の実体形成手続が開始されたものの，結局途中で挫折して，設立登記にまで至らなかった場合をいう。会社不成立の場合には，発起人は設立関連の一切の法律行為に対して連帯して責任を負い (194条1項)，定款への記載の有無を問わず，その費用も全部負担しなければならない (同条2項)。その範囲は，株式払込金，申込証拠金の返還義務，現物出資の目的物の返還義務，設立費用等であり，不法行為による責任は含まれないと解されている。この趣旨は，株式引受人を保護し，出資金を全額返還するため，任務懈怠の有無を問わず，発起人個人に厳格な責任を課したものである。

ただし，創立総会で「発起人の意思に反して」，設立廃止の決議がなされた場合 (187条) のように「株式引受人の側に」会社不成立の積極的原因があるときには，本条2項の適用はない。なお，会社不成立の場合には，擬似発起人も発起人と同一の責任を負う (198条)。

5 擬似発起人の責任

擬似発起人とは，定款に発起人として正式に署名（記名捺印）をしてはいないものの，株式申込証・目論見書・株式募集の広告その他株式募集に関する文書に賛成人・創立委員等の名目で自己の氏名や会社の設立を賛助する旨の記載をすることを承諾した者である。擬似発起人も，外観理論・禁反言の法理により発起人と同一の責任を負う (198条)。

ただし，擬似発起人は正式な発起人ではなく，職務権限はないため，発起人の「任務懈怠による損害賠償責任」は負わず，株式引受人以外の者に対する責任も除外される。したがって，その責任は発起人の責任のうち，会社設立の場

合の資本充実責任・会社不成立の場合の株式申込人に対する申込証拠金・払込金等の返還に関する責任（194条1項）に限られる。

6　取締役および監査役の責任

取締役および監査役は会社の成立前に選任され，設立経過の調査・創立総会に対する報告の任務があるため（173条ノ2・184条），この任務を怠り，会社や第三者に損害を与えれば，その損害を賠償する責任を負う。その際発起人も責任を負うときは，それと連帯責任になる（195条）。責任免除・代表訴訟については発起人と同様である（266条5項・267条・268条ノ3）。

7　会社資本の払込取扱金融機関

会社の設立段階においては，銀行や信託会社等の「払込取扱金融機関」の関与が不可欠である。すなわち，発起設立では，株式の払込は指定払込取扱金融機関にする義務があり（170条2項），募集設立でも同様であり（177条2項），払込取扱金融機関は株式申込証の法定記載事項である（175条2項10号）。商法は，こうした払込取扱金融機関について，禁反言の法理（エストッペル）に基づいて，会社に対して「払込金保管証明書（設立登記の添付書類，商業登記法80条10号）」に関する証明責任を負わせることによって（189条2項），「株式の仮装払込」を防止し，会社資本の充実を図っている。払込金は会社運営のために実際に利用されるためのものであり，発起人や取締役は会社の成立以前には払込取扱金融機関に対して払込金の返還を求めることはできない（最判昭和37年3月2日民集16巻3号423頁）。

「株式の仮装払込」には，預合（あずけあい）と見せ金がある。預合は古くから実務界で見られる資本払込に関する脱法行為であり，発起人や取締役が払込取扱金融機関と「通謀」して行うものである。すなわち，発起人等が払込取扱金融機関から，金銭を借り入れ，払込があったように帳簿上の操作をすることにより，会社設立時または成立後の新株発行時において会社資本が充実しているように仮装し（特に最低資本金を一時的にクリアーするため），債権者を欺くものである。預合は資本充実の原則に反し，無効であるから，発起人と取締役には払込担保責任（192条2項）および損害賠償責任（193条）がある。また，

払込取扱金融機関も会社からの払込金返還請求に応じる責任があり（189条），関係者は預合罪・応預合罪として刑事罰の対象とされている（491条，昭和13年改正で新設）。

これに対して，見せ金とは仮装払込の一種として現れた預合の脱法を図る行為を指す実務上の一般用語である。すなわち，発起人等が払込取扱金融機関「以外」の者から借り入れた金銭を払込金として一時的に会社資本として保管証明を得るが，会社設立後すぐに引き出し，借入金の返済に充ててしまい，実際の会社運営にはほとんど使われないというものである。見せ金は預合と違って，金融機関との通謀はなく，現実の金銭の移動があるため，その認定は難しい。学説においても，有効として取締役の責任追及をすればよいとする説もある（有効説）。しかし，多数説・判例は見せ金も，全体として見れば当初から計画的に仕組まれた脱法行為であり，会社資本の充実という観点から見ると，無効とすべきである（無効説）。見せ金と認定する際には，「会社成立後借入金を返済するまでの期間の長短，払込金が会社資金として運用された事実の有無，借入金の返済が会社の資金関係に及ぼす影響の有無等」（最判昭和38年12月6日民集17巻12号1633頁）種々の要素を考慮したうえで，会社資本としての実質が問われることになる。なお，最近見せ金による増資において，無効な株式数を含めて変更登記をしたことが，公正証書原本不実記載罪・同行使罪（刑157条・158条）に当たるとした裁判例が出て，注目されている（最判平成3年2月28日刑集45巻2号77頁）。

8　会社設立手続の瑕疵と設立の無効

(1) 意　　義

株式会社の設立手続に瑕疵があれば，設立は無効となる。一般原則によれば，法律行為の無効の主張方法に制限はない。しかし，株式会社の設立にはそれを無効とすれば，すでに生まれていた会社内外の法律関係に混乱が発生し，法的安全性や取引の安全を害する。そこで株式会社については「設立無効の訴えの制度」を認め，その提訴権者，提訴期間等を制限し，法的安全性を図ることにしている。

(2) **会社設立手続の瑕疵と設立無効の原因**

会社設立手続に瑕疵があり，無効が問題となる場合は「主観的」無効原因と「客観的」無効原因に分かれる。「前者」は設立に参加した社員の個人的事情であり（たとえば，社員の錯誤による無効，詐欺・強迫・無能力による取消等），「後者」は設立が強行法規や会社の本質に反するものである。

物的会社である株式会社では，社員の個性よりも企業維持や取引の安全を重視するため，設立が無効となるのは客観的であり，重大な無効原因がある場合に限られる。具体的には，①定款の絶対的記載事項（166条1項）の記載が欠けていたり，記載が違法なこと，②定款に公証人の認証（167条）がないこと，③株式発行事項の決定について発起人全員の同意を欠くこと（168条ノ2），④設立に際して発行する株式総数の引受・払込に欠缺があり，かつ発起人・取締役の担保責任や払込金保管証明銀行の責任によっても治癒されないこと，⑤創立総会が招集されなかったこと，⑥設立登記が無効なこと等である。

他方，株主の主観的原因による瑕疵は単に個々の株式引受の無効・取消をもたらすにすぎず（191条），会社それ自体の取消は認められない。さらに，株式引受が取り消された場合も，発起人および会社成立当時の取締役に「引受担保責任」が課されるため（192条），個々の株式引受の取消は，会社の設立自体の無効を生じない。

(3) **設立無効の訴えの提起権者——株主・取締役・監査役——**

設立無効原因があれば，会社設立（設立登記）の日から2年以内に限って，また濫訴防止のため，原告としては株主・取締役・監査役のみが設立無効の訴えにより，無効を主張できる（428条）。訴えの被告は会社であるが，原告が株主のときは代表取締役が会社を代表し，取締役が原告であるときは監査役が会社を代表する（275条ノ4，ただし，商特24条）。

(4) **設立無効判決の効果**

(a) 原告勝訴の場合　設立無効の判決が確定した場合でも，無効の効力はすでに会社，株主および第三者との間に生じている権利義務（既往の関係）には影響しないとして，商法は判決の「遡及効を否定」している（428条3項・136条3項・110条）。すなわち，設立無効判決は「将来に向かって」効力を有するにすぎない。これは表見的存在として事実上の会社の存在を認めることにより，

すでに発生した関係では無効に成立した会社と同視し，法律関係の安定を図るものである。

他方，設立無効の効力は訴訟当事者のみならず「第三者にも」および，以後は何人も設立の有効は主張できない（法律関係の画一的確定の重視，428条3項・136条3項・109条1項）。なお，会社はその判決の旨を登記し，解散に準じて清算をしなければならない（428条3項・137条・138条）。

(b) **原告敗訴の場合**　逆に，設立無効の請求を棄却する判決は，民事訴訟の一般原則により訴訟当事者間で効力を生じるにすぎず，第三者には影響しない（勝訴の場合と反対）。したがって，提訴期間経過前であれば，他の者がさらに無効の訴えを提起できる。なお，原告が敗訴した場合，原告に悪意または重大な過失があるときは，会社に対して損害賠償の責任を負う（428条3項・136条3項・109条2項）。

```
設立無効の訴えのさまざまな制限
 ├─ 提訴権者の制限 ──── 株主・取締役・監査役のみ（428条2項）
 ├─ 提訴期間の制限 ──── 成立の日より2年以内（428条1項）
 ├─ 提訴事由の制限 ──── 客観的無効原因のみ
 └─ 無効の効力の制限 ── 遡及効を否定（広く対世効は肯定）（428条・138条）
```

(5) 設立無効・取消に関する株式会社以外の会社の特色

人的会社である合名会社や合資会社では社員の個性・事情・相互の信頼関係が特に重視されるので，「広く」主観的原因による瑕疵がある場合にも，会社それ自体の設立無効（136条）および設立取消（140条）といった制度が認められる（株式会社では客観的原因に限定）。また，合名会社・合資会社・有限会社では，社員がその債権者を詐害する目的で会社を設立したときは，「債権者にも」社員・会社に対して会社設立「取消の訴え」を提起することが認められている（141条・147条，有75条1項）（株式会社では主張権者ないし提訴権者を狭く限定）。設立取消の主張も訴えによらなければならず，その手続・効果は設立無効の場合と同様である。

(6) 会社不成立・不存在

会社の不成立とは，前述したように設立手続には着手し，準備もしたものの，設立登記まで至らなかった場合であり，その場合，会社の設立に関して行われ

た行為について，発起人がすべて連帯して責任を負い（194条1項），設立に関して支出した費用は発起人の負担となる（同2項）。一方，会社の不存在とは，会社の設立登記がなされてはいても，全く会社と認めるべき実体がない場合（たとえば，株式の払込，創立総会の開催，取締役・監査役の選任等がなされていない等）や，設立登記をしないまま会社として活動しているような場合である。こうした場合には，設立無効の訴えを提起するまでもなく，一般原則によりいつでも，何人でも，どのような方法でもその不存在を主張できる（会社不存在の訴え）。明文の規定はないが，必要であれば会社不存在確認の訴えを提起することも認められている。

ワーク 8　演習問題

【問】　設立関与者の責任に関する以下の記述中，誤っているものを1つ選びなさい。　　　　　　　　　　　　　　　　　【法学検定試験3級程度】

(1)　擬似発起人は外観理論による責任のみを負うのであり，発起人とは異なり，その責任の範囲は資本充実責任・会社不成立の場合の株式申込人に対する責任に限定されると考えられている。

(2)　会社設立中の機関である発起人の任務懈怠による損害賠償責任は過失責任であり，その責任は株主全員の同意により免除できる。

(3)　会社が結局不成立となった場合には，会社設立に関して支出した費用は株式引受人が負担することになる。

(4)　現物出資等の財産評価について，たとえ検査役による調査を受けていても，すべての発起人の責任が免除されるとは限らない。

(5)　会社が設立された当初になされた株式の申込が取り消された場合，発起人等が引き受けたものと看做される。

（担当：松岡啓祐）

第3章 株　式

Lesson 9　数種の株式

1　数種の株式の意義
(1)　数種の株式
(a)　総説　　数種の株式とは株式の内容が異なる株式であり，種類株式ともいう。従来の多数説では数種の株式は株式平等原則の例外であるから，商法が認めた態様以外の数種の株式は存在しえない。たとえば，複数の議決権を付与される株式（複数議決権株式。ただし，有39条対比）や新株引受権について常に優先的内容を有する株式は，定款で定めても認められない。数種の株式を発行する場合は，定款で各種の株式の内容および発行予定株式数を定めることを要する（222条2項）。商法は定款（原始定款だけではなく定款変更でもよい）の定め（相対的必要事項）という厳格な要件を課した上で，数種の株式を認めた。また，その内容および数は，商業登記事項とされる他（188条2項3号），株式申込証（175条2項4号ノ4ないし2項6号・280条ノ6第5号），新株引受権証書（280条ノ6ノ2第2項2号），株主名簿（223条2号），株券（225条6号）に記載される。

定款に定めがなくても，新株の引受，株式併合，株式分割，株式買受もしくは株式消却，株式交換，株式移転，会社分割もしくは合併による株式の割当または新株予約権もしくは新株予約権付社債の引受に関し，株式の種類に従って格別の定めをなすことができる（222条3項）。たとえば，優先株主には，新株引受権を付与せず，あるいは株式分割による株式の割当をしないことができる。

ただし，定款の定めなしに優先株主にそのような不利な扱いをするときは，優先株主の総会の決議を要する（346条→345条）。株式分割等に関して，定款で数種の株式間の権利調整方法を定め，それに基づき株式の種類に応じて格別の取扱いをする場合に，株式分割等の個々の取扱いをするときには，ある種類の株主の総会（種類株主総会）を開催する必要はないが，その権利調整方法が著しく不当な場合には，かかる定めは無効であると解すべきである。定款に権利調整方法の定めがない場合に，株式の種類にかかわらず一律に株式分割等を行う場合のように，「格別ノ定」をしない場合には，ある種類の株主の総会は問題にはならない。

(b) 在来型数種の株式　商法は，一方では株主を拡大することにより株式会社（以下，会社）の機動的かつ効率的な資本調達と会社支配権を変動させず買い占められる不安のない自己資本の充実（ここでは無議決権株式と表示しておく）を考慮して，他方では投資金融資産の品揃を増加させ選択肢を広げ投資家の多様な需要に応じられるように（さらに証券会社の利益にもなる），内容の異なる株式を認めた。会社と株主の双方の需要に細かく対応できるので，会社から見れば資本調達が容易になるが，会社による株主管理は複雑になる。数種の株式の内容の内で重要なのは，優先配当権（複数の優先株が発行されている場合はその優劣の順序）・参加条項・累積条項・償還条項等であり，転換条項・無議決権条項はこれらの後の問題である。

(c) 新型数種の株式　平成13年11月21日に「商法等の一部を改正する法律」が成立し（平成13年第2次改正。以下，2次改正），平成14年4月1日から施行された。2次改正により，会社法の強行法規性を緩和して定款自治を拡大する形で，数種の株式を柔軟にし拡充することにより資本調達の円滑化・機動化・多様化を推し進めた。新型数種の株式としては，重要な議決権制限株式（有39条もほぼ同じ），実例が先行したトラッキング・ストックの法認および強制転換条項付株式の許容が挙げられる。種類株主への拒否権の付与もこれに関係する。ただ，在来型数種の株式はそのほとんどが利益配当優先株であり，それなりにまとまりがあったが，在来型と新型双方を含めた現行の数種の株式は「内容ノ異ル」という点で共通性があるにすぎず，配当優先株と従来の無議決権株との関係も切断され，現行の数種の株式の中のそれぞれの株式には統一性がなく

なった結果，分かりにくい制度になったように思える。

(2) 株式平等原則との関係

　株式は均等に細分化された割合的な株式会社の社員（株主）たる地位であり，会社は株主資格に基づく法律関係では株主たる地位としての株式をその持株数に応じて平等に扱わなければならないので（株主平等原則といわれることが多いが，正確には株式平等原則というべきである），各株式の内容は同一であるのが原則である。株式平等といった場合は，均一的平等を，株主平等といった場合は，配分的平等をとらえているといえなくもない。数種の株式と株式平等原則との関係をどう考えるかに関して，2つの立場がある。株式平等原則が本則であり，数種の株式はその例外と解する従来の多数説は，種類ごとの異なる取扱いは明文規定がある場合（222条）に限定され，その他の場合は異種株式間でも同一の取扱いが要請されるとして，株式平等原則を形式的平等に重点を置いて把握する。これに反して，最近の有力説は，数種の株式が利益配当請求権等の基本的権能において差異を認める以上は異種株式を同一に取り扱うべき必然性はなく，株式平等原則は同種株式の間で同一の取扱いを要請する原則にすぎず（ある種類の株主の総会における議決等），異種株式間では株式平等原則は既存の利害関係の維持や偏頗行為の防止等のために機能する原則であるとして，株式平等原則を実質的平等に重点を置いて把握する。普通株または優先株の譲渡に限り取締役会の承認を要するとする定款の定めは，少なくとも多数説では，株式平等原則に違反し無効と解することになる。

2　数種の株式の類型

(1) 優先株・劣後株・混合株

　(a)　**優先株・劣後株・混合株の意義**　利益（利益配当には中間配当も含まれる（293条ノ5第6項））もしくは利息（建設利息は希である）の配当または残余財産の分配（現実には問題にならない）につき（222条1項），基準となる一般の株式たる普通株に対して，ほとんどの場合，予定された利益配当分につき配当順位が優先している株式を優先株，それが遅れた株式を劣後株（後配株），普通株に対してある点では優先するが別の点では劣後する株式を混合株という。あくまでも利益配当の順序の優劣であり，その額の多少の差ではない。優先株

等は，財産的利益に直接関わる自益権能群上の差異だけが認められている数種の株式と把握し，議決権に差異がある数種の株式は議決権制限株式として別の数種の株式として理解しておく。中間配当を払うときは，優先的利益配当の半分を優先株主に支払い，その決算期における優先的利益配当額は所定の優先的利益配当金額から中間優先的利益配当分を控除した額と定めるのが一般的である。劣後株は最近は少し利用されているが，混合株は利用されていないようである。

(b) 優先株の意義　実際上問題になるのはほとんど優先株であり，株式の側からする株式と社債の中間的な資本調達手段である。最近は優先株への期待が高まっていて，特に銀行でよく利用され，重要な資本調達手段になりつつある。多くの優先株が利益配当優先株という形で発行されていて，利益配当優先株にさらに転換条項や無議決権条項を付加するか否かという選択肢がある。

(c) 優先株の類型(1)——参加条項・累積条項・解除条件条項　利益配当優先株の中で，一営業年度につき額面に対する一定割合または一定額につき優先的利益配当を受けるほか，業績がよくて配当可能利益が多い年度に，さらに配当可能利益がある場合は，普通株主と共に再度残りの利益配当に与かりうる株式を参加的優先株，与かり得ない株式を非参加的優先株という。わが国では，非参加的優先株の方が多い。参加方法としては，単純参加（普通参加）（優先株がまず予定率の優先的利益配当を受け，その後普通株にそれと同率の利益配当が支払われ，さらに残余の利益があるときは優先株と普通株が平等に参加する方法）が多いともいわれている。また，ある年度の利益配当が一定割合または一定額に達しない場合に，不足する利益配当が次年度以降の利益から塡補されその総額について優先的利益配当を受け得る追徴権付の株式を累積的優先株，追徴権のない株式を非累積的優先株という。わが国では，銀行が国際決済銀行（BIS）の自己資本比率8％の基本的項目に計入されるように，非累積的優先株にすることが多い。非累積的優先株について，配当可能利益があるのに無配にする利益処分がなされたときには，議決権の復活に大きな期待をかけることはできず，さりとて固有権論も実効性が乏しく，優先株主は自己の権利を守りにくいという指摘がある。

　参加条項や累積条項を定款で定めていない場合は，法解釈で優先株として認

めてよいとする説をとったときは，非参加的で累積的と解すべきであるとする説がある。この説は社債型優先株が優先株の原則的な類型であると解することになる。しかし，実際には，非累積型かつ参加型と累積型かつ非参加型が一対になっているわけではなく，非参加型かつ非累積型という中間型が多い。さらに，優先権に解除条件（普通株が優先株と同率の配当を受けることが一定期間継続することを解除条件とすることが多いようである）を付して優先権を消滅させる解除条件付優先株等もあるといわれている。解除条件の成就により当然に普通株に転化することになる。

　(d)　**優先株の類型(2)——社債型優先株と持分型優先株**　商法上は社債型優先株と持分型優先株は特に区別されていないが，両者の機能はだいぶ違うので一律に論じないで区別する必要がある。社債型優先株は，業績の前途不安または不振で普通株では新株を発行できない会社が，旧株主には普通株に甘んじてもらい，一般の第三者に優先株を発行して他からの資本調達ができれば，新たな株主の募集が容易になる。つまり，業績が悪化し従来からの株主には普通株で我慢してもらいその普通株に対しては減配または無配にせざるをえない場合でも，配当可能利益があれば，利益配当優先株を発行できるのである。優先株に配当するだけの利益が計上できないときは，減配または無配となる。社債型優先株は，投資家に対して安定的で株式の投機性が軽減され，利益配当にだけ関心があり議決権には関心を持たない公衆投資家からの本格的な資本調達手段となる。また，社債型優先株は，自己資本比率を引き上げる必要があるが，支配関係の変動や利益配当負担の増加を避けるために発行される。社債型優先株は，いうまでもなく無議決権条項がつき，非参加的・累積的優先株である。普通社債型優先株よりも，普通株への転換権が付与された転換社債型優先株の方が多い。

　株式の本質たる会社財産に対する持分が認められる優先株を持分型優先株（普通株型優先株）と呼ぶ。従来は議決権が停止している無議決権型が大宗を占めていた。参加的・非累積的優先株である。完全無議決権型にすれば議決権付きの普通株の株主構成を変更しないから，優先配当金は議決権停止の代償としての意味をもつ。持分型優先株は大株主が支配的地位を維持したまま新株発行を伴う資本調達（エクイティ・ファイナンス）を行えるので，企業集団の親

会社や企業支配者（オーナー）がいる会社には魅力的である。とくに，親会社が優良子会社への支配的地位を維持しつつそれを管理する一環として，子会社に新株発行を伴う資本調達をさせるという形の利用が予定されている。子会社が持分型優先株を発行すれば子会社への支配関係には変動がないので，親会社は過半数支配を維持する必要はなくなるから，親会社に大きな資金負担をかけずに増資できることになる。また，合併・買収（M&A）による経営権の変動に対する会社側の対抗策としての持分型優先株の利用が，最近注目されている。持分型優先株では，特に無議決権条項が意味をもつのである。

ところが実際には，非参加的かつ非累積的優先株が多く，少なくとも参加条項と累積条項に関するかぎり，純粋な社債型優先株と純粋な持分型優先株の中間型が主流をなしている。

(e) 利益配当種類株の発行方法　利益配当種類株（優先株等の他，トラッキング・ストックを含む）につき，証券市場の動向に連動して機動的な発行ができるように，定款で算定の基準の要綱を定めれば足りることとし，具体的な利益配当額は，新株発行決議で決定できる（222条3項・280条ノ2第1項1号）。定款所定の枠内であれば，具体的な配当額が異なる株式を数回に分けて取締役会決議だけで発行できるようになった（なお，188条2項3号←175条2項4号）。

(2) 償還株式

自己株式の買受による任意消却または配当可能利益をもってする株式の強制消却が発行当初から，あらかじめ予定された償還株式も数種の株式である（222条1項）。平成13年6月の1次改正により，自己株式の原則自由化で自己株式の買受による任意消却も償還株式に取り入れられた。利益配当優先株を発行しておいて後日それを減資手続を経ないで簡単に消却して会社の配当負担を軽減させると共に普通株主への配当優先株の圧迫を早く免れさせるという形で利用されるが，わが国では活発に利用されてきたとはいえない。通常は償還基金を積み立てておく。償還株の内容（償還の価額・時期・方法等）および数を定款で定める必要がある（同条2項）。定款に償還済の株式の再発行を認める明示的規定がない場合，償還株の当該部分の発行権限はすでに行使されたので，定款に規定された授権の枠は復活せず消却した償還株の数だけ未発行株式数が増加することはないと解するのが，通説である。償還の選択権が会社にある償還

株式が随意償還株式であり，それが株主にある償還株式が義務償還株式である。随意償還株式は更に，株主の意思にかかわらず株式消却できる強制償還株式と株主から契約に基づき買い受ける任意（買入）償還株式とに分けられる。

(3) 転換予約権付株式と強制転換条項付株式

従来の転換株式はある種類の株式から他の種類の株式への転換権という属性をもった特殊の株式である（222条ノ2第1項）。転換により既存の株式は消滅し，別の種類の新株が発行される。発行当初は完全無議決権利益配当優先株として利益配当を有利に受け取っておいて，後で業績が伸びたときは普通株に転換して経営に参加したいと希望する投資家の需要に応えることができるので，株式引受人を募集しやすくなる。現に，多くの優先株に普通株への転換条項がついている。転換請求により発行すべき新株の内容を定款で定めなければならないが，転換の条件または転換権の行使期間は，定款に規定がないときは，会社設立時は発起人全員の合意をもって会社設立後は原則として取締役会が決定できる（同条2項）。転換請求権行使期間中は新株の数は留保しておく必要がある（同条3項）。転換請求書に株券を添付し（222条ノ5第1項本文），転換予約権付株式転換は形成権であるから会社に提出した時点で転換の効力が発生する（222条ノ6第1項本文。なお，同条但書・2項）。資本充実の要請から当初の転換株の発行価額が新株の発行価額とされる（222条ノ3）。転換によって消滅した株式数だけ未発行株式数が増加するかに関しては，償還株と同様に解すべきである。2次改正で，株主から転換形成権を行使できる従前の転換株式を転換予約権付株式（222条ノ3。なお，188条2項3号←175条2項4号ノ5）と呼ぶことになり，新たに，会社から強制的に転換できる強制転換条項付株式を認めた。強制転換条項付株式は定款をもって転換によって発行する新株の内容および転換の条件を定めなければならない。取締役会決議を要し，転換前の株券の会社への提出の公告・通知が必要となる（222条ノ8・222条ノ9。なお，188条2項3号←175条2項4号ノ6）。

(4) 議決権制限株式

(a) **議決権制限株式の意義**　2次改正で導入された議決権制限株式定款で「議決権ヲ行使スルコトヲ得ベキ事項」につき内容の異なる数種の株式である（222条1項）。議決権制限株式はあらゆる事項に議決権を有しない完全無議決権株式と決議事項の一部についてのみ議決権をもつにすぎない一部議決権制限株

式に分けられる。議決権制限株式による資本多数決の修正を定款自治に任せることにした。その結果，すべての種類の株式を議決権制限株式にすることができ，また議決権の復活に関し条件を設定できるようになった。無議決権と優先配当とは対価関係に立たず優先配当は無議決権の代償とはされなくなり，無議決権と優先配当との結合は必然性がないとしてその結合が解き放たれた。トラッキング・ストックでは議決権が存在しない普通株が望まれていたこと，ベンチャー・ビジネスでは，無議決権株を利用したくても配当優先株だと優先配当に振り向けなければならず，成長に必要な投資に利益を振り向けにくくなること，および社債型優先株に議決権の復活が認められることは理論的に好ましくないこと等が，その理由として指摘されている。

議決権制限株式は発行済株式総数の2分の1を超えることはできない（222条5項。なお，同条6項）。これは，一方，もともと従来の無議決権優先株の発行限度割合たる3分の1を引き上げて欲しいという要望があったこと，および従来の無議決権優先株に比べて議決権制限株式への需要が高いと予想されることから，議決権制限株式の発行限度割合を引き上げたものであり，他方，議決権制限株式を余り多く認めると議決権を有する少数の株主が会社を支配できることになり妥当でないから，2分の1という発行限度割合を設けたものである。数種の株式毎に，異なる単元数を定めることができ（221条3項），発行価額も違うので，一株一議決権が崩れてきて，出資額と議決権の分量が比例しなくなり，小額資本による支配株の可能性が出てきた。また，議決権制限株式につき，少数株主権や反対投票権の全部または一部について定款で議決権をなくすことができる（同条4項）。少数株主権や反対投票権の制限は議決権制限株の属性である（なお，188条2項3号←175条2項4号ノ4）。

(b) 完全無議決権株式　従来の無議決権株は利益配当優先株において議決権の停止という属性をもった株式である。利益配当優先株に無議決権条項を付加すれば，優先的利益配当さえ貰えれば会社の経営に参画することを希望しない投資株主の需要に合致するし（この場合の株券は利潤証券性が前面に出現し支配証券性は背後に後退する），会社としても支配に関与する株主を増加させないで新株発行をしたいという需要に適い，双方にとって便利である。特に，親会社の持株比率を維持することにより，子会社に対する買占防止や企業集団

の統制力の保持を図ることが可能になる。無議決権株主には，株主総会参与権は単元未満総会屋を排除するためにも認めない見解が有力であるが，株主総会参与権以外の単独株主権たる共益権能群は認められる。普通株主の議決権濫用への対抗手段を確保させるために，株式買取権や株主総会決議取消訴権を認めるべきであるとする説がある。

　完全無議決権株式は従来の無議決権株の系譜を引くが，議決権復活条項が自由化され，議決権が全面的に復活する従来の無議決権と同一のものから全く復活しないものまで多様で柔軟な完全無議決権株式を設計できるようになった（なお，211条ノ2第4項）。極小額の優先配当額を定めたにすぎない非参加型優先株でも完全無議決権株式にできる。1次改正により少数株主権の持株要件が議決権数に改められたので（237条），完全無議決権株主は少数株主権のように議決権の存在を前提にしない共済権能群でも行使できないことになろう。無議決権普通株も認められる。さらに，議決権がずっと復活しない永久無議決株も認められた。たとえば，3年間赤字が継続したら復活するということもできる。

　(c)　一部議決権制限株式　　一部議決権制限株式は一部の事項には議決権を有するがその他の事項には議決権を有しないから，これまた多様で柔軟な数種の株式を設計できるようになった。他の株主との利害調整上営業部門業績連動配当株型のトラッキング・ストックの場合は当該営業部門の譲渡等に限定して議決権を認めた方が円滑にいくであろうこと，ベンチャー・キャピタルが投下資本を回収しやすいように一部の事項（たとえば，取締役選任）につき議決権をその手元に留保した方が望ましいこと等が，その理由として指摘されている。

(5)　**トラッキング・ストックの法認**

　トラッキング・ストック（特定事業連動株式）とは，発行者がその子会社や特定の営業部門の業績等に応じて，株主に利益配当を支払うことを内容とする数種の株式である。有望な特定の事業を標的事業とするためや特定の事業に所属している者にストック・オプションとして渡すため等を理由に発行される。最近，ソニーが日本版トラッキング・ストックたる子会社業績連動配当株を発行して注目された。当該子会社から支払われる利益配当額と同額の利益配当を支払い，トラッキング・ストックを償還（随意償還株式）するときの当該子会社株式の価値相当額を支払う等を定款で定めることになろう。当分の間子会社

業績連動配当株についても無配が継続するようである。このように2次改正前の商法下でもトラッキング・ストックの発行は不可能ではなかったが、不明確な点もあった。そこで、2次改正で、トラッキング・ストックをあえて利益配当優先株と位置付ける必要はなくし、正面からトラッキング・ストックが認知された。

(6) 種類株主への拒否権の付与

議決権制限株主に不利益が及ぶ場合にも、ある種類の株主の総会の決議が必要となる。加えて、2次改正で、定款で株主総会決議事項または取締役会決議事項の全部または一部につき、その決議の他にある種類の株主の総会の決議を要すると定め得ることにした（222条7項。なお、188条2項3号←175条2項4号ノ4）。定款で種類株主に拒否権を付与しうることになり、少数派株主の保護が更に図られた。ベンチャー・ビジネスで少数派株主たるベンチャー・キャピタルが多数派株主たる創業者一族による恣意的な経営から自己の利益を守るためには拒否権を持つ必要があるが、これを株主間契約や投資契約で達成しようとしてもその違反に対して自己の利益を守りにくいこと、トラッキング・ストック発行会社で対象となる特定事業が売却・精算等される場合には、種類株主が自己の利益を守るためには拒否権を持つ必要があること等が、その理由として指摘されている。取締役会決議事項につき、種類株主たるベンチャー・キャピタルに拒否権を支えるという使い方も考えられる。定款によるある種類の株主の総会には株主総会の規定が準用される（222条8項）。よって、法定のある種類の株主の総会の決議は特別決議の要件を充足することを要するのに対して、定款によるある種類の株主の総会の決議は普通決議で足りることになる。

拒否権は特定の種類の株式の属性である。主に閉鎖会社を想定した立法である。

ワーク 9　演習問題

【問】　現行商法上数種の株式につき、正解を1つ選びなさい。

【法学検定試験3級程度】

(1) 子会社の業績に連動して利益配当する数種の株式は発行できない。

(2) ある特定の事項についてだけ議決権がある数種の株式は発行できない。
(3) 利益配当が優先的に支払われなくなったときは、必ず議決権は復活する。
(4) 利益配当優先株は、配当の順序が優先的であるにすぎず、配当額が多いとはかぎらない。
(5) 利益配当種類株の内容は、すべて定款で詳細に定めなければならない。

(担当:松崎　良)

Lesson 10　株式の譲渡

1　株式の自由譲渡性

　株式会社では，資本維持の原則から出資の払戻しは原則として認められないので，株式の譲渡による投下資本回収の手段を残す必要がある。また，典型的な株式会社においては，所有と経営が分離しているので，株主の個性は問題とならない。株式の譲渡によって誰が株主となっても不都合はない。そこで，株式会社では，原則として株式を自由に譲渡できることとした（204条1項本文）。

　しかし，株式の自由譲渡性には，商法上次のような例外がある。①自己株式取得の禁止に伴う譲渡制限，②定款による譲渡制限，③権利株の譲渡制限，④株券発行前の譲渡制限である。

2　権利株および株式発行前の譲渡制限

　権利株とは，会社成立前または新株発行前における株式引受人の地位である。権利株の譲渡は，当事者間では有効であるが，会社に対してその効力を有しない（190条・280条ノ14第1項）。株券発行前の株式の譲渡についても同様である（204条2項）。この段階で譲渡を認めると会社の事務処理が煩雑になるからである。

　会社は当初の引受人を株主として扱えばよい。ただし，このような制限は株券の発行を円滑・正確に行わせるためのものであるから，株券の発行を不当に遅滞している会社が譲渡の効力を否定するのは信義則に反して認められない（最判昭和47年11月10日民集26巻9号1489頁）。

3　定款による譲渡制限

(1)　制度趣旨

　株式会社のなかには，株主の個性が重要性をもつ小規模の閉鎖的な会社も現

実に多数存在する。このような会社にとって、株式が譲渡されて利害を異にする株主が会社に参加することの排除が既存株主の利益になる。そこで、商法は定款で株式の譲渡を制限する制度を認めることにした（204条1項但書）。しかし、同時に株主の投下資本回収の利益にも配慮している（204条ノ2以下）。

譲渡制限の定めは会社設立時の定款にある場合もあれば、定款変更による場合もある。後者の場合、株主の利益に重大な影響を与えることから、通常の定款変更よりも厳格な要件が定められ（348条）、かつ反対株主に株式買取請求権が与えられている（349条）。

譲渡制限の態様としては、商法は譲渡に取締役会の承認を要するものに限定している。また、譲渡制限を登記し、株券にも記載する必要がある（188条2項3号・225条8号）。

(2) 譲渡制限株式の譲渡

譲渡制限株式の譲渡を希望する者は、会社に対して①譲渡の承認のみを請求することもできるし、②譲渡承認請求とともに、承認しない場合には他に譲渡の相手方の指定を請求することもできる。いずれの場合も、取締役会は承認の諾否を決定し、②に対して承認を拒否する場合は相手方（先買権者）の指定を行わなければならない。2週間以内にそれらの決定の通知が株主に対してなされないときは、譲渡は承認されたものとみなされる（204条ノ2）。株式の取得者からの請求は②に限られる（204条ノ5）。先買権者の指定がなされたときは、先買権者は10日以内に株主に対して売渡請求をしなければならず、これがなされないと最初の譲渡が承認されたものとみなされる（204条ノ3）。先買権者との間の株式の譲渡価格は、まずは当事者間で協議されるが、協議がまとまらないときは、売渡請求から20日以内に裁判所に価格の決定を申請することができる。裁判所は、会社の資産状態その他一切の事情を考慮して売買価格の決定を行わなければならない（204条ノ4）。

譲渡承認請求があった場合に、2週間以内に先買権者を探し出すのは困難なことがある。また、先買権者が見つかってもその者に購入資金がないこともある。そこで、平成6年商法改正では、一定の範囲で会社自身が先買権者となることを認めた（204条ノ3ノ2）。

取締役会の承認を得ないでなされた譲渡制限株式の譲渡の効力について、判

例は，そのような譲渡は会社に対する関係では効力を生じないが，譲渡当事者間では有効であるとした（最判昭和48年6月15日民集27巻6号700頁）。この立場では，会社は名義書換を拒絶できるので，譲受人を株主として扱わなくてもよいことになる。そのかぎりで会社にとって好ましくない者を排除するという譲渡制限の趣旨は達成されるとして，多数説も判例に賛成している。譲渡制限株式の取得者からの承認請求はこの見解を前提としていると解されている。

4 株式の譲渡

(1) 株　券

株券とは，株式（株主の地位）を表章する有価証券である。株式の譲渡や株主の権利行使に株券を要するものとして，譲渡を容易にするとともに権利関係の明確化を図ったものである。株券の記載事項は法定されている（225条）が，一部が欠けていても，それが本質的な部分でなければ株券としての効力を失わない。他方，会社成立前や新株発行の払込期日前のように，株式という権利が成立していなければ，株券は無効である（226条2項・3項）。

(2) 株券の発行

会社成立後または新株発行の払込期日後に，会社は遅滞なく株券を発行しなければならない（226条1項）。株券が発行されなければ株式の譲渡に支障が出るからである（ただし，2参照）。

株券がいつから効力を持つのかについては，会社が株券を作成したときとする説（作成時説）とその株券を株主に交付したときとする説（交付時説）とに分かれている。判例は交付時説である（最判昭和40年11月16日民集19巻8号1970頁）。具体的には，株券作成後交付されるまでの間に株券が盗取された場合の取扱いが異なる。作成時説だとこの場合にも第三者が善意取得して元の株主は権利を失うが，交付時説だと効力が生じていないから善意取得の余地はないことになる。最近では，取引の安全を重視する作成時説が有力である。

また，株券の盗難・紛失の危険を避けるために，株主が個別に株券の不所持を申し出ることを認める株券不所持制度がある（226条ノ2）。この申出をした株主が株式の譲渡をしようとする場合，株券の発行または返還を受けて行うことになる。

(3) 譲渡の方式

株式の譲渡は，株券の交付によってなされる（205条1項）。すなわち，譲渡の意思表示に加えて株券を交付することが譲渡の効力要件である。

株券の占有者は適法な所持人と推定される（205条2項）。それゆえ，株券の占有者から株式を譲り受けた者は，譲渡人が無権利者である場合でも，そのことについて悪意重過失がなければ，譲受人が株主となり，真の権利者は株主でなくなる（善意取得，229条，小21条）。このような制度によって法は株式の流通保護を図っている。

(4) 株券の喪失

株券を喪失した場合，善意取得者が出現する危険がある。また，株式を譲渡したり担保に入れるためには株券が必要である。この場合，株券を喪失した者は，公示催告手続を経て除権判決を受けて，株券を無効にしたうえで，会社に株券の再発行を請求することができる（230条）。

5 株式の担保化

株式を担保に入れることも，株主の投下資本回収方法である。商法上は略式質と登録質が規定されているが，このほか譲渡担保も認められる。

略式質は株券の交付によって質権が設定され，株券の継続占有が第三者への対抗要件である（207条）。質権者には，留置的効力，優先弁済権等質権一般の効力のほか，株式の変形物に物上代位する（208条）。登録質では，略式質の要件に加えて株主名簿および株券に質権者の記載をする（209条1項）。これによって，略式質の効力に加えて，登録質権者は会社から利益配当や残余財産分配を直接受け取ることができる。

譲渡担保は，債務が返済されたときに再譲渡することを約して株式を譲渡することである。この形態としても，単に株券の交付によるもの（略式譲渡担保）とそれに加えて名義書換までするもの（登録譲渡担保）がある。

| ワーク 10 | 演習問題 |

【問】 株式の譲渡に関する以下の記述中，誤っているものを選びなさい。

【法学検定試験3級程度】

(1) 株券発行前の株式の譲渡は，当事者間では有効であるが，会社に対してその効力を有しない。
(2) 定款変更によって株式の譲渡制限の定めを置く場合，反対株主には株式買取請求権が与えられている。
(3) 取締役会の承認を得ないでなされた譲渡制限株式の譲渡の効力は，会社に対する関係では効力を生じないが，譲渡当事者間では有効である。
(4) 譲渡制限株式の取得者からは，譲渡の承認請求をすることができない。
(5) 譲渡承認請求があった場合に，会社自身が先買権者となることができる。

(担当：王子田誠)

Lesson 11　自己株式の取得

1　自己株式の意義

　自己株式（自社株）とは自分の会社の発行済株式である。自己株式の取得は頻繁に利用される重要な制度である。見出は自己株式の取得となっているが，その取得だけではなく保有・処分・消却（処分の一部であるが別建てとする）も含めた自己株式の取引という意味で，見出の「取得」を広義で捕らえておく（保有・処分・消却と区別された本来の狭義の取得という意味で使用することもある）。自己株式は社団法理と有価証券法理の交錯する部分であり，自己株式の取得に伴う弊害をどのように理解するかにより結論が異なってくる。従来の自己株式への法規制を抜本的に改める商法等の一部を改正する等の法律が議員立法により平成13年6月22日に可決成立し平成13年10月1日に施行されたが，平成13年第1次改正（以下，1次改正）は実際上の便宜を優先して許容される場合が拡張されてきた自己株式への法規制の段階的な緩和の総仕上げであり，実質的にはその延長線上に位置しつつも，さらに従来の自己株式への法規制の根本的転換に踏み切ったものである。なお，社団法理の点で，有限会社の自己持分の取得も，ほぼ同様の法規制に服している（有24条1項・2項）。

2　自己株式の取得の原則的禁止

(1)　自己株式の取得を原則的に禁止してきた根拠

　今まで自己株式の取得を原則的に禁止してきたが，その根拠は，以下の弊害に個別に対処するよりも，会社の健全性を維持するには法律政策的に実質的・総合的な視点から一般予防的に対処するほうが望ましいという点に求められてきた。この点は後述する金庫株を評価する際に忘却してはならないはずである。①から⑤までは社団法理上の根拠であり，⑥は証券法理上の根拠である。

　①　自己株式を有償取得する場合は，取得の財源が資本または法定準備金で

あるときは，株主に対する出資の払戻しとなり，資本維持原則に違反し資本の空洞化をもたらすので，株式会社（以下，会社）会社債権者の利益を侵害し会社の財産的基礎を危うくする。

② 会社の経営成績や資産状態が悪化した場合は，自己株式の価値が低落し，その低落がさらにその経営成績や資産状態の悪化をもたらすという「二重の損失」を会社に与える。自己株式は，資産の裏付けがなく，資産としての危険性はそれに内在する本質的な危険性であり，もっとも投資に適さない物件である。

③ 取得の財源が配当可能利益であっても，流通性の低い自己株式を特定の一部の株主から買い付ける場合は，株式譲渡人の売却機会の平等を確保できず，また高い価額で取得すれば残存株主との間で不公平を生じ，株式平等原則に違反する。

④ 現経営者と反対派が会社支配の争奪戦を演じている場合に，反対派からの自己株式の取得は会社の資金で反対派の買占を挫折させ，現経営者の地位を維持し不公正な会社支配を助長する。株主総会決議の歪曲化をもたらし，経営者支配を助長する危険性がある。

⑤ 自己株式を利用して会社側が，買占側に対抗して高値で株式を買い集めたり買占側から高値で株式の肩代わりを行うために買い取る場合は，会社に損害を与える。

⑥ 自己株式の取得は相場操縦（証取159条）および証券内部者取引（証取166条）のような不公正な株式取引の温床となりやすい。

(2) 自己株式の取得の自由化に関する理由と弊害対策

法規制緩和の一般的傾向や事前の規制から事後の救済へという潮流および株価低迷への対策等を主要な理由として，会社法および証券取引法で叙上の弊害に対して以下の若干の手当てを施したうえで，叙上の弊害が完全に払拭された訳ではないが，1次改正で，自己株式の取得が自由化された。②に対しては，その保有も自由化されたのでその資産性を認めるのは会社の経営成績や資産状態にとって危険であるし，株主への利益分配的要素を持つ自己株式の取得価額は社外流失しているので，その取得価額相当額は資産性を否定された。⑥に対しては，証券取引法でさらに規制が強化された（証取166条・24条の6）。なお，①に関しては，法定準備金減少が新たに採用されたので（289条2項・3項），こ

の弊害を以前ほどは重視しなくなったということであろう。

3 自己株式の取得の新たな法規制の内容
(1) 規制の意義——金庫株の解禁

1次改正で，自己株式の原則制限から自由化へのコペルニクス的転換がなされ，財界が要望していた金庫株が解禁された。金庫株とは取得の目的制限，保有期間制限および保有数量制限が撤廃され，取得・保有・処分・消却が自由化された自己株式であると一般に解されている（特に，保有）。取得の目的を問わずかつ消却および処分義務を負わない自己株式であるから，自己株式に対する法規制の緩和化のほぼ終着点に位置する究極的な自己株式であるといえよう。自己株式規制は金庫株の導入により激変した。取得目的も自由であるから自己株式をどのような目的でも取得でき，処分も自由であるから自己株式を長期にわたり保有でき，新株発行と対比して金庫株は社外に発行されない自己株式ともいえ，その限りで自己株式の利便性は飛躍的に向上したことは間違いない。金庫株が有用であると説かれている会社法上の場面は以下のようである。従来どおり株式消却に使用できる。加えて，新株予約権の行使・株式交換・吸収分割・吸収合併で新株発行をしないで自己株式を交付できる（新株発行代用自己株式，280条ノ19第1項・356条・374条ノ19・409条ノ2）。たとえば，買収側が株式交換によって他社を買収する場合に，交換に使用する金庫株を買い受ければ新株発行を補完できるようになり合併・買収を迅速に行えるようになる。さらに，金庫株を処分して株式市場に流通している株式数を減少させることにより，敵対的買収への防衛に役立てることができる。金庫株が有用であると説かれている株式市場での場面は，新たな投資家に処分して株主の増加を図ること等である。金庫株が株式持合解消の受皿として大きな期待を担って登場したが，金庫株の取得価額は配当可能利益から控除されるので，金庫株が株式持合解消の受皿として株価下支え効果を発揮できるかは疑問であるという見方もある。しかし，その反面で，従来の法規制との乖離が大きすぎ，その評価は慎重に行う必要がある。2(1)⑥の懸念が残っているだけではなく，①から⑤への手当てが必ずしも万全になされた訳ではない。実体的規制がほとんどなくなった代わりに，手続的規制により弊害に対処しようとしているという一面もある。財界から何

らかの形で存続の要望が強かった株式消却特例法の趣旨を承継しながら，株式消却特例法を廃止した。

(2) 規制の適用範囲

(a) **自己株式の担保取得** 自己株式の担保取得（質受・譲渡担保等）は自由化されたが，債権が名目的で弁済が想定されていないような自己株式の担保取得は自己株式取得規制の脱法行為となるので，その取得と同様の規制を受ける。

(b) **自己株式の買受以外の取得** 商法上規制される行為は「買受」であり，従来の「取得」よりも狭い。①贈与（負担付贈与の場合は問題の余地があろう）や遺贈を受けて無償取得する場合は，大きな弊害を想定しにくいので，②会社が，営業全部を承継させる吸収分割の承継会社になったことにより分割会社が有していた，吸収合併の存続会社になったことにより消滅会社が有していた，または他の会社の営業全部の譲受会社になったことにより譲渡会社が有していた株式を取得する形で自己株式を取得する場合は，やむを得ない行為なので，③債務者が会社の株式以外に見るべき財産を有しないところ，それを代物弁済として受領する場合（民482条）や強制執行により取得する場合（民執167条1項・161条1項）は，会社の権利の実行にあたりその目的を達するため必要なときなので，規制を受けずに自己株式を取得できる。問題となるのは，吸収合併の存続会社が消滅会社の株式を有する所それに対して合併新株を割り当てる形で，または人的吸収分割の承継会社が分割会社の株式を有するところ，それに対して分割新株を割り当てる形で，自己株式を取得できるかであるが，会社の自治に委ねて，合併・分割新株を割り当てても割り当てなくてもいずれでもよいと解される。そこで，以下では，買受に絞って説明する。

(c) **会社の計算においてなされる買受** 会社の名をもって自己株式を取得しても他人の計算においてそれがなされる場合は叙上の弊害がないので，自己株式の取得が法解釈上許容される。つまり，自己株式の弊害は会社の計算においてなされる場合が問題になる。会社の計算においてなされる買受であるか否かは，買受資金の出所により決せられる。完全子会社による親会社株式の買受は，一方，子会社による親会社株式の取得規制（211条ノ2）を受けるが，他方，親会社自身の自己株式買受規制も受ける（最判平成5年9月9日民集47巻7号4814

頁)。

(3) 自己株式の買受規制を受けない場合

商法上「別段ノ定」がある場合は，以下と同様な買受規制は受けない（210条1項）。①営業譲渡等（245条ノ2・245条ノ5第3項ないし5項），株式譲渡制限のための定款変更（349条），株式交換・株式移転（355条・358条5項ないし7項・371条2項），会社分割（374条ノ3・374条ノ23第5項ないし7項・374条ノ31第3項），合併（408条ノ3・413条ノ3第5項ないし7項）または端株・単元未満株（220条ノ6・221条6項）につき，反対株主の株式買取形成権の行使に応じる場合は，義務に基づき自己株式の買受を行うのであるから，②義務償還株式（222条1項）のうち償還の選択権が株主にある義務償還株式の買受に応じる場合は，義務に基づき自己株式の買受を行うのであるから，③譲渡制限株式において被指定者の売渡請求または株式取得者による買受人指定請求をなして株式の買受をなす場合（204条ノ3ノ2第1項ないし4項・6項）は，特定の者からの自己株式の買受となるから株主総会の特別決議を経た上で，閉鎖会社における株主の投下資本の回収を保証するために，④買い受けるべき株式の種類，総数および取得価額の総額につき取締役会の決議をもって子会社の有する自己株式を子会社から買い受ける場合（211条ノ3第1項・2項）は，子会社は例外的に取得した親会社株式を相当の時期に処分しなければならないが（211条ノ2第2項），閉鎖会社等ではこの処分が容易でないので，「別段ノ定」に基づき，以下の規制とは別の規制や緩和された規制を受ける。

(4) 買受段階の規制

(a) 買受の決定　会社が自己株式を買い受けるには，決議後最初の決算期に関する定時総会の終結の時までに買い受けるべき株式の種類，総数および取得価額の総額につき，定時総会の普通決議を経なければならない（210条1項・2項1号）。あくまでも決議後最初の決算期に関する定時総会の終結の時までに買い受けるべき株式の総数の規制であり，全部の買い受けるべき株式の総数の規制は存在しない。決議後最初の決算期に関する定時総会の終結の時までに買い受けるべき株式の取得価額の総額は，純資産額より290条1項各号の金額および定時総会において利益より配当しもしくは支払うものと定めまたは資本に組み入れた額の合計額を控除した額を越えることはできず（290条3項），また，

純資産額より290条1項各号の金額より減少すべき法定準備金の額（289条2項）および減少すべき資本の額（375条1項）を控除した額ならびに定時総会において利益より配当しもしくは支払うものと定めまたは資本に組み入れた額の合計額を控除した額を越えることはできない（同条4項）という取得財源の規制がある。後者は法定準備金・資本減少額加算が公開会社における株式持合解消の受皿作りから導入されたとされる。定時総会の決議が要求される理由は，自己株式の取得価額は配当可能利益の範囲内でなければならず，また自己株式には資産性がないので，自己株式の買受には利益分配的性質があるからである。

　特定の者から買い受けるときは売主につき，定時総会の特別決議を経なければならない（同項2号・5号。なお，211条3項但書参照）。決議の公正を確保するため，売主たる株主は議決権を行使できない。特別決議の定足数要件としては参入されるが，その議決要件としては行使しえない議決権の数は出席した株主の議決権の数に参入しない（3項5号）。特別決議が要求される理由は，特に閉鎖会社では換金が困難な自己株式の売却機会の平等を確保し，買い占めた株式を高値で会社に肩代わりさせるグリーン・メイラーからの買受を防止するためである。

　株主は特定の者からの買受に関する議案の要領が記載された通知を受けたときは，総会日より5日前に書面をもって売主に自己をも追加するように請求でき，取締役はその書面を閲覧に供する（7項）。これらの議案の要領は株主総会の招集通知に記載することを要する（6項）。

(b)　買受の実行　　自己株式の買受がなされる営業年度末において純資産額が290条1項各号の合計額を下回るおそれがあるときは，取締役は自己株式を買い受けてはならない（210条ノ2第1項）という期末の財産状態の予測からくる規制がある（期末の見通しを誤った場合の効果につき，2項……取締役が資本欠損を生じるそのおそれがないと認めるにつき無過失を証明しなければならないとして証明責任が転換されている）。実行の時期につき，買受は決議後最初の決算期に関する定時総会の終結の時までに実行しなければならない（同条2項1号）。実行方法は，①市場取引（証券取引所取引または店頭売買取引），②公開買付け（証取27条の22第1項1号），③特別決議で特定された売主との相対取引のいずれかである（8項）。③につき，閉鎖会社で自己株式の買受価額

が不当に高額であった場合は，取締役の会社に対する責任（266条1項5号）が発生しうる。ただし，閉鎖会社が従業員持株制度で株式社内留保契約を締結し，従業員が従業員持株会を退会する場合は会社の業績にかかわらず常に会社が従業員の取得価額で従業員から株式を買い受ける約定があった場合は，退会時の時価がその従業員の取得価額よりも低下したときに会社が自己株式を取得したことにより会社に損害が発生したとしても，従業員持株制度を安定して維持していく上で必要な行為として，その責任は発生しないと解すべきである。

(c) 違法な買受の効果　違法な自己株式の買受の私法上の効力（刑罰につき，489条2号）については，①（絶対的）無効説・②有効説・③相対的無効説・④取消可能説等が対立している。①は弊害の一般予防という法律政策目標を重視し，株式取引の静的安全を押し進める立場であり，判例（最判昭43年9月5日民集22巻9号1846頁等）も無効説に立つ。無効説は株式取引の動的安全への配慮に欠ける嫌いがあるだけではなく，金庫株を承認した1次改正法との落差が大きくなりすぎ無効説を維持できるかは微妙になったように思える。②は自己株式買受に関する商法の規定は命令的ないし取締的規定であるから，これに違反しても私法上は有効であり，後は取締役の責任で対処すればよいとする。取締役の責任だけで各種の弊害に対応できるとは思えず，この説は取引の静的安全への配慮に欠ける嫌いがある。③が多数説で，会社の名をもって行われる株式取得の場合は，株式譲渡人には株式譲受人たる会社にとって自己株式の買受になるという認識が常にあると考えられるので，自己株式の買受は無効であるが，証券会社による取引所取引のように他人の名をもって自己株式の買受が行われた場合は，会社の計算において違法な買受が行われたことを知っている悪意の譲渡人のときだけその買受は無効であると解している。この説は善意の譲渡人を保護し株式取引の動的安全に配慮している。④は違法な自己株式の買受によって権利を侵害された者は取り消すことができるとするが，取消権という形成権を付与する実定法上の根拠が明確でない。無効の余地を残しつつ取引の安全を調和させようとする③が妥当であろう。

無効主張としては，①と③をとった場合には，会社が株券の引渡を受ける前であれば会社は譲渡人に対して株券の引渡を請求できず，会社が株券の引渡を受けた後であれば会社は受領した株券の返還と引換に買付代金の返還を受ける

ことになる。無効主張をなしうる者につき，譲渡人は株式の譲渡で自己の目的を達しているので，譲渡後にたまたま株価が上昇したことを奇貨として譲渡の無効を主張して高値になった時価での売却という不当な投機を認めてやる必要はなく，無効主張をなしうる者は会社に限られると解する説が，多数説・判例（東京高判平成元年2月27日判時1309号137頁）である。しかし，それではたまたま株価が値下がりしたときだけ会社は無効を主張し株価が値上がりしたときは会社は無効を主張しないでそのままにしておくという相手方の危険負担における会社による投機的利益を許容することになるので，相手方からの無効主張も認めて，たとえば，会社に株券を引き渡す前であれば，相手方が違法な自己株式の買受を主張して会社による株券の奪取を阻止しうると解すべきである。違法な自己株式の買受が無効になる結果，違法な自己株式の処分も無効となる。

(5) **保有段階の規制——保有中の自己株式の法律上の地位**

会社は相当の時期に自己株式の処分義務を負わないから，自由にそれを保有できる。問題になるのは保有中の自己株式の法律上の地位である。

(a) **共益権能群** 保有中の自己株式の法律上の地位の内で共益権能群に関しては，取締役が会社の資金で株主総会決議の歪曲化をもたらさないよう自己株式の議決権が休止する（241条2項）だけでなく，共益権能群一般にも当て嵌まると解されている。

(b) **自益権能群** 自己株式には利益（中間配当も同様，293条ノ5第6項）または利息の配当を行わないとして（293条但書），商法は全面的休止説に立つとされる。ただし，会社は自己株式の換価価値を他の株式と同価値に保つために株式分割または株式併合による新株の交付は自己株式にも及ぶと解する説が有力であるが，たとえば，自己株式に株式分割による新株を交付しない結果自己株式の換価価値が低下しても，それにより株主に損害が発生する訳ではないから，自己株式に株式分割の効果を及ぼすか否かは会社の裁量に委ねるべきであるとする説もある。また，株主割当有償増資をする場合は，旧株の価値の下落を穴埋めするために払い込んだ自己株式にも新株引受権が付与されるが，会社が新株に払込をすることは会社資金による仮装払込といわざるを得ないので，自己株式には新株引受権の行使は認められず，それを譲渡して自己株式の価値を維持すべきである。

(c) 会計　　貸借対照表で資本の部に別に自己株式の部を設けて控除する形式で記載しなければならない（計規34条4項。なお，財表規則68条の2の3）。営業報告書でも，その営業年度中に取得した自己株式，その営業年度中に処分または株式失効の手続をした自己株式ならびに決算期において保有する自己株式に分けて詳細に開示しなければならない（計規45条1項8号の2。なお，3項）。小会社の貸借対照表の要旨は，自己株式の部を設けたときは自己株式の部に区分して記載しなければならない（計規50条1項）。

(6) 処分段階の規制

(a) 通常の新株発行の規定を準用する理由　　会社は自己株式の処分義務を負わないが，任意に処分する場合には，別段の定めである代用自己株式を除き，通常の新株発行の規定を準用する（211条3項）。自己株式の処分は新たな株主との間に社員関係が発生するので通常の新株発行と類似した側面があり，また自己株式の処分が通常の新株発行の脱法行為として利用されないためである。通常の新株発行と異なる点は，株主割当に相当する手続が自己株式の処分には存在しないことである。株式譲渡制限会社における割合的な地位（280条ノ5ノ2第1項）の確保のような既存株主への手当てを自己株式の処分に類推適用すべきであるとする指摘もある。

(b) 規制の内容　　会社が自己株式を処分する場合においては，定款をもって株主総会が決する旨を定めないかぎり，以下の事項は取締役会がこれを決する（1項柱書）。処分すべき株式の種類および数（1号），処分すべき株式の価額および払込期日（2号），特定の者にしてこれに対して特に有利な価額をもって株式を譲渡すべきものならびにこれに対して譲り渡す株式の種類，数および価額（3号）。株式の譲渡につき取締役会の承認を要する旨の定款の定めがある場合においては前項1号および2号に掲げる事項につき特別決議を要する（2項）。3号の場合は，さらに株主総会の特別決議を要する（3項←280条ノ2第2項ないし4項）。

会社の保有する自己株式を譲り受けようとする者は，株式申込書により申し込み（3項←175条1項・3項ないし5項・280条ノ6），割当を受けた者は払込期日迄に払込取扱金融機関に払い込むことを要する（3項←175条4項・177条2項・178条・280条ノ7・280条ノ9）。211条1項3号につき株主総会の特別決議があった

場合を除いて，会社は払込期日の2週間前に処分すべき株式の種類・数・発行価額またはその決定方法・払込期日・募集方法を，広告するか株主に通知しなければならない（3項←280条ノ3・280条ノ3ノ2）。

株主等は違法な自己株式の処分に関して，処分の差止請求，通謀株式引受人への差額支払請求，処分無効の提訴等の措置をとりうる（3項←280条ノ10・280条ノ11・280条ノ15ないし18）。

(7) 消却段階の規制

会社は取締役会の決議をもって自己株式を消却することができる（任意消却）。この場合においては消却すべき株式の種類および数を定めることを要する（212条1項）。買受から消却までの期間制限や消却しうる株式数の制限は存しない。任意消却の決議をなした場合には会社は遅滞なく株式失効の手続をなすことを要する（2項）。

ワーク 11　演習問題

【問】　自己株式につき，正解を1つ選びなさい。　【法学検定試験3級程度】
  (1) 自己株式には弊害がなくなったので，その取得は何等の制約を受けない。
  (2) 自己株式を買い受けるには，常に市場取引または公開買付の方法によらねばならない。
  (3) 自己株式の消却の決議後は，遅滞なく株式失効手続を採らねばならない。
  (4) 自己株式にも資産性があるから従前どおり資産計上できる。
  (5) 取締役会決議で，資本準備金を原資にした自己株式消却を認めた株式消却特例法も存在している。

(担当：松崎　良)

Lesson 12　株式の併合と分割

1　株式の併合と分割の意義

株式の併合とは，数個の株式を合わせて，それより少ない数の株式とすることである。株式の併合それ自体は，単に株式の数を減少させることであって，会社の資本や財産に影響を与える行為ではない。たとえば，10株の株式を合わせて1株とする株式の併合が行われれば，併合後の1株に対応する会社財産は10倍になる。逆に，1株を10株にするように，株式を細分化して従来より多数の株式とすることを，株式の分割という。株式を分割しても，それだけでは会社財産は増加せず，発行済株式の数が増加するだけであるので，1株の価値は小さくなる。株式の併合も分割も，株式の数だけを増減するものであって，株主の実質的な地位に影響を与えるものではない。しかしながら，併合や分割の比率によっては，株主は，併合や分割によって1株を保有できなくなる場合（たとえば，2株を3株にする分割が行われるときに奇数の株式を保有する場合）があり，逆に，分割によって従来の端株が株式になる場合がある。

2　株式の併合
(1)　株式併合の経済的効果

株式の併合は，後述のように，資本減少の方法として行われることもあるが，会社の資本や財産を減少させることなく行えば，次のような経済的効果が期待できる。すなわち，株式を併合して1株の価値を増加させることによって，低すぎる株価を適切な水準に引き上げることができるので，これによって，たとえば，新株発行のための条件を整えたり，株価を上昇させて企業イメージを向上させたりすることに役立つ。また，株式併合によって発行済株式数が減少するので，株式事務の軽減や株主管理コストの削減につながる。実務的には，株式交換・株式移転や，新設分割，合併に際して，株式の割当比率を整えるため

に，一方当事者の株式を併合することも多い。

しかしながら，たとえば10株を1株にする株式併合が行われた場合，10株に満たない数（これを併合に適しない数といい，端数と呼ぶ）の株式は併合後の1株になることができない。原則として，1株の100分の1の整数倍に当たる端数は，端株として存続することができるものの，端株は株式ではないので株式と比べてわずかの権利しか認められないし（220条ノ2第1項），会社は定款の規定によって端株として扱わない旨を定めることができる（220条ノ2第2項）。株式併合の比率が高ければ，端株になれない端数を生ずることもある。また，10株に満たない数の株式しか持たない株主は，併合後は1株の株式も持つことができなくなり，株主としての地位を失ってしまう。併合後の1株の財産的価値が増大するために，株価が高くなりすぎて株式の市場性が低下し，譲渡がしにくくなるという可能性もある。

(2) 株式を併合できる場合

このように，株式の併合は，株主の地位に影響する行為であって，株主にとって利害関係の大きいものである。株式併合を無制限に行うことができるとすれば，株主保護の点で問題がある。そのため，平成13年改正前の商法では，株式併合ができる事由を，①1株当たりの純資産額を5万円以上に引き上げるため（改正前214条1項），②資本減少にあたり株式数を減少させるため（改正前377条1項），③合併にあたり合併比率を調整するため（改正前416条3項），④株式交換・株式移転にあたり株式の交換比率や移転比率を調整するため（改正前362条1項・371条1項），および，⑤会社分割にあたり分割比率を調整するため（改正前374条ノ31第2項）に限定していた。

これに対して，平成13年改正商法は，出資単位に対する会社の自治を尊重するという観点から，株式併合ができる事由に関する商法の制限を撤廃し，一定の手続を踏めば，事由の如何を問わず株式を併合できることとした。したがって，後述のように，株主総会の特別決議とその他の所定の手続を踏めば，会社は自由に株式併合を行うことができるようになった。しかしながら，それは，株主総会の特別決議があれば，どのような株式併合を行ってもよいという趣旨ではない。株式併合の比率が極端に高ければ，少数の株式しかもたない株主（小株主）は，それによって株主の地位を失う。小株主を会社から締め出すた

めに株式併合を決議することは，資本多数決の濫用であって，このような株主総会決議が多数派株主の賛成によって成立した場合，特別利害関係人の議決権行使による著しく不当な決議として取消の瑕疵を帯びると考えられる。

(3) 株式併合の手続

(a) **株主総会の特別決議** 株式を併合するには，株主総会の特別決議が必要である（214条1項）。株式併合の決議では，株式の併合比率と，併合に適する株式の数を記載した株券の会社への提出を不要とする場合はその旨も，決定する（214条3項）。株式併合決議の議案の要領は，総会の招集通知に記載される（214条2項）。取締役は，株式併合に関する株主総会において，株式の併合を必要とする理由を開示しなければならない（214条1項後段）。

(b) **株券の交換と読替え** 株式併合に関する株主総会の決議では，前述のように，併合に適する株式の数を記載した株券（つまり，株式併合をしても端数のでない株数を記載した株券）は会社に提出する必要がないことを定めることができる。株式の併合を行うと，これまでの株券を併合後の株式数を記載した新たな株券と交換する必要があるが，すべての株券を交換すれば費用も手間もかかるので，併合に適する株式数を記載した株券は，併合後の株式数を記載したものと看做すことが認められている（215条3項）。ただし，併合に適する株式の数を記載した株券を所持する者が，これを提出して新たな株券の交付を請求することは妨げられない（215条4項）。

株式を併合しようとする会社は，株式を併合する旨，一定の期間内に株券および端株券を会社に提出すべき旨，また総会の特別決議において併合に適する株式の数を記載した株券は会社に提出する必要がないことを定めたときはその内容を公告し，かつ，株主と株主名簿に記載のある質権者には各別にこれを通知することを要する（215条1項）。株券の提出期間は1カ月以上なければならない（215条1項但書）。

(c) **株式併合の効力発生時期** 株式併合の効力は，前述の株券提出期間が満了したときに生ずる（215条2項）。平成13年改正前の商法では，資本減少の場合に一般に株式併合を伴ったことから，資本減少の場合における株式併合の効力は，資本減少に関する債権者異議の手続が終了しないかぎり，生じないものとされていた（改正前377条2項）。これに対して，平成13年改正商法は，額面

株式を廃止して，株式と資本の関係を完全に切断したことから，資本減少について株式併合との連動を前提とした規定は削除され，株式併合の効力は，一律に株券提出期間満了時に生ずることになった。

(d) 効力発生後の処理　株式の併合によって1株に満たない端数を生じた場合，その部分については，新たに発行した株式を競売等によって換価してその代金を従前の株主に交付するか，あるいは，端株として端株原簿に記載する(220条1項)。

また，株式の併合が実施されると発行済株式の総数(188条2項5号)が減少するので，変更の登記が必要である。発行済株式総数の減少に伴い，授権資本制度の趣旨(347条)からして，会社が発行する株式の総数（授権株式数）(166条1項3号) も，同様の比率で減少すると解するのが多数説であり，登記実務上も，自動的に授権株式数が減少するものと扱われている。

3　株式の分割
(1)　株式分割の機能と態様

株式を分割しても，前述のように，会社財産は増加せず発行済株式の数が増加するだけであるので，1株当たりの会社財産が減少して，1株の価値が減少する。株価が高騰しすぎている会社が株式分割を行えば，株価を下げて投資家が株式を購入しやすくなる効果が期待できるし，1株当たりの利益配当額を下げることもできる。

平成2年改正前の商法は，①資本の増加を伴わない株式の分割だけを「株式の分割」と扱っていたが，平成2年改正商法は，②配当可能利益を資本に組み入れて新株を発行する場合（株式配当），③準備金を資本に組み入れて新株を発行する場合（無償交付）および額面超過額を資本に組み入れて新株を発行する場合（準無償交付）も，「株式の分割」として取り扱うこととし，規定の整備を行った。②・③いずれの場合も，金銭の払込や現物出資に対応して新株が発行されるものではなく，会社財産が増加せずに発行済株式総数だけが増加する点で，①資本増加を伴わない株式の分割と変わりがないからである（この商法改正には，①と②・③との間で，課税上の扱いが異なっていたことが影響している）。

90　第3章　株　　式

	資本の額	資本増加の原資	会社財産	発行済株式
資本増加を伴わない株式分割	増減なし		増減なし	増加
株式配当	増加	配当可能利益	増減なし	増加
無償交付	増加	法定準備金	増減なし	増加
準無償交付	増加	額面超過額	増減なし	増加

(2) 株式分割に対する制約の除去

　平成13年改正前の商法は，出資単位を一定以上に維持することを会社に義務付ける政策をとり，最終の貸借対照表により会社に現存するとされる純資産の額を分割後の発行済株式総数で割った額は5万円を下回ることができない（株式分割の純資産額要件）（改正前218条2項後段），という制約を課していた。そのため，純資産をあまり持たない会社では，会社の将来性に対する期待等から株価が高騰しても，株式を分割して株価を妥当な水準に引き下げることができなかった。また，無額面株式とともに額面株式の制度を採用し，額面額に分割後の発行額面株式の総数を掛けた額（株金総額）は資本の額を超えることができないとして（改正前218条2項前段），株金総額に資本の額の最低限を画する機能を与えていた。これに対して，平成13年改正商法は，前述のように，出資単位の決定を会社の自治に委ねるという観点から，株式分割の制約となる純資産額要件を廃止し，また，株式分割等により出資単位を調整する手続が簡単になるという理由から，額面株式の制度を廃止した。これにより，株式の分割に対する商法上の制約は除去され，会社は自由に株式分割を行えることになった。

(3) 株式分割の手続

　(a) 決定機関と決議内容　　株式の分割は，株式の併合のように株主の地位に影響するものではないので，取締役会の決議でなすことができる（218条1項）。株式の分割によって発行済株式数が増加し，定款の記載事項である「会社が発行する株式の総数」（166条1項3号）を超えることになるときは，定款の変更が必要になるが，この場合でも，通常の定款変更手続とは異なり，取締役会の決議だけで定款を変更して，会社が発行する株式の総数を株式分割の割合に応じて増加することができる（218条2項）。株主総会の特別決議を経ていては，手続が遅延するという理由からである。ただし，2以上の種類の株式を発

行する会社では，授権資本数の変更は既存の株主の利益に関わるので，取締役会決議によって定款を変更することはできず，通常の定款変更手続（342条・343条）が必要である（218条2項但書）。また，前述の②や③の場合には，株式分割の前提として，配当可能利益や法定準備金等の資本組入手続が必要である。

株式の分割に関する取締役会の決議では，分割の比率，分割によって発行する株式の種類を決定する。

(b) 新株の追加発行　株式の分割の場合，会社は既存の株券はそのままにして新株券を追加発行すればいいので，株式の併合の場合のように既存の株券を会社に提出するよう求める必要はない。たとえば，10株を11株に分割するときは，1株の新株券を発行すれば足りるのである。会社は，株式の分割をなす旨，および，一定の日（割当期日）に株主名簿に記載のある株主が株式の分割によって新株を受ける権利を有する旨を，割当期日の2週間前（割当期日が株主名簿の閉鎖期間中であるときは閉鎖期間の初日の2週間前）に公告することを要する（219条1項）。

(c) 株式分割の効力発生　株式の分割は，原則として前述の割当期日においてその効力を生ずるが，株式分割に関する取締役会決議で別段の定めをすることもできる（219条2項）。株式分割の効力が発生したら，会社は遅滞なく株主および株主名簿に記載のある質権者に対して，その株主が受ける株式の種類および数を通知しなければならない（219条3項）。そして，株券の追加発行・交付が行われる。発行済株式の総数が増加し，場合によっては会社が発行する株式の数が増加するので，それぞれについて変更の登記が必要である。

なお，株式の分割によって1株に満たない端数を生じた場合の処理については，株式併合の場合とほぼ同様の処理がなされる（220条）。

(4) **数種の株式と株式の分割**

数種の株式を発行する会社が株式分割を行う場合，種類株式相互の関係を維持するため，各種類株式について同一の比率で分割を行うことが原則である。しかしながら，一定金額の配当について優先権のある配当優先株式が分割によって数を増すと，その分だけ普通株式に対する配当の原資が減少するといった影響が出る。そのため，数種の株式を発行する場合には定款に定めのないときでも，株式の分割について，株式の種類に従い格別の定めをすることが認め

られている (222条3項)。株式の併合の場合も同様である。

ワーク 12　演習問題

【問】 以下の記述のうち，正しいものを1つ選びなさい。

【法学検定試験3級程度】

(1) 株式の併合それ自体は，会社の資本や財産に影響を与える行為ではなく，発行済株式総数が減少するだけである。

(2) 単に株式を併合するだけであれば，株主の持株数は減少するが，持株全体の財産的価値に変わりはないので，株主の利益を侵害することはない。

(3) 会社が株式の併合を行えるのは，資本減少や合併など，限られた場合だけである。

(4) 株式の分割を行っても，株式の数が増加するだけであるので，端数（端株）は発生しない。

(5) 株式分割を行うと，発行済株式総数が増加して会社財産が減少するので，株価を引き下げる効果が発生する。

(担当：川島いづみ)

Lesson 13　株式の消却

1　株式の消却とは何か

　株式の消却とは，特定の発行済株式を絶対的に消滅させる会社の行為をいう。株式の消却によって発行済株式の総数が減少する点で，株式の併合と同じ効果がある。株式消却の方法には，消却される株式の持ち主である株主の同意を得て消却するか否かにより，強制消却と任意消却の区別があり，また，対価を払って消却するか否かにより，有償消却と無償消却の区別がある。

　強制消却とは，特定の株式を消却する際に，案分比例，抽選その他これに準ずる方法によって，当該株主の同意を得ずに，株式を消却する方法である。強制消却は，無償でなされる場合はもとより，有償でなされる場合であっても，株主の利益を害するおそれが高いので，法律で認められた場合にしか行うことができない。

　これに対して，任意消却とは，会社が株主との合意に基づいて自己株式を買い受け，取得した株式を失効させる方法である。会社が買入れて消却するので，買入消却ともいわれている。任意消却においては，会社が特定の株主から消却する株式を取得すると，会社に持株を売却する機会を与えられなかったその他の株主との間で，不平等を生ずるおそれがある。したがって，任意消却では，消却のための自己株式の取得は，株主平等の原則に従い，各株主に平等の機会を保障するような方法で行われなければならないと考えられるが，株式の消却自体に対して制約を加えることは，必要ではないと解されている。

　なお，消却のために株式を買い受ける財源によっては，債権者保護を考慮しなければならない場合がある。

2　株式を消却できる場合

　株式を強制消却できるのは，①資本減少の規定に従う場合（213条1項），②

定款の規定に基づき利益により消却する場合（213条1項），および，③償還株式に強制償還条項が付されている場合（213条1項・222条1項）に限られる。他方，株式の任意消却は，④取締役会の決議によって一般的に行うことができる（212条1項）。

本レッスンでは，主に②の定款の規定に基づく利益消却（強制消却）と④取締役会決議に基づく任意消却について解説する（①の資本減少については〈Lesson 36〉参照，③の償還株式については〈Lesson 10〉参照）。

	任意・強制の別	有償・無償の別	株式取得の財源
資本減少の方法	強制消却	有償消却または無償消却	資本
定款の規定に基づく株式消却	強制消却	有償消却	配当可能利益
利益による償還株式の償還	強制消却	有償消却	配当可能利益
取締役会決議に基づく株式消却	任意消却	有償消却	特段の規定はない

3 株式の消却に関する商法の規制の変遷

(1) 平成6年改正前

平成6年改正前の商法においては，資本減少の場合を除くと，株式の消却は定款の規定に基づくものしか認められず，しかもここにいう定款の規定とは原始定款または総株主の同意によって変更された定款の規定であると解釈する厳格な見解があった。実務的には，この厳格な見解を無視することもできず，また，原始定款にかかる規定をもつ既存会社の存在は考えにくいし，定款変更について総株主の同意を得ることも大規模企業では現実的でないことから，定款の規定に基づく株式の消却は利用されず，これに関する商法の規定は死文化した状態にあった。新株発行手続が昭和25年の商法改正によって簡易化されたことと比較しても，株式の利益消却の手続はあまりに厳格にすぎると批判されていた。

(2) 平成6年改正商法

こうした批判を受けて，平成6年改正商法は，自己株式取得規制を緩和する一環として，定時株主総会の決議によっても，利益による株式の消却ができるものとした（平成6年改正212条ノ2第1項）。これによって会社は，資金に余剰が生じたときは，余剰資金を株主に還元する手段の一つとして，定時株主総会の決議によって，配当可能利益の範囲内で（同条3項），自己株式を取得して消却することができるようになった。

(3) 株式消却特例法と土地再評価法

定時株主総会の決議に基づく株式の利益消却は，会計年度の終了後に行われる利益処分としての性質をもつ。これに対して，経済界からは，年度の途中であっても，経済情勢や当該会社の業務・財産状況等に対応して，取締役会の決議だけで自己株式を取得して消却できるようにすることが強く要望された。このような経済界の要望に応えて，平成9年には，議員立法により株式消却特例法（株式の消却の手続に関する商法の特例に関する法律）が制定され，一定の制限の下で取締役会の決議によって株式の任意消却ができるようになった。同法の適用は公開会社に限られており，株式市場の下支えとしての機能を期待した政策立法であったということができる。また，平成10年には，株式消却特例法が改正されて取得財源が資本準備金へと拡大されるとともに，土地再評価法（土地の再評価に関する法律）が制定され，商法特例法上の大会社が保有する事業用の土地について，時価による再評価を行うことを認め，これによって生ずる再評価差額金を原資として自己株式を取得し，任意消却することができるようになった。いずれも時限立法であったが，株式消却特例法は平成13年の商法改正に伴って廃止され，土地再評価法は平成14年3月31日まで適用された。

(4) 平成13年改正商法

平成13年改正商法は，自己株式の買受け・保有（金庫株）を原則として自由化するとともに，自己株式の取得や処分について統一的な規制を設けた。従来の商法では，自己株式の取得は原則として禁止されていたため，自己株式を取得することは例外的な事柄と捉えられており，自己株式の保有期間は制限され，取得した自己株式は遅滞なく失効の手続をとるか相当の時期に処分することが求められていた。例外的な事柄である自己株式の処分について詳細な規定は設

けられていなかった。しかしながら、自己株式の取得規制が大幅に緩和され、自己株式の買受け・保有・処分について統一的な規制が整えられることになれば、株式の任意消却自体について、厳格な立場を維持する必然性は認められなくなる。そこで、株式の消却に関する規定を簡素化して、株式の任意消却については、取締役会の決議により原則として自由に行えることとする改正がなされた。

4 定款の規定に基づく利益による株式の消却

会社は、定款の規定に基づき、配当可能利益を原資として、株式を消却することができる（213条1項）。配当可能利益を原資とするので、債権者の保護を考慮する必要はない。前述のように、平成6年改正商法が、定時株主総会の決議による株式の任意消却を認め、さらに、平成13年改正商法が、取締役会決議による株式の任意消却を認めたことから、株式の強制消却は、213条1項により定款の規定に基づいてなされなければならないと解釈されている。また、ここにいう定款の規定とは、原始定款または総株主の同意によって変更された定款の規定を指すものと解すべきである。

株式の強制消却は、株主平等原則を遵守して、できる限り株主を平等に取扱う方法でなされなければならない。具体的には、持株数に応じた案分比例や抽選等によって、消却の対象となる株式を特定することが求められる。

消却の対象となる株式を表章する株券の回収については、株式の併合における株券の提出手続に関する規定、および、株券提出期間の満了をもって併合の効力が生ずるとする規定（215条1項2項）が準用される（213条2項）。すなわち、会社が1カ月を下らない一定の期間（株券提出期間）を定めて、その期間内に会社に株券を提出すべき旨を公告するとともに、株主および株主名簿に記載のある質権者には格別にこれを通知しなければならない。前述のように債権者保護手続は不要であるので、株式消却の効力は、株券提出期間の満了時に発生する。消却の効力発生により、発行済株式の総数が減少するので、変更の登記が必要である。このことが授権株式数にどのような影響を与えるかについては、後述（5(3)）のような問題がある。

ちなみに、定款の規定によって株式を任意消却することも可能であるが、任

意消却については，平成13年改正商法により，取締役会の決議という，より簡易な手続によって行うことが可能になったので，実務的には，定款の規定に基づく株式の消却は，強制消却のみに利用されることになろう。

5 取締役会の決議に基づく株式の消却
(1) 取締役会の決議
　会社は，取締役会の決議によって，その保有する自己株式を消却することができる（212条1項前段）。取締役会の決議で消却できるのは，会社がすでに保有している自己株式であり，自己株式の買受けその他取得に関する規制の適用をすでにクリアしているので，取締役会の決議だけで消却しても株主の利益が害されるおそれはないと考えられる。消却できる株式の数やその買受財源について，特段の制限はない。取締役会の決議では，消却すべき株式の種類および数を定めなければならない（212条1項後段）。

　自己株式の取得から消却までの期間についても，特に制限はない。また，消却の目的についても何の制限もないので，たとえば，企業の財務内容を改善するため，あるいは，株主資本利益率（ROE）を向上させるためなど，企業の財務政策に合わせて，取締役会の判断で，株式を任意に消却することができる。

(2) 任意消却に関する取締役の責任
　会社は，いろいろな経緯で自己株式を保有する。配当可能利益を原資として自己株式を買い受ける場合もあれば，株主による株式買取請求権の行使に応じて自己株式を買い受ける場合もある。

　定時株主総会において配当可能利益による株式の買受けの決議（210条1項・2項・3項）がなされても，その後会社の財産状態が悪化し，期末に資本の欠損を生ずるおそれのあるときは，総会決議による授権の範囲内であっても，取締役は自己株式を買い受けることができず（210条ノ2第1項），自己株式の買受けにより期末に欠損を生じたときは，定時総会の決議に基づいてこれを取得した取締役は，会社に対し連帯して損害賠償責任を負う（210条ノ2第2項。なお，同条3項参照）。このように，自己株式の買受けに関する取締役の責任が定められているのは，自己株式の取得財源に関する規定の遵守を図り，会社債権者等の利益を保護するためである。

これに対して，保有する自己株式の任意消却については，前述のように別段の規制は定められていない。しかしながら，会社が，株主の株式買取請求に応ずる等，配当可能利益の限度を超えて自己株式を買い受けた場合に，取締役がその株式を処分せずに消却すれば，会社債権者等の利益が害されるおそれがある。株式消却の方法による資本減少の場合に，債権者保護手続を必要とすることとも，平仄が合わないことになる。商法に，このような場合について特段の規制が置かれていないのは，取締役がこのような行為をするとは考えられないからであろうが，仮に行えば取締役の責任を生じうるものと解釈される。

(3) 株式の失効手続と授権株式数

このようにして，取締役会において株式の消却を決議したときは，会社は遅滞なく株式失効の手続をとらなければならない (212条2項)。株式失効の手続とは，株券の廃棄や株券台帳からの当該株式の抹消，失効株式の番号の控など，特定の株式を消滅させる会社の意思が客観的に認識できる行為を指す。株式失効の手続が完了すると株式消却の効力が発生し，当該株式は消滅して会社の発行済株式の総数が減少する。

このことが，定款の必要的記載事項である授権株式数（会社が発行する株式の総数）にどのような影響を与えるかについては，見解の対立がある。学説には，授権株式数は減少せず，消却された株式は未発行株式になると解する説や，授権株式数は当然には減少しないが，消却された株式の再発行は禁止されると解する説もある。しかし，前者の説では，いったん行使した発行権限の枠を再度利用することができてしまうので相当ではないし，後者の説では，授権株式数として表示される数と発行済株式総数との差が未発行の株式数と一致しなくなってしまう。定款変更手続をとらなくても，株式の消却によって減少した株式数だけ，当然に授権株式数が減少すると解する説が，妥当であると考えられる。登記の実務もこの説に従っており，消却された株式数と同数だけ発行済株式総数と授権株式数が減少したとして，それぞれの変更登記手続が必要であるとされている。

ワーク 13　演習問題

【問】　株式の消却に関する以下の記述中，正しいものを1つ選びなさい。

【法学検定試験3級程度】

(1)　株式の強制消却では，株券の提出手続に従って提出された株券等について，株式の失効手続がとられたときに，株式消却の効力が発生する。

(2)　株式を失効させるためには，当該株式を表章する株券を物理的に廃棄することが必要である。

(3)　会社は，定時総会の決議に基づいて，発行済株式総数の10分の1の範囲内であれば，配当可能利益を財源として株式を強制消却することができる。

(4)　株式の任意消却では，取締役会の決議で決定した株式について，失効の手続がとられたときに，株式消却の効力が発生する。

(5)　会社は，取締役会の決議に基づいて，配当可能利益を財源として，自己株式を買い受けて消却することができる。

（担当：川島いづみ）

Lesson 14　端株制度と単元株制度

1　投資単位の調整

　株式投資の単位があまり小さいときには，各株主の出資額に比べて株式の管理費用が過大となる。また，総会屋のような行為を誘発する危険もある。逆に，投資単位が過大な場合は，株式の時価が巨額となり，個人投資家の取得が困難となる。その結果，証券市場において株式の流動性が不足し，株価が乱高下する原因となる。こうしたことを考慮して，各会社は適切な投資単位を判断すべきである。そして，商法は投資単位を引き上げたり（株式の併合），引き下げたり（株式の分割）する制度を設けている。

　ところで，投資単位の基礎となる最低投資単位の規制は，経済情勢につれて段階的に引き上げられてきた。昭和25年改正商法202条2項は，額面株式の最低券面額を500円としたが，改正前に設立された会社の大部分は，従来の最低券面額（50円または20円）を維持しており，最低券面額が小さすぎることが指摘されていた。そこで，昭和56年改正商法は株式の投資単位を原則5万円とする規定を設けた。

　しかしながら，経済界からの株式分割の際の純資産額規制（旧商218条2項）撤廃の要望を直接の契機として，平成13年に株式の投資単位全般に対する改正がなされた。すなわち，一部のベンチャー企業においては，高株価ではあるが1株当たり純資産額はそれほど大きくない会社が存在するが，純資産額規制のために株式分割ができず，株式の低流動性が生じていると指摘されていた。ただ，この規制の撤廃は株式分割にとどまらず，株式の投資単位全般の見直しにつながるものであるから，これと併せて設立時の純資産額，額面株式の廃止，および単位株制度の廃止と単元株制度の新設といった改正がなされたのである。

(1)　設立時の株式単位規制の撤廃

　昭和56年改正商法のもとで設立される会社においては，会社設立時に発行す

る額面株式の券面額および無額面株式の発行価額は5万円以上でなければならないとされていた（旧商166条2項・202条2項・168条ノ3）。しかし，株式分割の際の純資産額規制が撤廃されると，設立直後に株式単位を小さくすることが可能になるので，設立時の株式単位規制は無意味となってしまう。また，そもそも株式の投資単位は，各企業が株主管理コスト等を考慮して最適の大きさを決定すればよい。さらに，今回の改正前も，会社成立後においては無額面株式や定款変更によって株式単位を5万円以下に細分化することは可能であった。こうしたことから，平成13年改正法はこれらの規定を削除し，設立時の株式単位規制を撤廃した。

(2) 額面株式の廃止

旧法のもとで券面額の持つ意義としては，①券面額が株式の発行価額の最低限を画すること，②株金総額が資本の最低限を画することであるとされていた。設立時において5万円未満の券面額を許容するのであれば，こうした機能はほとんど無意味であるから，今回の改正では額面株式を廃止した（旧商166条1項4号等額面株式に関する規定の削除）。

2 端株制度

(1) 意　　義

株主の発行や株式分割・併合によって生ずる1株に満たない端数の経済的価値を活用し，端数部分をまとめて1株にする手段を提供するのが端株制度である。これにより，零細な個人株主の利益を保護するとともに，端数を市場で売却した場合の市場への悪影響を回避している。

会社は，株式の発行，併合または分割によって1株の100分の1の整数倍の端数が生じた場合には，同端数を端株として端株原簿に記載しなければならない（220条ノ2第1項・220条1項）。旧法では，端株原簿への記載を欲しない旨の申出のあった部分については，端株原簿に記載することなく，端数をまとめて売却して，その代金を分配しなければならなかったが（旧商230条ノ2第1項），端株原簿への記載を欲しない旨の申出を認めないものとした。

また，旧法のもとでは，端株となる端数は1株の100分の1の整数倍に限られていたが，改正法は，定款によって100分の1とは異なる割合を定めたり，

1株未満の端数は端株原簿に記載しない旨を定めることができることとした（220条ノ2第2項）。ただし，この定款の定めが定款変更によってなされる場合，取締役は株主総会において変更を必要とする理由を開示しなければならない（同条3項）。端株の範囲を広げる定款変更には端株の管理コストが増加し，これを狭める変更をすれば，これまでは株主であった者が，その地位を失う可能性がある。いずれの場合も株主の重要な利害にかかわるため，株主総会に端株の範囲を決定させることとした。

(2) 端株主の権利

端株主には，共益権は認められず，自益権についても次のように制限されている。株式の消却，分割・併合・転換，合併・会社分割・株式交換・株式移転による金銭または株式の交付請求権，および残余財産分配請求権は当然に認められるが，利益配当請求権や新株引受権等は，定款に記載のない限り認められない（220条ノ3第1項・2項）。このように端株主の権利が制限されているのは，端株は最初から正規の1株に満たない株式であるからである。

旧法では，端株主が投下資本を回収する方法として原則として端株券の譲渡によるものとし，例外として定款に端株券を発行しない旨の定めがある場合は，端株主の株式買取請求権によるものとしていた（旧商230条ノ3第1項・230条ノ8ノ2第1項・2項）。

改正法は，端株券が実際にほとんど利用されていないことから，端株券を廃止し，不発行を法定した。そこで，端株主の投下資本回収手段として，端株主は常に株式買取請求権を有することとした（220条ノ6第1項）。端株を併せて1株となるときには，その分が株主名簿に記載される（220条ノ5）。

3 単元株制度

(1) 意　義

昭和56年改正商法では，既存会社の投資単位を引き上げるための暫定的な制度として単位株制度が設けられていた。しかし，前述のように引上げの目標となるべき投資単位の大きさが撤廃され，会社が投資単位を自由に決定できるようになれば，単位株制度の存在意義がなくなる。そこで，改正法は単位株制度を廃止した（旧昭和56年改正附則15条ないし21条の削除）。

他方，改正法は，定款で定めた一定数の株式を1単元と定め，1単元の株式について1個の議決権を与えるが，単元未満株については議決権を与えないことにする単元株制度を創設した（221条・241条）。この背景としては，次のような理由が考えられる。投資単位が小さすぎると株主管理コストが過大になる点は，昭和56年商法改正当時と同様である（株式併合によって投資単位を引き上げるとしてもコストがかかる）。これに対し，投資単位が大きすぎると個人投資家の株式投資への参入が困難になる。すなわち，単元株制度は，株主管理コスト節減と株式の流動性確保の2つの要請を調整するための制度である。

会社は定款をもって一定数の株式を1単位の株式数を1単元の株式とする旨定めることができる。ただし，1単元の株式数は，1,000および発行済株式総数の0.5％を超えることはできない（221条1項）。数種の株式を発行する場合には，1単元の株式数は株式の種類ごとに定める（同条3項）。

会社の成立後に単元株制度を創設したり，1単元の株式数を増加するには，通常の定款変更の手続が必要であるが，その場合，取締役は株主総会においてその変更を必要とする理由を開示しなければならない（221条6項・220条ノ2第3項）。改正法施行の際に単位株制度を採用していた会社は，それまでの1単位の株式数を1単元の株式数として単元株制度を採用する旨の定款変更決議をしたものとみなされる（改正附則9条2項）。

これとは逆に単元株制度を廃止し，または1単元の株式数を減少させる場合には，株主に重大な不利益が生じるおそれがないから，取締役会決議だけで定款変更をすることができる（221条2項）。

(2) 単元未満株主の権利

単元未満株式のみを有する株主には，自益権が与えられる。①利益配当・中間配当請求権。②株式の消却，分割・併合・転換，合併・会社分割・株式交換・株式移転による金銭または株式の交付請求権。③新株引受権。④残余財産分配請求権。⑤株券の再発行請求権。他方，株主総会に出席して議決権を行使する権利や代表訴訟の提起権等の共益権は認められない。これによって会社は単元未満株主への招集通知送付等の負担を免れる。総会決議の定足数や決議成立の要件，少数株主権行使要件を定める発行済株式総数には，単元未満株式の合計数は参入しない。株主提案権（232条ノ2）の行使要件としての「300株以

上」は，単元株制度採用会社については，「300単位以上」と読み替えられる。これらの取扱いは単位未満株式の場合と同様である。

　従来は，単位未満株株券の発行が禁止されていたが（旧昭和56年改正附則18条2項），単元未満株株券については，定款で不発行の措置をとることができるが，その場合でも会社が株主のために必要と認めれば，発行することが認められる（221条5項）。単元未満株を減少させる方向に法が誘導する必要がないからである。

　このように単元未満株式は流通が制限されている代わりに，単元未満株主はいつでも会社に対し単元未満株式の買取りを請求することができる（同条6項・220条ノ6）。

ワーク 14　演習問題

【問】　端株と単位株に関する以下の記述中，誤っているものを選びなさい。

【法学検定試験3級程度】

(1)　端株となる端数は1株の整数倍に限られない。
(2)　端株には利益配当請求権や新株引受権等は，つねに認められる。
(3)　端株主は会社に対する端株の買取請求権をつねに有する。
(4)　総会決議の定足数や決議成立の要件，少数株主権行使要件を定める発行済株式総数には，単元未満株式の合計数は参入しない。
(5)　単元未満株主は，いつでも会社に対し単元未満株式の買取りを請求することができる。

（担当：王子田誠）

第4章 株主総会

Lesson 15　株主総会の招集

1　株主総会の意義と招集手続

　株主総会とは，株主によって構成され，株主の総意によって株式会社の基本的事項について会社の意思を決定する機関である。合名会社，合資会社には，基本的事項の決定を社員で構成される会議体（社員総会）で行う考え方はなく，同意が得られればその方法は問わない（電話でも手紙でも，持ち回りでもよい）。これに対して株式会社では基本的事項の決定は会議体である株主総会で行わなければならない。株主総会は，以前は最高かつ万能の機関とされ，あらゆる事項についての決定権限を有し，他のすべての機関に対し完全な命令・監督の機能を有するとされていた。しかし，株式会社における所有と経営の分離が進み，株主総会が無機能化していったため，昭和25年改正で，株主総会の権限は，商法または定款に定められた事項に限られることとなった（230条ノ10）。

　しかし，権限が限定されたとはいえ，株主総会が取締役・監査役の選任・解任その他の会社の基本的事項についての決定権限を有している点は変わらず，また，株主総会は，普段経営にかかわらない株主が，自らの意思を経営に反映させることのできる極めて重要な機会である。そのため，法は株主総会の招集について細かな手続を定め，すべての株主（無議決権株主，端株主，単元未満株主は含まない）に総会への参加の機会を十分に保障するようにしている。

2 招集の決定

(1) 取締役会・代表取締役による招集

　株主総会の招集は，商法に別段の定めがないかぎり取締役会で決定する(231条)。株主総会には定時総会(234条)と臨時総会(235条)があるが，両者で扱いは異ならない。取締役会で招集が決定したら，代表取締役が総会を招集する。取締役会は意思決定機関であって，総会の招集という業務執行行為を行う権限がないからである。代表取締役が複数いる場合には，それぞれの代表取締役に招集権があることになるが，多くの会社では，定款で招集権を持つ代表取締役を1人に限定したうえで，その者に事故があって招集できないときに備えて，第2順位の招集権者，第3順位の招集権者という具合にあらかじめ定めておくことが多い。

(2) 少数株主による招集

　(a) 招集の請求　6カ月前より引き続き株主の総議決権の100分の3以上を有する株主は，会議の目的たる事項と招集の理由を記載した書面(会社の承諾があれば電磁的方法でもよい。ただし株主が電磁的方法による招集通知を承諾した場合には，会社は正当の事由がないかぎり承諾を拒めない)を代表取締役に提出して，株主総会の招集を請求することができる(237条)。臨時総会の招集を請求できることには異論はないが，定時総会が定められた時期に開催されない場合に，株主が招集を請求できるか否かについて争いがある。通説は，これを肯定する。また，いつの時点まで議決権の100分の3以上にあたる株式を保有し続けていなければならないか，という点について，株主総会終結まで必要であるとする立場と，招集が決定するまででよいとする立場があるが，前者が多数説である。

　(b) 代表取締役による招集　少数株主による招集の請求がなされると，取締役会決議を経たうえで，代表取締役がこれを招集することになる。もし取締役会が招集を否決すれば，代表取締役は総会を招集することはできない(任務懈怠で責任を問われることもない)。取締役会決議を経ずに招集した場合の取扱いは，通常の招集手続の場合と異ならない。

　(c) 裁判所による招集　少数株主による招集請求があったにもかかわらず，①取締役会・代表取締役が遅滞なく招集手続を行わない，または②請求後6週

間以内の日を会日とする総会の招集通知が発せられない，のいずれかの場合には，請求を行った少数株主は裁判所の許可を得て自ら総会を招集することができる。許可を得た株主は，自らの名で総会を招集するほか，招集に必要な株主名簿の閉鎖や基準日を定めて公告することもでき，その際に必要な書類の閲覧・謄写を行うことができる（東京地判昭和63年11月14日判時1296号146頁）。必要な費用は，合理的なものである限り会社が負担する。

3　招集通知の発送
(1)　招集通知の発送と記載事項

　株主総会の招集通知は，会日の2週間前までに書面で各株主に発送しなければならない（232条1項）。このとき株主の承諾を得たうえで，書面にかえて電磁的方法により通知を発することもできる（同条2項）。ここで「2週間」とは，発送日と会日を除いて間に2週間必要ということである。この期間は，株主の出席の機会を確保し必要な準備を行う時間を与える趣旨で設けられたものであり，定款の規定によって短縮することは許されないと解されている。招集通知は，必ず書面または政令が定めた電磁的方法によらなければならない（232条1項・2項）。招集通知の効力については民法の原則（民97条）を修正して発信主義をとっている（232条1項・2項）。また，発送先は株主名簿記載・記録の住所または株主が会社に通知した住所・宛先でよい（224条1項）。なお，議決権を行使できない株主には招集通知を発送する必要はない（232条4項）。

　招集通知には，開催場所，日時を記載・記録しなければならない。明文規定はないが自明のことである。開催場所は定款に別に定めないかぎり，本店所在地かそれに隣接した市区町村内でなければならない（233条）。また，通知には会議の目的たる事項を記載・記録しなければならない（232条3項）。ここにいう会議の目的たる事項とは，議題（たとえば「取締役報酬改定の件」），議事日程を意味し，具体的な議案（たとえば「取締役報酬を××円とする」）の記載は不要である。ただし，取締役・監査役の選任・解任が議題となる場合にはより詳細な記載が必要であるとの見解が有力である。このほか，重要な議題であり，議案等の要領も招集通知に記載・記録する必要があるものとして，自己株式の取得（210条6項），株式併合（214条2項）営業譲渡（245条2項）新株，新株

予約権および新株予約権付社債の有利発行 (280条ノ2第3項・280条ノ21第3項・341条13第3項)，譲渡制限会社における株主以外の第三者への新株，新株予約権，新株予約権付社債の発行 (280条ノ5ノ2第2項・280条ノ27第2項・341条ノ5第2項)，定款変更 (342条2項)，資本減少 (375条2項)，合併 (408条3項・7項)，株式交換・移転 (353条4項・8項・365条3項)，分割 (374条4項・374条ノ17第4項・8項)，が法定されている。さらに，会社が書面投票または電磁的方法による議決権行使を採用している場合には，その旨を記載・記録する必要がある (239条ノ2第1項・239条ノ3第1項)。

(2) **招集通知の添付書類**

招集通知の発送に際して，招集通知以外の書類を添付することが要求される場合がある。

(a) 定時総会　　定時総会の招集通知には，計算書類（貸借対照表，損益計算書，営業報告書，利益処分案），監査報告書の謄本を添付しなければならない (283条2項) このとき，謄本の交付に代えて電磁的方法によって提供することもできるが，株主から請求があれば，書面で交付しなければならない (283条3項)。大会社においては，さらに会計監査人の監査報告書 (商特13条) の添付が必要となる (商特15条)。小会社においては監査報告書の添付は不要である (商特25条)。

(b) 書面投票・電磁的議決権行使採用の会社　　議決権を有する株主が1,000人以上の大会社においては，書面投票制度の採用が強制される。また，それ以外の会社でも任意に書面投票および電磁的方式による議決権行使を認めることができる (商特21条の3，商239条ノ2・239条ノ3)。この場合には議決権の行使について参考となるべき事項として法務省令（商法施行規則）で定めるものを記載した書類を交付しなければならない (商特21条の2第2項，商239条ノ2第2項・3項・239条ノ3第2項，商施規12条以下)。電磁的方法による提供については，計算書類と同様である (239条ノ2第3項・239条ノ3第2項)。

(3) **招集通知発送後の変更**

招集通知を発した後に，事情によって招集通知に記載された会場・日時を変更する必要が生じる場合があるが，会社側が，株主が出席の機会を失わないような合理的手段を講じれば変更は許される（取消原因とならない）と解すべき

である。

4　招集手続の瑕疵と全員出席総会
(1)　招集手続の瑕疵
　株主総会の招集手続の瑕疵は，総会決議の瑕疵という形で，決議取消または決議不存在の問題となる。
　(a)　取締役会決議の瑕疵　　取締役会決議に瑕疵があったり，そもそも取締役会の決議がない場合など，取締役会決議に基づかずに総会が招集された場合，招集が代表取締役によって行われれば，株主総会の招集手続に瑕疵があることとなり，決議の取消原因となる。取締役会決議に基づくか否かにかかわらず，代表取締役以外の者が招集を行った場合には，株主総会の開催という事実が存在しないと考えられ，決議不存在となる。
　(b)　招集通知の瑕疵　　招集通知の記載事項の瑕疵は決議取消の原因となる。招集通知もれがあった場合，通常は決議取消の問題となるが，通知もれが著しく，多くの株主に通知が発されなかった場合には決議不存在となることもある。招集通知漏れを原因とする決議取消の訴えは，招集通知を受け取った株主であっても提起できると解されている。

(2)　全員出席総会
　招集手続に瑕疵があったものの，結果的にすべての株主が総会に出席した場合にもなお決議取消を認めるべきかどうかが問題となるが，通説は全員出席総会を有効と解している。取締役会決議に基づかず，招集権者によらない招集がなされた場合や，株主が任意に集まった場合であっても，株主全員が集まって株主総会の開催に同意した場合には株主総会は有効に成立するし，招集通知もれなどその他の招集手続に瑕疵があった場合でも，全株主が出席して総会開催を異議なく承諾すれば，手続の瑕疵は治癒され，総会決議も有効なものとなる。このように解するのは，商法が法定の招集手続を要求し，違反した場合に決議の効力を否定する趣旨を，株主に出席に機会を保障し，出席に必要な準備の時間的余裕を与えるためであると解し，株主が任意にその利益を放棄することには問題がないと考えるからである。よって，すべての株主が総会開催に応じることによってその利益を放棄していることが明らかな場合には，総会の成立を

認めて決議を有効なものと扱って差し支えないことになる。

判例も，かつては全員出席総会を有効な総会と認めなかったが，まず1人会社についてこれを認め（最判昭和46年6月24日民集25巻4号596頁），さらには1人会社以外の会社においても全員出席総会が有効であるとされた（最判昭和60年12月20日民集39巻8号1869頁）。

ただし，出席株主の中に代理人の出席（239条）があった場合の総会の効力については学説に争いがある。判例は代理人を含む全員出席総会も有効であるとしている（前掲最判昭和60年12月20日）。

ワーク 15　演習問題

【問】　次の事例のうち，株主総会として有効に成立しない（決議取消，不存在となる）場合を選びなさい。　　　　　　　　　【法学検定試験3級程度】

(1) 招集通知に記載した会場に株主が入りきれないおそれが出たので，前日になって会場を変更し，当日は，招集通知に記載した会場の入り口に案内の看板を立てるとともに，従業員に新たな会場へと株主を案内させた。

(2) 招集通知を株主名簿記載の住所に送付したが，転居先不明で戻ってきたので，そのまま総会を開催した。

(3) 代表取締役社長Aが急病で入院したため，取締役会で株主総会の招集を決定したうえで，平取締役Bが総会を招集した。

(4) 株主がA，B，C，Dの4人だけの会社があり，A，B，Cは取締役，Dが監査役である（他に取締役，監査役はいない）。この4人が温泉旅行中に話し合って，会社の定款を一部変更することで合意した。

(5) 6月25日開催の総会の招集通知を6月10日に発送したが，郵便事情で，株主の手許には6月24日に届いた。

（担当：土田　亮）

Lesson 16　議決権の行使

1　議　決　権

(1)　一株一議決権の原則

　株主は出資者として会社の経営に関与するさまざまな権利を有する。その中心となる権利が議決権である。株主は株主総会へ出席し，議決権を行使することで，会社の経営に対する意思表示の機会を確保することができる。

　株主は原則として，保有株式1株につき，1個の議決権を有する (241条1項)。これを「一株一議決権の原則」という。株式会社は資本的な団体であるから，株主の頭数ではなく，出資単位に応じて議決権が与えられているのである。

　一株一議決権の原則の下で，株主は保有株式に比例して，等しく議決権が与えられる。これは議決権の点において，株主平等原則がはたらいているためである。そのため，会社は法が特に定めた例外を除き，特定の株主の議決権を奪い，または特定の株主にのみ複数の議決権を与えるなど，株主平等原則に反することはできない。累積投票制度を採用している会社の場合，1株につき複数の議決権が与えられるが (256条ノ3第4項)，これは全ての株式につき平等に，選任される取締役の数と同数の議決権が与えられるに過ぎないので，株主平等原則に反するものではない。なお，この累積投票制度を一株一議決権の例外とする見解もある。

(2)　一株一議決権の原則の例外

　商法は，特定の株式について，一株一議決権の例外を設けている。例外的な場合は次のような場合である。

　(a)　議決権制限株式　　平成13年改正において，種類株式の1つとして，議決権制限株式が認められた。従来，利益配当優先株式に限って，議決権のない株式として扱うことが認められていたが，現行法は利益配当優先株式に限らず，

普通株式についても，定款の定めをもって議決権を制限することを認めたのである（222条1項・2項）。

議決権制限株式には，すべての決議事項について議決権のない株式だけでなく，決議事項の一部についてのみ議決権のないものがある。また，議決権制限株式を有する株主に対して，定款をもって特定の規定の適用を排除することも可能である。全ての決議事項につき議決権がないものと定められた株式については，議決権数に不算入との扱いもある（211条ノ2第4項参照）。ただし，株式の譲渡制限を定める旨の定款変更決議（348条），有限会社への組織変更決議（有64条・348条）に関しては議決権が認められている（種類株主総会について，345条・346条参照）。

議決権制限株式は発行済株式総数の2分の1（単元株については単元を基準とする）を超えて発行することはできない（222条5項・6項）。なお，商法では議決権制限株式に関して，議決権復活条項についての規定は設けられてはいない。

(b) 自己株式　会社が有する自己株式は，それが適法に取得されたものか否かを問わず，議決権が認められない（241条2項）。会社自身が株主として株主総会に参加し，議決権を行使できると，株主総会決議の適正性を害し，経営者支配を促進するおそれがある。そこでこうした議決権の歪曲化を防ぐために会社が有する自己株式には議決権を認めないのである。

(c) 相互保有株式　会社は他の株式会社・有限会社の株式（持分）を有すると同時に，その相手会社に自社の株式を保有されていることがしばしばある。このような状態を株式の相互保有という。商法は，他社の総株主（総社員）の議決権の1/4を超えて保有する場合，当該他社が保有している自社株式については，議決権が認められない（241条3項）。さらに親会社と子会社が合算して，または子会社が単独で他の会社の議決権の4分の1を超えて有する場合には，相手会社の有する親会社の株式については議決権を認めない。これは相互に保有しあうことによって，経営者同士が互いに不利な権利行使を行わないという弊害を防止するためである。

(d) その他　新株予約権の行使が，株主名簿の閉鎖期間中または基準日後に行われたときには，その株式については，その株主総会における議決権が認

められない（280条ノ38）。この期間内に端株が1株となった場合も同様である（220条ノ5第2項）。

また会社の自己株式取得の承認をする一定の決議に関しては，その決議に利害関係のある株主（売主）は議決権を行使できないことがある（204条ノ3ノ2第3項）。個人的利害によって議決権が適切に行使されないおそれがあるためである。

なお，平成13年改正により単元株制度が導入され（221条），単元未満株式には，議決権が認められないこととされた（241条1項但書）また端株主にも議決権は認められない（220条ノ3参照）。

以上のように，特定の場合に限り，法は一株一議決権の原則の例外を認めているにすぎない。これらの場合を除いては，定款ないしは株主総会の決議をもってしても，特定の株主に対する議決権の剥奪・制限や，反対に議決権の優遇的取扱いといった，例外的扱いをしてはならない。

2　議決権の代理行使と書面投票制度

(1) 総　説

株主は議決権をどのように行使するかについて，自由な立場にある。また商法上も特別な制約はない。一方で現代の株主の多様化・分散化にともない，株主の株主総会出席の機会が確保できないという実態もある。こうした事情において，商法は株主の議決権行使の便宜に配慮した制度を設けている。それが議決権の代理行使制度と書面投票制度である。

(2) 議決権の代理行使

(a) 代理人に関する制限　　株主には代理人による議決権の行使が認められる（239条2項本文）。これは株主本人の出席が困難な場合に，代理人を通じて株主総会で株主の意思を反映させる機会を与えるという，株主の便宜のための制度である。同時に，株主本人の個性が重視されない株式会社においては，必ずしも本人による出席を要しないと解されていることを反映している。

株主の便宜を図るための制度であるから，会社は定款によっても議決権の代理行使を禁止し，または不当に制限することは許されない。しかし株式会社の多くは定款において議決権行使の代理人を株主に限定する旨の規定を設けてい

る。そこでこの規定の効力が問題となる。判例は，株主総会が攪乱されるおそれを排除するための合理的かつ相当な制限であるとしてこのような定款規定を有効と解する。もっとも株主総会が攪乱されるおそれがないと認められるような一定の場合においては，株主でない代理人による議決権行使を適法なものとして肯定する。学説の中では判例の立場を支持するものが多数であるが，このような定款規定を無効と解する見解も有力である。

　1人の株主の代理人の数は限定されないが，会社は1人の株主について複数の代理人の株主総会への出席を拒絶することができる (239条5項)。これは株主総会の混乱を防ぐ趣旨である。

　(b)　代理行使の方法　　株主は代理行使に際し，代理人に対する代理権の授与を要する。この場合，株主または代理人は代理権を証する書面（電磁的方法でもよい，239条3項・222条ノ5第3項）（委任状）を会社に提出しなければならないから (239条2項但書)，株主はこの書面をもって代理人に委任することになる。代理権の授与は総会ごとになされることが求められ (239条4項)，複数の総会について包括的に委任することは認められない。委任状は総会終結の日から3カ月間，会社の本店に備え置かなければならず，株主の閲覧・謄写に供される (239条6項・7項)。

　(c)　代理行使の勧誘　　株主が自主的に代理人を選任し議決権の行使ができるのは当然であるが，一般の株主には積極的に活動する意欲に乏しい者もおり，議決権代理行使の委任すら行わないことが多い。株主の出席もなく，代理行使もなされなければ，株主総会は定足数を欠き，会社の経営に支障を来すことも懸念される。そこで実際には議決権の代理行使の勧誘が行われる。特に会社が勧誘を行う場合が多い。

　代理行使の勧誘は，株主総会の招集通知とともに委任状用紙を送付し，総会に欠席する場合に，委任状用紙への署名（記名捺印）をし，返送することを株主に求める形で行われる。これにより会社は総会の成立に必要な定足数を確保できる。他方でこのような委任状勧誘が定着することにともない，白紙委任状や委任に沿わない議決権の代理行使が行われ，経営者支配を実質的に支えるという影響も見られる。また会社内での対立がみられるときなどは，委任状の勧誘をめぐった対立も生じることもある（委任状合戦）。

議決権の代理行使の勧誘の方法については，特に商法上の規制はない。もっとも証券取引法上は上場会社の株式について，証券取引法194条および委任状勧誘規則で議決権の代理行使を規制している。これにより委任状の勧誘に際し，株主に対して参考書類を開示するとともに，総会の目的たる事項の賛否について，株主本人が記載する欄を設けることが求められている。

(3) 書面・電磁的方法による議決権の行使

議決権行使の便宜を図るためのもう１つの制度が書面や電磁的方法を用いた議決権行使の方法である。従来，商法では委任状に基づく代理行使を認めていたが，必ずしも株主の意に沿う制度ではなかった。そのため昭和56年改正で，大会社（商特２条）のうち議決権を有する株主が1,000人以上いる会社に対して，書面投票制度を取り入れた（商特21条の３）。このような会社では株主総会の招集の通知に際して，議決権行使の参考となる書類の交付がなされる（商特21条の２）。その上で議決権行使書面を通じて，議案に対する意思表示を行うのである。

さらに平成13年10月の商法改正において，新しく商法上に書面による議決権行使の制度が設けられた（239条ノ２）。これにより会社は取締役会の決議をもって，株主総会に出席しない株主が，書面による議決権行使をできる旨を定めることができる（同条１項，ただし招集通知への記載・記録が必要）。この場合には招集の通知に際して，参考書類および議決権行使書面の交付が要求される（同条２項・４項）。この書面による議決権行使は，必要な事項を記載した書面を，前日までに会社に提出することで行われることになる（同条５項）。なお，前述の商法特例法21条の２第１項の適用がある会社には，商法特例法21条の３に基づく書面投票制度が適用されるため，239条ノ２の適用はない（商特21条の４）。

また近時のIT化に伴い，電磁的方法による議決権行使が認められた（239条ノ３）。この方法も取締役会の決議により定めれば足りる（同条１項）。株主に通知すべき事項や提供すべき情報については，書面による議決権行使の場合とほぼ同様である。ただし，232条２項に基づき招集通知を電磁的方法によることを承諾した株主と，そうでない株主との間で若干違いがある（239条ノ３第３項・第４項参照）。また電磁的方法による議決権の行使に際しては，会社の承諾

を得た上で，議決権行使書面の内容に該当する事項を電磁的に記録して，総会の前日までに会社に提供することになる（同条5項）。

このように，平成13年改正を経て，株主が直接株主総会に出席しなくても，議決権行使の途が広く開かれることになった。なおこれらの場合の議決権行使書面ないしはその内容に相当する電磁的記録は，総会の終結の日より3カ月間本店に備え置かれ，株主の閲覧・謄写に今日されることとされている（239条ノ2第8項・239条ノ3第7項，商特21条の3第6項・239条6項・7項参照）。

(4) 議決権の代理行使と書面投票との差異

これらはいずれも総会に出席できない株主に，総会決議への意思反映の機会を与えるための制度である。しかし両制度にはいくつかの違いがある。議決権の代理行使は代理人を通じて株主の意思を決議に反映させるのに対し，書面投票制度は直接に株主の意思を反映する。一方，総会において動議や修正提案が出された場合には，代理人はその代理権に応じて臨機応変に対応できるが，書面投票の場合には定型的に処理されざるをえず，棄権扱いとなることもある。このように両制度には一長一短があるということができる。

3 議決権の不統一行使

(1) 趣　　旨

株主は2個以上の議決権を有するとき，一部を賛成，残部を反対という形で行使するなど，議決権を統一的に行使しないことが認められている（239条ノ4第1項前段）。これは株式の信託や外国預託証券（ADR・EDR）など，株主名簿上は形式的に1人の株主であるが，実質的な株主が複数いる場合に配慮した規定である。つまり名義上の株主が実質上の株主の意向に従って，議決権行使をする必要があり，複数いる実質的な株主が個々に別の意向を示すような場合に対応するための規定である。

(2) 不統一行使の手続

不統一行使をしようとする株主は，総会の日の3日前までに，会社に対して書面をもって，不統一行使をする旨，およびその理由を通知しなければならない（239条ノ4第1項後段）。この通知は会社の承諾を得て電磁的方法で行うこともできる（239条ノ4第2項・204条ノ2第2項・第3項）。これに対して，株主が株

式の信託を引き受けたことなど他人のために株式を有することを理由とせずに不統一行使をしようとした場合には，会社はその不統一行使を拒絶することができる（239条ノ4第3項）。これらの理由以外は，商法が不統一行使を認めた趣旨に沿わないからである。もっともこの規定は会社がこれを拒みうるとするものであって，会社がこれを拒まなければならないとするものではない。

ワーク 16　演習問題

【問】　次の各文の中で議決権の行使について，正しく説明しているものを選びなさい。　【法学検定試験3級程度】

(1)　わが国の商法では，特定の株式を有する株主に対してのみ複数の議決権を与えることを認める，複数議決権株式の発行が許されている。

(2)　議決権の代理行使に際しては，株主の便宜を図るため，複数回にわたる総会について包括的に代理人に委任することが認められている。

(3)　書面による議決権行使の方法については，特に制約はなく，すべての議案に一括した賛否の欄を設けるだけでもよい。

(4)　株式の信託がなされている場合などに対応するため，1人の株主が議決権を統一的に行使しないことも許されている。

(5)　株主の議決権行使の機会を十分に確保するため，商法では議決権の代理行使の勧誘（委任状の勧誘）をすべての会社が行うことを要求している。

（担当：前田修志）

Lesson 17　株主総会の運営

1　株主総会の運営と議長
(1)　株主総会の運営と商法の定め
　株主総会は会議体の会社機関であるから，その運営については会議体の一般原則が妥当するが，同時に，商法では総会運営について若干の規定を置いている。具体的には，取締役・監査役の説明義務に関する237条ノ3，総会議長の選任方法・権限を定める237条ノ4，総会の決議方法等を定める239条，総会の延期・続行の決議について定める243条，総会議事録について規定する244条がこれである。他方，動議の取扱い，採決の方法等については商法には特に規定がなく，基本的には会議体の一般原則に従って決せられることとなる。

(2)　株主総会議長
　(a)　議長の選任　　株主総会は，議長の開会宣言をもって始まり，その閉会宣言により終了する。株主総会の議長は，商法上，「定款ニ定メザリシトキハ総会ニ於テ之ヲ選任ス」るものとされているが (237条ノ4第1項)，実務上は，定款をもって，「株主総会の議長は取締役社長がこれに任ずる。」と規定した上で，「取締役社長に事故があるときは，取締役会においてあらかじめ定めた順序に従い，他の取締役が株主総会の議長となる。」旨を定めるのが通例である。
　取締役会決議に基づき代表取締役が招集した株主総会にこの定款規定が適用され所定の者（取締役社長）が自動的に議長となると解することにほぼ異論はない。これに対し，少数株主が裁判所の許可を得て自力招集した株主総会 (237条3項) については，議事運営の公正確保の観点から当該定款規定の適用が排除され改めて総会の場で議長を選出すべきであると解するのが学説上の多数説である。
　なお，総会決議に特別利害関係を有する者は総会の議長となることができるか。たとえば，定款の規定に従い取締役社長が総会議長となっている株主総会

において，議長たる取締役が取締役解任決議（257条1項）の対象とされたり議長不信任の動議が出されたりした場合に，当該議長はその地位にとどまることができるかどうかということである。総会議長の主たる職務は議事整理にあるが，これを強調すると，総会決議につき特別利害関係を有する者が総会議長をつとめること自体，法的には特に問題がないと解されることになろう。しかし，議事の公正確保の観点からは，むしろ特別利害関係人はその決議に関する限り議長となることができないと解するべきであろう。

(b) 議長の権限　　総会議長が果たすべき主要な役割は，公正な審議方法のもと議事を円滑に進行し，議題・議案について実のある議論を促して出席株主の合理的判断の形成に尽力し，もって総会決議の実質化を図ることにある。こうした観点から，商法は，総会議長の権限として，総会の秩序維持・議事整理権を規定するとともに，その命令に従わない者その他の総会の秩序を乱す者を退場させることができるとされている（237条ノ4第2項・3項）。いずれも会議体一般のルールより総会議長に当然認められる権限を確認的に規定したものであるが，これを具体的にいえば，開会・閉会の宣言，出席株主の状況報告，議案の上程，発言許可，発言制限違反に対する処置，株主の質問に対する答弁の指示，休憩宣言，採決時期の決定・採決結果の確認などがあげられる。

2　株主総会の報告事項と決議事項

(1)　報告事項と決議事項

株主総会における議事は，報告事項と決議事項とに分かれる。実務上，株主総会の審議は，まず報告事項の報告が行われ，次いで決議事項の審議・採決に移るのが一般的な取扱いである。これを定時株主総会についてみると，株式会社一般について営業報告書の内容を報告すべきことが法律上要求されている（283条1項）。貸借対照表・損益計算書および利益処分（損失処理）案については定時株主総会の承認を受けることを要するが，商法特例法上の大会社は，貸借対照表および損益計算書につき会計監査人全員と監査役会の適法意見が付されている場合には，貸借対照表と損益計算書について定時株主総会の承認を要せず取締役会の承認のみで確定し，定時総会ではその内容が報告事項とされる（商特16条1項）。ちなみに，現行法では利益処分（損失処理）案については必ず

定時株主総会の承認を受けることを要するが (283条1項)，平成14年3月15日の閣議決定を経て同月18日に国会に提出された「商法等の一部を改正する法律案」は，委員会等設置会社では，貸借対照表・損益計算書および利益処分（損失処理）案に関して会計監査人全員と監査委員会の適法意見があれば貸借対照表・損益計算書のみならず利益処分（損失処理）案も取締役会決議で確定し定時総会ではその内容のみを報告すれば足りることとする改正案を示している。

(2) 決議事項

株主総会の決議事項は，その重要度において普通決議，特別決議，特殊決議の3つに分類される。このうち第1に，普通決議とは，総株主の議決権の過半数を有する株主が出席しその議決権の過半数の賛成により行われる決議をいう (239条1項)。計算書類の承認 (283条1項)，取締役・監査役の選任 (254条1項・280条1項)，その報酬の決定 (269条・279条) などがこれに該当する。ちなみに，普通決議については定足数要件を定款の定めにより緩和・排除することが認められており (239条1項)，実務上は，定款の定めをもって普通決議の定足数を排除するのが通例である。ただし，取締役・監査役の選任決議については定款の定めによるも，定足数を総議決権の3分の1未満に引き下げることはできない (256条ノ2・280条1項)。

第2に，特別決議とは，総株主の議決権の過半数を有する株主が出席しその議決権の3分の2以上の賛成により行われる決議をいう (343条)。定款変更 (343条)，営業譲渡等 (245条1項)，株式交換・株式移転 (353条5項・365条3項)，会社分割 (374条5項・374条ノ17第5項)，合併 (408条4項)，解散 (405条)，新株の有利価額発行 (280条ノ2第2項)，新株予約権の有利条件発行 (280条ノ21第1項)，株式譲渡制限会社における新株の第三者割当 (280条ノ5ノ2第1項但書) および新株予約権の第三者発行 (280条ノ27第1項但書)，取締役の法令・定款違反責任 (266条1項5号) と監査役の対会社責任 (277条) の減免 (266条7項・280条1項) などがこれに該当する。普通決議と異なり，特別決議の定足数は定款をもってしても緩和・排除することができないが，前掲法律案では，総議決権の3分の1を下回らない限り定款の定めにより特別決議の定足数を引き下げることを認める旨を提案する。

第3に，特殊決議は，①総株主の過半数にして総議決権の3分の2以上の賛

成をもって行うものと，②総議決権の3分の2以上の多数をもって決するもの，および，③総株主の同意を要するもの，の3つに分類される。①には，株式譲渡制限の定め（204条1項但書）を置くための定款変更（348条）と株式会社から有限会社への組織変更（有64条3項）が，②には，266条1項4号に定める取締役の対会社責任の免除（266条6項）がそれぞれ該当する。他方，③は，取締役・監査役の対会社責任の免除（266条5項）の場合である。

3　株主の質問権と取締役・監査役の説明義務
(1)　株主の質問権と取締役・監査役の説明義務の法定

株主が合理的な議決権行使を行うには，提案された議題・議案について十分に趣旨を理解することが不可欠となる。そのため，議決権ある株主には当然，報告事項も含め会議の目的たる事項につき質問権が認められるが，これを前提として商法は取締役・監査役の説明義務を法定する（237条ノ3第1項本文）。なお，取締役は総会における議案提出にあたり，その趣旨・内容を説明する義務を負うが，これは議案提出に伴うものであり，株主からの何らかの質問をまたずに発生する義務である。これに対し，商法の定める取締役・監査役の説明義務とは，株主からの質問権行使を受けて初めて発生するものである。

(2)　説明拒絶事由

商法は，株主の質問が以下のいずれかに該当する場合には，取締役・監査役が説明義務を負わない旨を定める。その第1は，質問が「会議の目的たる事項に関しないとき」である。ちなみに，会議の目的たる事項には，招集通知記載の決議事項のほか報告事項も含まれると解されており，間接開示書類の附属明細書の記載事項に関する質問も議題関連性を有するとされている。第2は，「説明をなすことにより株主共同の利益を著しく害するとき」である。質問が企業機密に及び，それを総会の場で明らかにすれば会社の機密が漏洩して，それにより株主が一般的に不利益を被るような場合がこれである。第3は，「説明を為すに付き調査を要するとき」である。ただし，株主が説明を求めるべき事項を相当の期間前に書面または電磁的方法により通知したときは，調査必要を理由とする説明拒絶は許されない（237条ノ3第2項・3項）。

なお，これらの事由がないにもかかわらず取締役・監査役が株主の質問に対

し相当の説明を行わなかったときは，決議取消事由（247条1項1号）となる。

(3) 一括回答と説明義務履行の有無

株主が相当期間前に質問事項を書面または電磁的方法により通知している場合には，取締役等は調査の必要を理由に説明を拒絶できないことから，実際上，質問権を行使しようとする株主から多数の事前質問状が会社に提出されることがある。取締役等が，総会の当日その場でこれら多数の質問を当該株主に行わせた上で，これに逐一説明をすることとすると，総会が長時間化し，かえって一般の株主に迷惑をかけるおそれなしとしない。そこで，総会運営の合理化の観点からも，実務上は，株主から寄せられた事前質問状をあらかじめ整理・類型化した上で，総会の場では取締役等が株主からの質問をまたずに項目ごとに一括して回答する方式（一括回答方式）が一般的に採用されている。問題は，当該株主からの質問があったときに，こうした事前の一括回答をもって説明義務の履行として扱えるかどうかである。一括回答は説明義務の履行とはいえないとして，これを否定する学説も有力であるが，判例は一括回答をもって説明義務の先履行と捉え肯定する立場を採用し，実務の取扱いを承認している（最判昭和61年9月25日金法1140号23頁）。

4 動議の扱い

(1) 株主の動議提出権

動議とは，株主総会に関しては，一定の事項について総会の決議を求める旨の株主の意思表示であり，決議事項の内容に関する動議と，議事進行に関する動議とからなる。このうち，決議事項の内容に関する動議として株主が提出できる動議は，招集通知に記載された議題の範囲内のものに限定される。要するに原案に対する修正動議である。これに対し，議事進行に関する動議としては，議長不信任，審議の打切り，休憩，総会の延期・続行等のほか，計算書類承認決議（238条）と少数株主が招集した株主総会（237条3項）における検査役選任動議があるとされている。

(2) 動議の取扱い

株主から動議が提出された場合に，それが適法なものであるかぎり，議長はこれを審議するかどうかを総会に諮らなければならず，動議を総会審議の対象

とすることに出席株主の議決権の過半数の賛成が得られたときは，議長はこれを審議・採決の対象とすることを要する。なお，議事進行の動議は，他の動議に先立って処理することが必要である。

問題は，書面投票制度採用会社において，議案の内容に関する修正動議と議事進行の動議（とりわけ議長不信任，延会・続会の動議）について，原案賛成の書面投票用紙を動議否決のための反対票として利用できるかどうかである。修正動議に関しては，原案賛成の書面投票用紙を修正案に対する反対票としてカウントすることは認められるであろう。これに対し，議事進行の動議については，原案賛成の書面投票用紙を利用できないとされている。そのため，この種の会社では，後者の動議について特定の大株主から包括委任状を取り付けておくことで対処するのが通例である。

5 採決の方法と延会・続会

(1) 採決の方法

株主総会の決議事項については，取締役（会社提案）または提案株主（株主提案）からの趣旨説明の後に質疑応答が行われた上で採決が行われる。商法は特にその方法を定めていないが，通説・判例（最判昭和42年7月25日民集21巻6号1669頁）によれば，定款に別段の定めがないかぎり，総会の討議の過程を通じその最終段階にいたって議案に対する各株主の確定的な賛否の態度が自ずから明らかとなり，賛成の議決権数が可決に必要な議決権数に達したことが明白になれば，その時において表決が成立し，議長がその議案について改めて株主に対し挙手・起立・投票など採決の手続をとることを要しないとされている。

このようにして議事がすべて終了し議長の閉会宣言があると，株主総会は終結する。それゆえ，議長の適法な閉会宣言があったにもかかわらず一部株主が残留して何からの議決を行ったとしても，それは法律上，総会決議としての効力を有しない。

(2) 延会・続会

株主総会においては，延期または続行の決議をすることができる（243条前段）。ここに延会とは，定足数不足等の理由により議事に入らずに総会を後日に延期することをいい，続会とは，議事には入ったものの議論の紛糾や議場の

混乱等の理由により審議が終了しないために総会を後日に継続することをいう。延期または続行の決議については，総会の招集通知に記載されないが，議事運営に関する問題として議場の判断として行うことができる。いずれにせよ，延期または続行の決議に従って後日開催される総会を継続会といい，当該決議において継続会の日時・場所を定めることを要するが，継続会は当初の総会と同一性を有しているので，改めて招集手続をとることを要しない反面（243条後段），そこでの決議事項の範囲は当初の総会の招集通知に記載された事項に限られることとなる。

(3) 議事録の作成・備置等

総会の議事については，議事録を作成することを要し（244条1項），これに議事の経過の要領およびその結果を記載して，書面により作成された場合は議長と出席取締役が署名をしなければならない（同条2項・3項）。議事録は書面のほか電磁的記録により作成することもできる（同条4項・33条ノ2）。

代表取締役は，総会議事録を10年間本店に，その謄本（議事録が電磁的記録で作成されたときはその電磁的記録）を5年間支店に備え置くことを要する（244条5項）。当該会社の株主と親会社株主および当該会社の債権者は総会議事録の閲覧・謄写を請求することができる（244条6項・263条2項・4項）。

ワーク 17　演習問題

【問】　株主総会に関する以下の記述のうち誤っているものを1つ選びなさい。

【法学検定試験3級程度】

(1) 総会の議長は，これを定款で定めておけば，総会で改めて選任する必要はない。

(2) 取締役および監査役は，議決権ある株主が総会の会日より相当期間前に質問事項を書面で通知している場合は，調査が必要であることを理由に説明を拒絶できない。

(3) 議長不信任の動議が出席株主から提出された場合に，会社提案に賛成する旨の書面投票用紙は，これを当該動議に対する反対票として利用してもかまわない。

(4) 議長は，総会の決議については，定款に別段の定めがないかぎり，特段の採決手続をとることを要しない。
(5) 株主総会の延期または続行の決議がなされた場合，継続会については改めて招集通知を行うことを要しない。

（担当：中村信男）

Lesson 18　総会決議の瑕疵

1　総会決議の瑕疵とその処理方法

　株主総会決議の瑕疵とは，決議の手続や内容に違法があることをいう。この場合，違法があるとは，法律や定款の具体的な規定に違反することばかりでなく，法律の抽象的な規定や商法の基礎となる観念に違反することも含まれる。瑕疵ある株主総会決議によって，株主らが拘束されるべきではないとも考えられるが，他方で，総会決議を基礎に種々の法律関係が形成されることからして，総会決議の効力が容易に否定されるとすれば法的安定性が害されることになる。また，決議には多数の利害関係人がいることから瑕疵の処理は画一的であることが求められる。したがって，瑕疵の軽重によって，総会決議の効力を否定するか否かおよびどのような手続でこれを否定するかについて差異を設け，また画一的な処理を図ることが必要になる。このように，決議の瑕疵をどのように処理するかは，政策的な問題である。商法は，以下にみるように，瑕疵の種類によって，決議の取消・無効・不存在という3つの処理方法に分け，それぞれに対応する訴訟制度を設けるとともに，取消については，主張できる者・主張方法・主張期間を制限している。

2　総会決議の取消
(1)　決議取消事由

　商法は，決議取消事由として次の3つの場合を定めている。①招集の手続または決議の方法が法令・定款に違反しまたは著しく不公正な場合，②決議の内容が定款に違反する場合，および，③決議につき特別な利害関係を有する株主が議決権を行使したことにより著しく不当な決議がなされた場合 (247条1項) である。

　(a)　招集手続・決議方法の法令・定款違反または著しい不公正　　招集手

続・決議方法の法令・定款違反とは，一部の株主に対する招集通知漏れ，招集通知期間の不足，取締役会決議によらず代表取締役の一存でなされた総会招集，取締役・監査役の説明義務違反，定足数の不足など決議の成立要件の不遵守，株主でない者の決議参加など，招集手続・決議方法に関する具体的な法令・定款の規定に違反する場合をいう。具体的な法令・定款の規定に違反していない場合でも，ことさらに株主の出席困難な場所・時刻に総会を招集した場合や，修正動議を無視して決議がなされた場合，暴行脅迫によって株主の発言や議決権行使を妨害した場合などは，招集手続または決議方法が著しく不公正な場合に該当する。

(b) 決議内容の定款違反　決議内容が定款に違反する場合とは，たとえば取締役・監査役の員数を定款に定めているときに，これに違反する取締役選任決議が行われた場合のように，会社の自治規則である定款の規定に違反する内容の決議が行われた場合である。決議内容が定款に違反する場合は，昭和56年改正前は，決議内容の瑕疵の1つとして，決議無効事由とされていた。手続的な瑕疵は取消事由，内容の瑕疵は無効事由という分類であった。しかしながら，定款規定の違反は，会社内部の自治規則の違反であるので，会社内部の者がその効力を争う意思のないときにまで，あえてこれを無効とする必要はないであろうと考えられたことから，昭和56年の商法改正により取消事由とされた。

(c) 特別利害関係株主の議決権行使による著しく不当な決議　この取消事由も，昭和56年商法改正の結果設けられたものである。改正前は，決議について特別利害関係を有する者の議決権行使を禁止し，その結果成立した決議が著しく不当な場合等に決議の取消請求等が認められていた（昭和56年改正前商239条5項・253条）。しかし，特別利害関係人の議決権行使が事前に排除されることに対応して，特別利害関係人の範囲を制限的に解釈する傾向が見られるようになり，かかる規定の存在自体に疑問がもたれるようになった。そこで，原則と例外を転換することで，これに対処したのが昭和56年改正といえる。「特別利害関係人」について，昭和56年改正前は，きわめて限られた範囲でしかこれに該当しないと解釈するのが通説・判例であったが，改正後は，決議に利害関係を有する者の範囲をもっと広く解釈すべきである。著しく不当な決議とは，少数派株主に対する不当に不利益な決議や著しく不公正な決議と考えることがで

きる。資本多数決の濫用による決議の1つと理解することもできる。このこととの均衡から，その他の資本多数決濫用の決議がなされる場合も，決議取消事由になると解釈するのが多数説である。

(2) 取消の主張方法と提訴権者・提訴期間

前述のいずれかの決議取消事由がある場合，株主，取締役または監査役は，決議取消の訴えを提起することができる (247条1項)。提訴権者は株主，取締役または監査役に限られており，また，決議の効力は訴えによってしか争うことができない。つまり，決議取消事由があっても，当該決議は有効に存在しいるのであって，決議取消の訴えによる取消判決が確定して，初めて決議は無効になる。決議取消の訴えは，形成判決（法律関係の変動を宣言する判決）を求める形成の訴えである。

決議取消の訴えは，決議の日から3カ月以内に提起しなければならない (248条1項)。訴えが提起されずに3カ月経過すると，決議の瑕疵は治癒されてもはや争えなくなる。決議取消の訴えを提起した後，提訴期間経過後に新たな取消事由を追加主張することも，許されないと解するのが判例である。

(3) 裁 量 棄 却

決議取消の訴えが提起されても，その取消事由が招集手続または決議方法の法令・定款違反に当たる場合，裁判所は，その違反の事実が重大でなく，かつ，決議に影響を及ぼさないと認めるときは，請求を棄却することができる (251条)。これを裁判所の裁量棄却という。裁判所に裁量棄却を認めた規定は，昭和13年改正商法によって設けられたが，裁量棄却権を自由かつ広範に認めすぎたことから，昭和25年の商法改正に際し，合併無効等の訴えに関する同趣旨の規定とともに削除された。しかし，その後も判例は，合理的な判断による裁量権は依然として認められるとの立場をとり，瑕疵が決議の結果に影響を及ぼさないこと，もしくは，瑕疵が軽微であること，またはその双方を基準として，裁量棄却を行ってきた。こうして形成された判例の基準を，再度商法の規定に採り入れたのが，昭和56年改正商法である。

裁判所による裁量棄却が認められるためには，取消事由が招集手続または決議方法の法令・定款違反であることに加えて，前記2つの要件の双方を充たさなければならない。第1の要件である「違反の事実が重大」であるか否かは，

招集手続または決議方法について定める法令・定款の規定によって株主に保障しようとしている利益が，侵害されているか否かによって判断されるべきであるといわれており，実質的に株主の利益を侵害しない軽微な違反を意味する。したがって，軽微な違反を問題にすること自体が権利濫用に近い場合を指すと考えられる。第2の要件である「決議の結果に影響を及ぼさない」とは，単に多数派株主の賛成だけで決議が成立し得たというだけでは足りず，その瑕疵に関わる部分を除いても，決議の成立に必要な多数の賛成が得られたであろうことが証明できなければならないとするのが多数説である。このことの蓋然性を証明できるれば足りると解する学説もある。たとえば，代理人資格のない者が議決権を行使したが，その者の議決権を除いても決議が成立する場合，一部株主に対する招集通知漏れがあったが，招集通知を送付されなかった株主も総会の議題・議案を事前に知った上で総会に出席し議決権を行使した場合などには，決議の結果に影響を及ぼさないことが証明できよう。このように裁量棄却は，非常に限られた場合にしか認められないと解釈すべきであって，その趣旨は濫訴の防止にあると考えられる。

(4) **訴えの利益の喪失**

決議取消事由がある場合でも，決議後の事情の変化によって問題の決議を取り消すことが意味をなさなくなり，取消判決をする実益がなくなる場合がある。判例には，役員（取締役・監査役）選任の総会決議取消訴訟係属中，その決議に基づいて選任された取締役らが任期満了によってすべて退任し，その後の株主総会で役員が新たに選任された場合に，特別の事情のない限り，決議取消の訴えは実益をなくし，訴えの利益を欠くにいたったと判断したものがある。これに対して学説には，当該決議で選任された役員がすべて現存しなくなったときも，瑕疵ある選任決議をさせた取締役の責任を商法266条1項5号に基づいて追及するために，その前提として決議取消の判決を得る実益があると考えて，この判例の立場に反対する見解も多い。むろん，役員選任決議の取消が訴えの利益を欠くにいたったとしても，それによって，瑕疵ある役員選任決議をさせた取締役の責任が消滅するわけではなく，取締役の責任は別に追及することができる。しかしながら，決議取消の訴えにおいて，瑕疵の有無に関する審理が進行しているときに，その成果をすべて無駄にして，改めて取締役の責任追及

をさせることは，訴訟経済という観点からしても妥当とはいえないであろう。

訴えの利益の喪失を理由に取消の訴えの却下を認めた最高裁判例としては，他に，新株発行の株主総会決議取消の訴え係属中に，新株の発行がなされてしまった例，役員退職慰労金贈呈の株主総会決議取消の訴え係属中に，当該決議と同一内容の決議が再度なされた例がある。逆に，訴えの利益の喪失を否定した最高裁判例として，計算書類承認決議取消の訴え係属中に，翌期以降の計算書類が承認された場合も，当該決議の取消が確定すれば翌期以降についても再決議が必要になることを理由に，訴えの利益は失われないと判断したものがある。

	瑕疵の処理方法	訴えの名称	提訴権者	提訴期間
招集手続・決議方法の法令・定款違反	取消事由（裁量棄却）	取消の訴え	株主・取締役・監査役	決議の日から3カ月
招集手続・決議方法の著しい不公正	取消事由			
決議内容の定款違反	取消事由			
特別利害関係人の議決権行使で著しく不当な決議	取消事由			
決議内容の法令違反	無効事由	無効確認の訴え	特段の制限なし	特段の制限なし
決議の不存在	不存在	不存在確認の訴え		

3　総会決議の無効

株主総会決議の無効事由に該当するのは，決議の内容が法令に違反する場合である。たとえば，配当可能利益がないのに利益配当を行う決議，違法な利益処分案を承認する決議，取締役の欠格事由に該当する者を取締役に選任する決議などが，これに当たる。

決議の内容が法令に違反する場合，その決議は無効であり，いつでも，だれでも，またどのような方法によっても，その無効を主張することができる。さらに商法には，会社に関する法律関係の画一的な処理を図るために，決議無効確認の訴えが設けられている。

4 総会決議の不存在

株主総会決議が物理的に存在しない場合には，議事録だけ作成されたり，決議されたとされる事項の登記がなされたりしても，決議が存在しないことに変わりはなく，法律的にみても決議は不存在といえる。このような物理的不存在の場合ばかりでなく，手続的に重大な瑕疵がある場合にも，決議は不存在とされる。招集手続や決議方法の法令・定款違反は，手続的瑕疵として決議取消事由とされるが，手続的なものでも瑕疵の程度が甚だしく，法律的に決議が存在したとはとうてい評価できない場合には，決議はやはり不存在といわなければならない。つまり，決議の不存在は，物理的不存在の場合ばかりでなく，法律的な不存在の場合にも認められるのである。このように，決議の法律的な不存在は，手続的な瑕疵の程度が甚だしいか否かによって判断されることになるので，決議が取消になるか不存在になるかは，結局，瑕疵の程度の問題ということができる。通説・判例は，代表取締役の招集によらない総会での決議のように，招集権のない者の招集による株主総会の決議や，著しい招集通知漏れのある決議を，不存在であると解釈している。

総会決議が不存在であれば，その決議の効力は当然無効である。決議取消とは異なり，決議の不存在は，いつでも，だれでも，どのような方法によっても主張することができる。さらに，決議の無効を画一的に確定できるように，商法は，決議不存在確認の訴えを設けている。

5 判決の効力

決議取消の訴えが認容され決議取消判決が下されると，取消判決の効力は，会社設立無効判決や合併無効判決と同様に，訴訟当事者ばかりでなく第三者に対しても及ぶ（247条2項・109条1項）。これを判決の対世効という。会社に関する法律関係の画一的確定を図るためである。

会社設立無効判決や合併無効判決は，判決のときから将来に向かってのみ効力をもち，問題となった会社の設立や合併の後に，当該会社と株主および第三者との間に生じた権利義務に影響を及ぼさないことが規定されている（428条3項・136条3項・415条3項・110条）。これに対して，決議取消判決については，判決の効力が遡及しない旨の明文規定がないので，取消判決の効力が決議の当時

に遡って生ずるのか、それとも判決の時点から将来に向かってのみ生ずるのかは、解釈の分かれるところである。多数説・判例は、判決の効力の不遡及を定める明文規定がないことを理由に、遡及効を認めざるをえないと解釈するが、これを否定する少数説もある。

決議無効確認判決および不存在確認判決にも、対世効が認められる（252条・109条）。決議の無効または不存在を判決で確認することの意味は、判決に対世効が認められる点にあるということもできる。また、決議無効確認判決および不存在確認判決は、決議が当初から無効また不存在であったことを判決で確認するものであるので、その性質上当然に、判決の効力は決議の当時に遡って生ずる。

ワーク 18　演習問題

【問】　株主総会決議の瑕疵に関する以下の記述のうち、誤っているものを1つ選びなさい。　　　　　　　　　　　　　【法学検定試験3級程度】

(1) 株主総会決議取消の訴えは、形成訴訟である。

(2) 株主総会決議の招集手続・決議方法が法令・定款に違反していても、違反の事実が重大でないか、または、決議の結果に影響を及ぼさないときは、裁判所は裁量棄却できる。

(3) 株主総会決議の決議方法が著しく不公正なときは、裁判所は取消の訴えを裁量棄却することはできない。

(4) 株主総会決議の招集手続が法律に違反する場合でも、総会決議が存在したと認められないほど違反の程度が著しいときは、決議取消の対象とはならない。

(5) 総会決議無効確認の判決には、対世効と遡及効がある。

(担当：川島いづみ)

第5章 取締役・取締役会

Lesson 19　取締役の選任と終任

1　取締役の地位

　株式会社における取締役は，それ自身が会社の機関というわけではなく，取締役会の構成員として，会社の重要事項の決定に参加するとともに，代表取締役の業務執行を監督する。また，取締役の中から代表取締役が選任されることから，代表取締役という地位の前提でもある。取締役・会社間の関係は委任関係である（254条3項）。

2　取締役の資格・欠格事由

　取締役になるための資格は特に定められていないが，商法は一定の欠格事由を定めるほか，特定の場面で兼任を制限する。

(1)　定款による資格制限

　明治32年商法においては取締役は株主に限る旨の規定があったが，広く経営能力のある人材を求める必要があることから昭和13年改正でこの規制は廃止され，現在では定款の記載をもってしても取締役を株主に限定することはできないと定められている（254条2項）。ただし，取締役を株主の中から選任することは差し支えないし，結果としてすべての取締役が株主によって占められることとなっても構わない。株主以外の資格制限を定款で定めることができるか否かについて，通説は，合理的な範囲内において自治的な制限を置くことを妨げ

ない，と解している。判例も，取締役を日本人に限るとの定款規定に関して，このような資格制限を通常の定款変更手続で定めうると判示し，定款による資格制限は有効であるとした (名古屋地判昭和46年4月30日下民集22巻3＝4号549頁)。他方，取締役を自社の従業員に限るという制限については，254条2項の趣旨に照らして限定が狭すぎるから認めるべきでないとの意見が多数を占めるが，このような限定が許されるとの見解も有力である。

(2) 法　　人

法人が取締役となりうるかについては，古くから学説が対立している。両説の対立点は大まかにいって，①理論的に法人は取締役になることができるかどうか，②取締役の職務の性質上，法人を取締役とすることが適当かどうか，③わが国の商法が法人の取締役就任を想定しているかどうか，④法人の取締役就任を認めた場合の利点と弊害のどちらが大きいか，という点にある。否定説は主として②の観点から，取締役は個性や能力，会社との関係を重視して選任されることを論拠とする。他方肯定説は，④の観点から，合弁会社や親子会社では法人取締役を認めた方が責任の所在がはっきりすること理由として挙げるとともに，法人は発起人になれると解されること，会社更生法で更生管財人（更生会社の管理・経営を行う）と定められていること (会更95条1項) を理由とする。通説は否定説である。

(3) 法定の欠格事由

254条ノ2は取締役の欠格事由として，①成年被後見人または被補佐人，②破産宣告を受け復権しない者，③商法，商法特例法，有限会社法に定める罪により刑に処せられ，その執行を終わった日または執行を受けることがなくなった日から2年を経過しない者，④③以外の罪により禁固以上の刑に処せられ，その執行を終わるまでまたはその執行を受けることがなくなるまでの者（刑の執行猶予中の者は除く），を挙げる。これらの欠格事由に該当した者が取締役に選任されても，その選任決議は無効である。

(4) 兼任の禁止

監査役は自社またはその子会社（孫会社も含む，211条ノ2第1項・3項）の取締役を兼ねることができない (276条)。また，支配人は営業主の許諾がなければ会社の取締役となれず (41条1項)，代理商は本人の，合名会社・合資会社の

無限責任社員は他の社員の許諾がなければ同種の営業を目的とする会社の取締役となることができない (48条1項・74条1項・147条)。これらの条項に反して取締役に選任された場合は，欠格事由に該当する場合とは異なり選任決議は無効とはならず，選任当時の現職を辞任することを条件として効力を有し，被選任者が取締役に就任することを承諾したときは，現職を辞任する意思を表示したと解すべきであるとされる。逆に，たとえば取締役在任中に監査役に選任された場合も，その決議は取締役辞任を条件として効力を有する。

3 取締役の員数と任期

(1) 員　　数

取締役の員数は3人以上と定められている (255条)。取締役が取締役会という会議体を構成することから，少なくとも複数の取締役が要求され，2名では意見が対立した場合に解決が困難であることから最低3名とされたのである。会社は定款で最低限の数を定めてもよいし（3人を下回ることはできない），上限を定めても，また，決まった人数（たとえば，5人）を定めてもよい。下限を定めないときには下限は3人であり，上限を定めない場合には取締役は何人いてもよい。法律または定款で定められた取締役の員数を下回った場合には，任期満了で退任または辞任した取締役は，後任が選任されて定められた員数がそろうまで取締役の地位を離れることができない (258条1項)。この場合，裁判所は利害関係人の請求により，必要に応じて一時的に取締役の職務を行うべき者（仮取締役）を選任することができる (同条2項)。

(2) 任　　期

取締役の任期は原則として2年で (256条1項)，再任を妨げない。ただし定款に定めを置けば，任期中の最終の決算期に関する定時総会の終結時まで任期を延ばすことができる (同条3項)。たとえば，ある年の6月25日の株主総会で選任された取締役の任期は，本来なら翌々年6月25日までであるが，定款で定めれば，翌々年の定時株主総会が6月30日に開催された場合には，任期はその株主総会終結まで延長される。もちろん，定款で2年より短い任期を定めることは差し支えない。

なお，会社成立時に就任した取締役（法文上は「最初の取締役」）の任期は

1年である（同条2項，上記の定款による定時総会終結時までの延長は可能）。また，吸収合併における存続会社，株式交換における交換会社，吸収分割における承継会社の取締役で，これらの企業再編行為が行われる前に就任した者は，合併契約書，株式交換契約書，分割契約書に定めがない限り，これらの企業再編行為後最初に到来する決算期に関する定時総会の終結時に退任する。

4 取締役の選任

(1) 株主総会による選任

取締役の選任は株主総会決議によって行う（254条1項）。ただし，設立時においては，発起設立の場合は発起人が，募集設立の場合は創立総会が選任し，合併，会社分割，株式交換・移転に際して新たに就任する取締役については，それぞれの企業再編行為を承認する株主総会（合併契約書承認総会など）の特別決議で選任する。

取締役を株主総会において選任するという規定の趣旨は，取締役の選任をもっぱら株主の意思によって行わせるという点にあるから，通説は，定款や株主総会の決議によって，選任を取締役会やその他の会社の機関，第三者に委任することはできないし，選任決議の効力を第三者の同意にかからしめることもできないと解している。ただし，原始定款または総株主の同意による定款変更によって第三者の同意を要する旨を定めることを許容する説もある。

(2) 選任決議

(a) **決議要件** 取締役の選任決議は普通決議で足りるが，定足数に特別の定めがある。株主総会の普通決議の定足数は発行済株式総数の過半数であるが，定款に定めを置くことにより変更または排除でき，実際に多くの企業が定足数を排除している。しかし，取締役の選任決議に関しては，定款の定めによっても，定足数を総株主の議決権の3分の1未満とすることはできない（256条ノ2）。定足数について定款で排除・変更をしていない場合や，変更した場合でも定足数を総株主の議決権の3分の1以上に定めている場合には，取締役の選任決議においてもその（高い方の）定足数による。

(b) **累積投票** 通常，取締役の選任決議においては，各候補者ごとに決議するかまたは候補者全員について一括して決議を行うが，このような決議方法

をとると，多数派がすべて自分の推す取締役を選任しうることになる。これに対して，一種の比例代表制を採用し，少数派の推す取締役の選任を可能とするのが累積投票制度である（256条ノ3）。具体的には，2人以上の取締役を選任する場合に，各株主に1議決権について選任すべき取締役の定員と同数の票を与え（選任される取締役の定員が10人ならば1議決権につき10票），その票を1人の候補者に集中させても，複数の候補者に任意に分散して投票してもよいとする。そのうえで，最多得票の候補者から順に当選者とする。

累積投票は，2人以上の取締役の選任を目的とする株主総会の招集があった場合に，株主（単独株主でよい）が会社に対して累積投票による旨の請求を行うことによって実施される。この請求は総会の会日より5日前（請求日と総会当日を除いて5日間必要）に書面または204条ノ2第2項・3項の規定に従った電磁的方法によってなさなければならない（256条ノ3第2項・3項）。会社はこの書面・記録を総会終結まで本店に備え置き，株主が閲覧できるようにしなければならず（256条ノ3第7項），また，総会の議長は，議決に先立って累積投票の請求があった旨を宣告しなければならない（256条ノ3第6項）。

累積投票には先に述べたように少数派の推す取締役が当選できるようになるという効果があるが，逆に取締役同士の対立を生み，会社の円滑な経営にとってマイナスだという意見が多かったため，昭和49年改正で，定款に定めを置くことによって，累積投票制度を全面的に排除することが認められた。また，定款で累積投票の要件を加重して少数株主権として認めることも可能である（256条ノ3第1項）。

(3) 選任決議の効果

取締役の選任決議があっても，それだけで選任された者がただちに取締役となるのではなく，その者の承諾が必要なのは当然である。しかし，会社が選任された者に対してあらためて就任申込の意思表示をする必要があるかどうかについては見解が分かれる。

多数説は，株主総会決議を会社の内部的意思決定であると位置づけたうえで，別途，会社と取締役の間に任用契約を締結する必要があり，会社は代表機関を通じてその申込をする必要があるとする。一方で，株主総会による選任を，選任された者の承諾を条件とする単独行為であると解する立場があり，この立場

では，選任決議によって選任された者を取締役の地位につける会社の態勢が完全にととのうから，その者が承諾すれば当然に取締役に就任するのであって，会社が別途，就任の申込をする必要はないとする。

なお，選任された者の承諾は黙示でもよく，たとえば選任決議後に取締役会に出席した場合であるとか，選任決議時に株主総会に出席していて，かつ決議に対してなんの留保もつけないような場合には黙示の承諾があったと見てよい。

5 取締役の終任

(1) 終任事由

終任事由としては，取締役側の事情として辞任，死亡，欠格事由の発生，定款所定の資格の喪失があり，会社側の事情として，会社の破産（254条3項，民653条，最判昭和43年3月15日民集22巻3号62頁。ただし異説あり），会社の解散がある。また，任期満了で退任することは当然であるし，解任されることもある。

(2) 辞任

取締役と会社の関係は委任に関する規定に従うから（254条3項），取締役は事由を問わずいつでも辞任することができる（民651条1項）。ただし，会社にとって不利益な時期に辞任したときには，やむを得ない事由がないかぎり，会社に生じた損害を賠償しなければならない（民651条2項）。

(3) 解任

(a) 株主総会による解任　会社は，正当な事由があるかどうかに関係なく，いつでも株主総会の特別決議によって取締役を解任することができる（257条1項・2項）。解任の決議を行う株主総会の招集通知には解任されるべき取締役の氏名を記載する必要がある。会社が正当な事由なく任期満了前に取締役を解任したときには，その取締役は，解任によって生じた損害の賠償を会社に請求できる。「正当な事由」が何であるかという点および賠償される損害の範囲については争いがあるが，多数説は，この損害賠償を特別な法定責任（適法行為による賠償）であると解したうえで，職務執行上の法令定款違反，病気等の心身の故障による職務遂行上の障害（最判昭和57年1月21日判時1037号129頁），職務への著しい不適任（無能であること）を正当な事由としてあげる。また，経営上の失敗についても解任の正当事由であるとする見解が有力である。損害賠償の

範囲については，取締役を解任されなければ得られた報酬が損害にあたるとされる。

(b) 少数株主の訴えによる解任　取締役が職務遂行に関して不正な行為をしたり，法令・定款に違反する重大な事実があるにもかかわらず，株主総会で取締役解任の決議が否決された場合には，6カ月前から引き続き総株主の議決権の100分の3以上の株式を有する株主は，決議後30日以内に，その取締役の解任を，本店所在地の地方裁判所に請求することができる（257条3項・4項・88条）。

要件について詳しくみると，①職務遂行に関する不正な行為とは，職務遂行自体だけでなく遂行に直接間接に関連してなされた行為（たとえば競業避止義務違反）を含み，取締役が，自分の負う義務に違反して会社に損害を生じさせる故意の行為をいう，②決議が否決された場合には，定足数に達せず総会が流会になった場合も含まれる（通説。解任反対派が欠席戦術をとることもありうるから），③提訴株主は解任を提案した株主である必要はないし，解任に反対した者であっても構わない，とされる。

この解任の訴えについては，誰を被告とするかについて争いがあり，①会社と取締役を共同被告とするという説，②取締役のみを被告とすべきであるとする説，③会社のみを被告とすべきであるという説，に分かれている。判例は下級審を含めて一貫して①説の立場をとっており（最判平成10年3月27日民集52巻2号661頁），多数説も①の立場をとる。

ワーク 19　演習問題

【問】　次のなかで誤っているものを挙げなさい。　【法学検定試験3級程度】
(1) 株式会社は他の株式会社の取締役となることができないと一般に解されている
(2) 監査役がその職を解かれないまま取締役に選任された場合，その選任決議は無効である。
(3) 定款に株主総会の定足数について定めのない会社では，取締役選任決議の定足数は，総株主の議決権の2分の1である。

(4) 株主の請求があれば必ず累積投票を行わなければならないわけではない。
(5) 判例は，取締役解任の訴えにおいては，会社と取締役を共同被告としなければならないとしている。

（担当：土田　亮）

Lesson 20　取締役会の権限

1　取締役会の意義——企業の業務執行決定機関・監督機関——

　取締役会（board of directors）とは，最高意思決定機関である株主総会で選任された経営の専門家たる取締役の全員（最低3人以上）からなる会議体であり（なお，監査役にも取締役会の招集，出席・意思陳述権限等がある），すべての株式会社に必要な常設機関である（なお，常務会・専務会等は法定機関ではない）。その位置づけは機関相互のチェック・アンド・バランスを重視する近代国家における三権分立思想（立法・行政・司法）の影響により，株主総会，取締役会・代表取締役，監査役という役割分担のなかでなされており，相互関係を比較することが制度を理解するうえでポイントになる。

　取締役会は，所有と経営の分離，企業規模の巨大化，経営判断の専門化・複雑化等を背景として企業経営判断の効率化を図るため，昭和25年改正により代表取締役制度とともに導入された，企業活動における中心的な「業務執行決定機関および監督機関」である。これはいわゆる取締役会中心主義の導入であるが，その反面，株主総会の権限は縮小・限定されることになった。取締役会は，コーポレート・ガバナンス（企業統治・運営システム）の重要な担い手であるが，株主総会と比べて招集手続・権限内容・決議方法等の点で「運営の機動性・迅速性」が重視されるという特色がある。

　なお，物的会社ではあるが，小規模閉鎖会社の典型例である有限会社では，株式会社のようなこうした機関の分化は見られない。すなわち，取締役は1人

取締役会運営のプロセス（株主総会との比較）
- 招集
  - 招集権者・必要に応じて各取締役（株主総会は取締役会）
  - 必要に応じて監査役も請求可
- 討議・議論 → 代理出席・書面決議・持ち回り決議は不可
- 決議
  - 一人一票の頭数主義（株主総会は一株一議決権）
  - 特別利害関係者は排除（株主総会は原則可能）

でよく（有25条），取締役会制度は法定されておらず，監査役も単なる任意機関である（有33条）。もとより人的会社である合名・合資会社では，取締役や取締役会という概念すら存在せず，出資者である無限責任社員が直接経営に携わる。

2 取締役会の招集権限とその手続

招集権者である取締役は最低3カ月に一度は取締役会を開催し，代表取締役から業務の執行状況の報告を受けなければならない（260条3項）。その招集手続は株主総会と比べて「弾力的・機動的」である。すなわち，取締役会は原則として会日1週間前に各取締役と監査役に招集通知を発して開催する（259条ノ2，短縮可）。全員の取締役と監査役が同意すればこの招集手続は省略できるため（259条ノ3），あらかじめ全員の同意で定めた定例の日時・場所で開催する場合手続は必要でない。招集通知は書面でも口頭でもよく，議題を記載しなくてもよい。

招集権者については原則として各取締役であるが（259条1項），多くの会社では定款や取締役会規則等で会長や社長等としている。しかし，招集権者とされていなくても「各取締役」が取締役会を招集すべき必要性を認めたときには，まず会議の目的たる事項を記載した書面を招集権ある取締役に提出してその招集を請求し，招集権者が5日内にその請求の日より2週間内の日を会日とする招集通知を発しないときは，「自ら」取締役会を招集できる（259条2項・3項）。さらに監査役は取締役を適切に監査するため取締役会への出席義務・意見陳述権があり（260条ノ3第1項），必要があれば，「監査役も」取締役会の招集を請求するか，自ら招集できる（260条ノ3第3項・4項）。使用人等との兼任を禁止され（276条，大会社の社外監査役は過去においても，商特18条1項），独立性が重視されている監査役には各種監査役・調査権があり（274条以下），取締役の違法行為等を発見した場合には，差止請求権（275条ノ2）等を行使すべき責任がある。

3 取締役会の2つの権限──重要業務の決定と監督──

取締役会の権限は2つに分かれる（260条1項）。第1は，経営判断（business judgement）として「重要な」業務執行を決定する権限である（業務執行決定権限）。第2は，代表取締役等の業務執行を監督する権限である（監督権限）。第

1の決定すべき重要業務は，一般的重要事項と個別的重要事項に分かれる（日常業務（常務）の決定は代表取締役の権限）。一般的重要事項としては①重要な財産処分・譲受，②多額の借財，③重要な使用人の選任・解任，④重要な組織の設置・変更・廃止等がある（260条2項）。①に関する重要性の判断は「当該財産の価額，その会社の総資産に占める割合，当該財産の保有目的，処分行為の態様及び会社における従来の取扱い等の事情を総合的に考慮して判断すべきもの」とされる（最判平成6年1月20日民集48巻1号1頁）。さらに，個別的重要事項としては譲渡制限株式の譲渡承認（204条1項），株主総会の招集（231条），取締役の競業取引・自己取引の承認（264条・265条），代表取締役の選任解任・共同代表の決定（261条1項・2項），通常の新株発行（280条ノ2第1項），計算書類等の原案承認（281条1項），内部統制（internal control）機構の構築・整備等がある（株主総会の決定権限事項や監査役・監査役会の職務権限と比較してみると，有益である）。

第2の監督権限の内容・対象としては，業務執行の適法性ないし健全性のみならず，「妥当性（ないし効率性）」に関しても及ぶ。監視すべき範囲は取締役会に「上程された事項」に限らず（消極的・受動的監視義務），非上程事項にも及ぶ（積極的・能動的監視義務）。この点で監査役の監査権限（適法性中心）や会計監査人（公認会計士）監査よりもその範囲が広い。

取締役会の権限と会社法によるコーポレート・ガバナンス・システム

```
              ┌─→代表取締役　→日常業務の決定・執行
   取締役会 ─┬─①重要な意思決定←株主総会（基本的な事項の決定・監督）より広範囲
             │      ┌─一般的重要事項──→重要財産の処分等
             │      └─個別的重要事項──→代表取締役の選任・解任等
             └─②監督（妥当性等）←監査役（会）（適法性の監査）より広範囲
                              ←会計監査人（公認会計士）は会計監査を
                                担当（大会社）
                              ←株式公開企業は証券市場（株価）による
                                監督を受ける
```

4　決議方法と議事録の作成・開示方法

取締役会の決議は取締役の過半数が出席して（定足数要件），その過半数で

行われる（一人一議決権，頭数主義）が，定款によりこの要件を加重することはできる（ただし，緩和はできない）。取締役自身の資質が重視されるため本人の出席が原則であり，代理出席や書面投票等は認められない。また，取締役の間の意見交換と協議により取締役の叡知と識見の結集を図るため，持ち回り決議や個別的同意には決議の効力がない。その一方で，決議の公正を図るため，利益相反取引（265条）・競業取引に関する承認（264条）・代表取締役の解任（多数説・判例であるが，有力な反対説あり）等の決議事項について，自己が対象となり，「特別の利害関係のある取締役」は決議に参加することができず，出席者数にも加えられない（260条ノ2第2項・3項）。

　取締役会では出席者の署名のうえ議事録を作成しなければならず（260条ノ4第1項・2項），10年間本店で備え置くことが義務づけられている（260条ノ4第3項）。この議事録を閲覧・謄写するためには株主，親会社の株主および債権者が「裁判所の許可」を得ることが必要条件である（260条ノ4第4項・5項，株主総会の議事録にはこのような条件はない，244条）。営業上の秘密を守るためである。取締役会の決議に参加した取締役で，議事録に異議を唱えたことが残っていない取締役は決議に賛成したものと推定され（266条3項），会社に対する責任を問われる可能性がある（266条2項）。

　なお，平成13年改正による一定の要件のもとで「電磁的方法による取締役会議事録の作成・保存」も可能になった。

5　取締役会の「決議の瑕疵」の効力と代表取締役の行為の効力

　取締役会の決議に瑕疵がある場合，違法であり，一般原則により当該決議はすべて無効になる。無効原因としては，一部の取締役や監査役への招集通知漏れといった手続的瑕疵と内容的瑕疵に分かれる。なお，招集通知漏れがあった場合について，その取締役が仮に出席したとしても決議の結果に影響がないと認めるべき「特段の事情」があるときは，決議は無効にならないとする判決がある（最判昭和44年12月2日民集23巻12号2396頁，ただし，あくまでも当該取締役の出席を重視し，判決に反対する見解もある）。

　次いで，必要な取締役会決議を経ていないとか，取締役会決議が無効であった場合の代表取締役の専断的行為の効力が問題となる。この点，純粋な会社

「内部」の事項は法の趣旨・会社の利益を重視して「無効」であるが，新株の発行等の「対外的」な取引行為については取引の安全と善意の第三者を保護するため「有効」と考える見解が多い（第三者が悪意であればその主張には信義則違反や権利の濫用であるとして対抗できる）。

ただし，そうした結論を根拠づける考え方としては諸説の対立がある。まず①判例の採用する心裡留保説は，民法93条但書を類推適用し，そうした代表取締役の行為は内部的意思決定を欠くに止まるから，原則的に有効であり，「相手方が右決議を経ていないことを知りまたは知り得べかりしときに限って」無効であるとし（最判昭和40年9月22日民集19巻6項1656頁），次いで，②有効としつつ悪意の第三者には民法1条2項により一般悪意の抗弁が対抗できるとする説（一般悪意抗弁説）がある。他方，原則として無効として，善意の第三者は保護するという構成をとるものとしては，③261条3項・78条2項から民法54条を援用する代表権制限説，④民法110条による越権代表説，⑤265条違反の場合と同様の処理による相対的無効説がある。こうした問題は代表取締役の権限濫用行為についても発生する。

なお，取締役会と代表取締役との本質的な相互関係については，代表取締役の権限を取締役会の権限に由来・派生すると考える伝統的な意思理論に基づく説（派生的機関説）と，取締役会と代表取締役を別個・並列の機関であるとしてシステマティックに捉える説（並列的機関説）といった見解の対立がある。

6 その実態と活性化

取締役会の実態については，わが国の取締役は役付きであったり，使用人を兼務していることが多く，その権限が適切に行使されていないという「形骸化・無機能化現象」が指摘されており，その活性化策が重要な検討課題となっている。その一環として，「昭和56年の商法改正」で取締役会の業務監督権が強化され，第1に，監督権限の存在および具体的事項が明確化され，第2に，代表取締役について四半期に一度の取締役会への報告義務が置かれ（260条3項），第3に，各取締役が自ら取締役会を招集できる旨が定められたこと等から（259条2項・3項），会議体を離れた個々の取締役自身の監視責任が重視される。

他方，最近の改正では取締役会以外の監督システムもより強化・充実されており（監査役，株主代表訴訟等の各種株主権），証券市場（マーケット）からの監督（株価の動向，敵対的企業買収の増加等）も大きくなってきている。なお，わが国の現行法では監査役・社外監査役（商特18条1項）といった監視機関が経営の監視役として従来から重視されてきているが，最近一部の企業においてはアメリカの経営体制にならって，社外取締役（アウトサイド・ディレクター）や執行役員（オフィサー）制度を採用する動きがあり，次に見るように商法改正試案においてもそうした動きを取り入れるべきかどうかが重要な検討課題とされており，注目される。

7　大会社等向けの選択的ガバナンス・システムの採用

（平成14年度改正，平成15年施行予定）

(1)　委員会等設置会社

こうした従来の取締役会・監査役による監督・監査の不十分さ・実質的無機能化を改善するため，また，企業実務からの強い要請に応えるため，平成14年度の監査特例法等に関する商法改正により「商法特例法上の大会社（資本額5億円以上か負債総額が200億円以上の株式会社）」または「みなし大会社（資本額1億円超で定款で特例法の適用を受ける旨の規定を置く株式会社）」（商特2条2項）は従来型に加えて，新しくアメリカ型のガバナンス（企業統治）・システム等を「選択的に」採用できることになった。

このシステムを採用する会社は「委員会等設置会社」と呼ばれ，1人または数人の執行役・代表執行役と3つの委員会を置かなければならない（商特21条の5）。つまり，業務執行機関と監督機関とを分離して，「業務執行」を執行役（オフィサー）・代表執行役（アメリカのCEO, Chief Executive Officerに相当）に担わせ，取締役会，特に取締役会内部の監査委員会の役目は原則として執行役等の業務執行を「監督」する機能に純化される。取締役の任期は1年であり，基本的に会社の業務を執行しないが（商特21条の6），執行役と兼任することは許容されている（そのため，社外取締役の存在が重要になる）。取締役会は経営の基本方針，監査委員会の職務事項や執行役相互の職務分担等を決定するとともに，取締役および執行役の職務の執行を監督する（商特21条の7）。

他方，その他一定の事項を除く会社の業務執行については執行役に委任することになる。

　この執行役員制度を導入するという改正により，経営に対する監督の実効性をこれまでよりも高め，内部のチェックシステムを充実することにより外部からの経営責任追及等の会社訴訟リスクに備えようとしている（内部監督・統治機構の充実によるリスク管理の充実，強化）。特に監督の中核として，取締役会の内部に①指名委員会，②監査委員会，③報酬委員会を設け，各委員会は3人以上の取締役で組織し，その過半数を執行役ではない「社外」取締役にしてある程度の独立性を確保しているという点に特色を有する。取締役会とこの3つの委員会は密接な連携関係にある。ここで社外取締役とは，「会社の業務を執行せず，過去にその会社または子会社（211条ノ2第1項）の業務を執行する取締役，執行役，支配人その他の使用人となったことがなく，かつ現に子会社の業務を執行する取締役もしくは執行役またはその会社・子会社の支配人その他の使用人でない者」として登記された取締役である（188条2項7号ノ2）。つまり，過去・現在を通して当該会社や子会社の業務執行に取締役や使用人として関与していない者を指している。こうした会社の業務執行から独立した社外取締役がチェックすることにより，会社経営の公正さ・透明性を高めることを目的としているのである。最近では社外取締役の存在は，外部（投資者，格付機関や各利害関係者）からの企業評価を高めることにもつながる傾向も見られる。社外取締役であるためには登記を要すること，監査委員会の過半数が社外取締役であること，その他の資格要件の相違がこれまでの社外監査役や監査役会との大きな違いである。

　　　　　取締役会←─連携─→3つの委員会：チェック機能
　　　　　　　　　　　　　└→過半数は社外取締役

　それぞれの委員会が有する役割ないし権限としては，①指名委員会は株主総会に提出する取締役の選任・解任議案の内容，いわば人事権を決定する。②監査委員会は3つの委員会のうち最も重要な委員会であり，取締役・執行役の職務執行を監査し，株主総会向けの会計監査人の選任・解任等の議案の内容を決定する。監査委員となる取締役は監査の実効性を高めるため，「当該会社もしくはその子会社の執行役や支配人その他の使用人，または当該子会社の業務を

執行する取締役」を兼任してはならない（商特21条の8第7号）。この要件は社外取締役の資格要件よりは緩和されており、執行役を退任した者等が該当する。そして監査委員会・監査委員は広い調査権限を有しており、必要に応じて取締役会に報告し、会社と取締役・執行役間の訴訟といった場合には会社を代表する。③報酬委員会は取締役・執行役の個人別の報酬内容について決定する（商特21条の11）。そして以上の委員会制度を新たに採用する会社では、従来の監査役制度の役割を主に社外取締役からなる監査委員会が担うことになるため、監査役を置くことはできない（商特21条の5第2項）。

他方、業務執行を担う執行役は取締役会において選任され、いつでもその決議により解任されうる（商特21条の13第1項・6項）。執行役は取締役から委任された事項に関する決定を行い、会社の業務を執行する（商特21条の12）。法定されてはいないが、実務上執行役会を組織することもありうる。執行役の任期は1年であり、前述のように取締役との兼任が認められている点は重要なポイントである。会社を代表すべき執行役である「代表」執行役も取締役会の決議で選任されるが、執行役が1人であれば当然その執行役が代表となる（商特21条の15）。相互牽制のため「共同」代表執行役制度を採用することもでき（商特21条の15第2項）、社長・副社長等表見的肩書を付けた執行役に対する善意の第三者による外観信頼保護の見地から、「表見」代表執行役に関する会社の責任規定も置かれている（商特21条の16）。さらに、執行役にも取締役と同様に会社に対する責任・第三者に対する責任が規定されている。

(2) 取締役会に関する特例——重要財産委員会の設置等——

また、同じく平成14年度の監査特例法の改正により大会社または前述の「みなし大会社」において、取締役の数が10人以上で、そのうち1人以上が社外取締役である会社は取締役会の決議により、重要財産委員会を設置することが可能になった（商特1条の3）。重要財産委員会は取締役3人以上で組織され、取締役会の決議が要求されていた「重要なる財産の処分および譲受」や「多額の借財」（260条2項1号・2号）に関する「決定」を行うことができる。そこで、取締役の人数が多く取締役会の開催が困難な大会社の場合、重要財産委員会によって機動的かつ迅速な会社としての意思決定が可能となるのである。ただし、チェック役である社外取締役の存在が必要で、決定できる事項も限定され、決

議内容については取締役会へ適切に報告されなければならない。なお，この委員会を設置する場合には重要財産委員の氏名等を登記する必要がある（商特1条の5）。前述の委員会等設置会社では執行役への大幅な権限の委任が認められているため，重要財産委員会を設けることはできない。

(3) 従来型の監査役制度の強化

他方，従来型の日本の監査役制度について平成13年改正では，商法特例法上の大会社では社外監査役の定義を強化し（商特18条1項，改正前は「就任5年前」に会社・子会社の取締役等でなかったことから改正後は「就任前」へ），3人以上からなる監査役会の「半数以上」を社外監査役とし（同項，改正前は1人以上），監査役の選任手続に監査役が関与することを定め（商特18条3項・3条2項・3項），さらにその任期も3年から4年へ延長する（273条1項）などして監査役の経営者からの独立性を強化している。

新しい大会社等のガバナンス（企業統治）・システムの概要

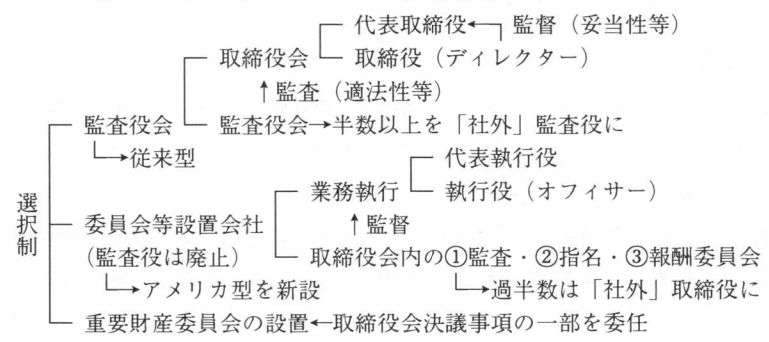

```
                      ┌─ 代表取締役 ←─ 監督（妥当性等）
           ┌─ 取締役会 ─┤
           │          └─ 取締役（ディレクター）
           │    ↑監査（適法性等）
    ┌─ 監査役会 ─ 監査役会→半数以上を「社外」監査役に
    │      └→従来型                ┌─ 代表執行役
 選 │                    ┌─ 業務執行 ─┤
 択 │                    │           └─ 執行役（オフィサー）
 制 ├─ 委員会等設置会社 ──┤   ↑監督
    │   （監査役は廃止）  └─ 取締役会内の①監査・②指名・③報酬委員会
    │      └→アメリカ型を新設       └→過半数は「社外」取締役に
    └─ 重要財産委員会の設置←取締役会決議事項の一部を委任
```

(4) 改正の意義と問題点

こうした大規模な商法・商法特例法改正の方向性は，企業法務におけるアメリカ型のリスク・マネージメントの要請に応え，企業価値（コーポレート・バリュー，CV）をより高めようという意欲に沿うという点では評価できる。すでにこの改正を先取りした形で採用する企業も現れて話題になっており，注目される。しかし，社外取締役を中心とする監督の実効性・独立性，社外取締役の人材の確保，「社外」の意義・範囲の解釈，社外取締役の選任方法・報酬の決定手続や情報公開，選択制というシステムの複雑さ，そしてどれだけの大企業が実際にこうした新しいガバナンス・システムを採用するのか等といった多

くの問題点ないし課題は残されている。そこでは監視システムの実質的充実度と，それが事後的な裁判所による評価に耐えうるものであるかが重要な鍵となる。また，監査委員会や社外取締役などといったアメリカにおける企業のチェックシステムは，証券取引委員会（SEC）やニューヨーク証券取引所等といった機関が長い歴史をかけて創り出してきたものであり，わが国でも証券取引法や証券取引所の規則の整備等時間をかけて徐々に企業社会に根付かせていくことが求められる。

8　会社役員と内部者（インサイダー）取引規制

　内部者取引とは，株式を証券市場に公開している「企業の役員ら（内部者）」が，職務上知った合併や増資（新株の発行）等といった「重要な社内情報」を公表前に利用して（未公表の重要事実），「有利に」自社株等を売買する不正な取引のことである（証取166条・167条）。利益の獲得のみならず，損失を回避することも禁止される。昭和63年に公開会社法としての証取法の改正で，証券市場における公正な価格形成を図り（マーケットの成立条件の整備），重要な企業情報の開示・公開（disclosure）を促し，投資判断情報の平等性を確保するため，特別の立場にある一部の企業関係者等のフライング行為に対して刑事罰による禁止が明文化された。最近の改正で罰則が大きく引き上げられ（3年以下の懲役または300万円以下の罰金，法人罰は3億円以下の罰金），利益の吐き出し規定，法人罰等も整備された。民事責任は不法行為責任（民709条）として追及できる。

```
                        ┌─ 会社関係者の範囲→内部者，準内部者，情報受領者
      内部者取引規制 ──┼─ 重要事実の範囲→決定事実，発生事実，決算情報，そ
                        │  の他株価変動情報
                        └─ 公表の時期→複数報道機関への発表から12時間経過
```

　「上場株式等」を対象とした証取法上の内部者取引規制の要点は，以下のようになる。まず第1に，内部者取引の対象者となる会社関係者は，①「内部者（取締役，監査役，従業員（パート，アルバイトを含む），商法上帳簿閲覧請求権を有する株主等）」，②「準内部者（取引銀行，引受証券会社，弁護士，税理士等）」，③「情報受領者（①②から情報を入手した内部者等の親族，友人，

ジャーナリスト等)」に分かれる。経営権の取得等を目的として大量の株式を買い集める株式公開買付（Take Over Bid, TOB）の関係者も禁止される。第2に，利用が禁止される重要事実は証券市場の株価等に「重要な影響」を及ぼす情報であり（インサイダー情報），企業の合併・買収（M&A），増資，新製品の開発，製品の重大な欠陥（医薬品の副作用情報も含む），破産の申請・倒産（手形・小切手の不渡等），決算情報の変動，自社株式の取得，グループ会社に関する重要情報等に関するものがある。第3に，利用した重要情報が「公表（代表取締役等が複数の報道機関に発表し，12時間経過したこと等）」されていないものであったことである。

なお，インサイダー取引を予防するため上場企業等の役員・主要株主（10％以上保有）が自社株を短期（6カ月以内）に売買して得た利益は返還しなければならない（証取164条）。

9　相場操縦の規制

相場操縦（マニュピレーション）は一般には株価操作等と呼ばれ，インサイダー取引と並ぶ不正な証券取引である。相場操縦は主に証取法159条等が禁止する違法な株価等の相場を操作するものであり，自然な需給により形成されるべき公正な市場価格を人為的に操作することにより，巨額の利得を得ようという市場機能を阻害する行為である。狭義の相場操縦は偽装取引である，仮装取引（単独犯）と馴合取引（複数犯による通謀），現実取引および表示によるもの（相場変動情報の流布等）という4つの類型に分かれる。現実取引による相場操縦が一般に最も重要とされ，大量の株式等を「買い占める」等の方法によるものであるため適法な投資活動と区別しにくいが，その適用要件は主に一般投資家を誘い込む誘引目的（主観的要件）および相場を操作しようという変動取引（客観的要件）の2つからなり，有名な最高裁の有罪判決もすでに出されたうえ摘発事例が相次いでおり，この禁止規定は公共財である証券市場（マーケット）の健全化を図るため厳格かつ柔軟に運用されている。

相場操縦の刑事罰則は証取法上最も重く，5年以下の懲役または500万円（利益獲得目的の場合は3,000万円）以下の罰金であり（法人重課税5億円以下），平成10年の改正により罰則が引き上げられるとともに利益の没収・追徴

規定（198条ノ2）も整備された。さらに，短期消滅時効のもとに被害を受けた投資者に関する民事責任規定も整備されている（160条）。

そのほか広義の相場操縦はさらに多様な手段を含むものである。すなわち，虚偽の情報を利用した株価操作は「風説の流布（根拠のないデマ等を広めること）」として別に禁止対象とされ（158条），虚偽の公示・虚偽の文書の利用（168条）や証券記事等（169条）についても厳しく禁止されている。相場操縦を防止し，証券市場における株価形成の透明性を高めるため，大量（株式総数の5％超）の株式等を買い占めた者には大量保有報告書の財務省等への提出・公衆への縦覧を義務づける5％ルール（平成2年導入）も重要である。最近では平成13年商法改正による金庫株（企業による自己株取得）の解禁に伴って新たな相場操縦規制が新設される一方で（162条ノ2），空売り規制等に対する証券取引所等の自主規制機関による監視活動も活発になり，マーケットの公正性がいっそう重視されるようになってきている。

ワーク 20　演習問題

【問】　取締役会の権限に関する以下の記述中，誤っているものを1つ選びなさい。　　　　　　　　　　　　　　　　　【法学検定試験3級程度】
(1)　取締役会が決定すべき重要な決議事項については，代表取締役等の機関に対して経常的にすべて委任しておくことはできない。
(2)　取締役会では株主総会とは異なり，決議の公正さを図るため，特別な利害関係のある取締役は決議に参加することはできない。
(3)　取締役会は会社の業務執行に関する意思決定機関であるが，それと同時に，監査役（大会社では監査役会）とともに代表取締役等を含む取締役による業務執行の監督機関でもある。
(4)　商法特例法上の大会社において会計監査人を選任し，正当な理由があれば解任するための権限は取締役会にある。
(5)　監査役にも取締役会の招集通知はその全員について送付しなければならず，監査役も取締役会へ出席し，必要があれば意見を述べる義務がある。

（担当：松岡啓祐）

Lesson 21　代表取締役の権限

1　株式会社における代表取締役

　株式会社では所有と経営が分離しており，会社のオーナーである株主が直接経営に当たるのではなく，専門の経営者である取締役が選任される。しかし，有限会社のように，取締役が各自業務執行権および代表権をもつ（有26条・27条）わけではない。株式会社では，さらに取締役全員で構成される取締役会と，取締役会によって取締役のなかから選任される代表取締役に分化しており（261条1項），取締役会が業務執行について意思決定を行い（260条1項），代表取締役が業務を執行し，対外的には会社を代表する。つまり代表取締役は，株式会社の唯一の代表機関である。なお代表取締役は取締役であることが前提であり，取締役の地位を失えば自動的に代表取締役の地位を失う。しかし，代表取締役を退任しても取締役の地位まで失うわけではない。

2　代表取締役と取締役会の関係

(1)　代表取締役の法的地位

　代表取締役は，対外的には会社を代表し，対内的には業務を執行するとともに，業務執行の細目的な事項や日常的な業務（常務）について決定および執行をする必要的常設的機関である。

(2)　派生的機関説

　代表取締役と取締役会の関係については，取締役会すなわち全体としての取締役が本来業務執行全般の権限を有しており，その意思決定だけでなく執行自体をなす権限をも有している執行機関と解したうえで（執行機関説），取締役会の会議体としての性質上，取締役会の決議を執行し常務を専決執行する機関の必要性があるので，取締役会決議によって代表取締役を定めなければならないのであり，代表取締役はその権限を取締役会の権限に由来する派生的機関で

あるとする見解（派生的機関説）がある。

(3) 並列的機関説

それに対して，株式会社の業務執行をその意思決定と執行自体に分け，前者は取締役会の権限であり（意思決定機関説），後者は代表取締役の権限であるとし，取締役会と代表取締役は別個独立の並立的機関である（並立的機関説）と解するのが多数説である。

会議体である取締役会が本来業務執行自体をなす権限を有すると解するのは適当ではないし，会社経営の合理性からすれば，意思決定機関と執行機関を分化させることは不自然ではない。したがって，並列的機関説が妥当である。業務執行の決定は取締役会の専権事項であるが，常務の決定について取締役会の決議をいちいち要求するのは，実際上会社経営の機動性を著しく損ねるので，代表取締役の選任行為によって当然に常務の決定が取締役会から委任されていると解することができる。

3 代表権の範囲とその制限

代表取締役の権限については，対外的な法律関係に重大な影響を及ぼす代表権が最も問題になるが，代表取締役は会社の営業に関する一切の裁判上または裁判外の行為をなす権限を有しており，これを内部的に制限しても，会社はその制限をもって善意の第三者に対抗することができないとされている（261条3項・78条，民54条）。このように代表取締役は包括的で不可制限的な代表権を有しており，代表権の客観的範囲に違反する権限踰越の場合については，261条3項によって基本的な解決が図られる。

なお会社と取締役の間の訴訟においては，会社の訴訟代表者は代表取締役ではなく，資本額が1億円を超える株式会社では監査役であり，資本額1億円以下の株式会社では取締役会または株主総会の定める者が会社を代表する（275条ノ4，商特24条）。会社代表者としての代表取締役と相手方当事者である取締役との間でなれ合い訴訟が行われおそれがあるため，訴訟の公正を期すためにこのような制限がなされている。

代表権の踰越に対して，客観的には代表権の範囲内の事項についてであるが，主観的には自己または会社以外の第三者のためにその代表権を行使する場合を

代表権の濫用といい，どのように善意者保護をはかるべきかの理論構成については議論がある。また取締役会の決議により複数の代表取締役が共同で代表権を行使すべき旨を定めた場合に，共同代表取締役の4人が単独で代表行為をした場合には，どのように解すべきであろうか。それが他の共同代表取締役の委任の下になされたとすればどうであろうか。さらに，代表取締役は株主総会または取締役会の決議を実行に移さなければならないが，必要な決議を経ずに自ら代表または業務執行の行為をした場合に，その行為の効力がどうなるかが問題になる。代表取締役の権限をめぐるこれらの問題について，以下において考察する。

4　必要な決議を欠く代表取締役の行為の効力

(1)　一般的考察

株主総会または取締役会の決議が必要とされる場合に，代表取締役がその決議を経ることなしに行為したときには，その行為の効力はどうなるであろうか。株主総会または取締役会の決議に基づかない代表取締役の行為が当然に無効になるわけではなく，その効力は，決議を要求することによって守るべき会社の利益の保護と，取引の安全の保護を比較衡量して，具体的に決しなければならない。

一般論としては，会社の内部的事項（取締役・監査役に対する報酬支給，利益配当，中間配当，利益の資本組入れ，法定準備金の資本組入れなど）は無効となるが，外部的事項の場合は，有効ないしは相対的無効と解することによって取引の安全を考慮する必要がある。しかし，その理論構成は個々のケースで一律ではない。

(2)　具体的検討

たとえば，株主総会の特別決議を欠く第三者に対する新株の有利発行（280条ノ2第2項）について，判例・通説は有効説をとる（最判昭和40年10月8日民集19巻7号1745頁，最判昭和52年10月11日金法843号24頁）。取締役会決議を欠く新株発行（280条ノ2第1項）については，無効説も有力であるが，判例・多数説は，会社の資金調達の便宜と取引の安全を重視して有効と解している（最判昭和36年3月31日民集15巻3号645頁）。また重要な財産の処分・譲受や多額の借財（260条2項）

について取締役会の決議がない場合について，判例は，代表取締役がした個々の取引行為は内部的意思決定を欠くにとどまるから，原則として有効であり，ただ相手方がその決議のないことを知っているか，または知りうべかりしときに限って無効になるとして，心裡留保説をとる（最判昭和40年9月22日民集19巻6号1656頁）。それに対して，多数説は，そのような代表行為も有効であるが，決議を欠くことにつき相手方の悪意であることを会社が立証したときは，信義則（民1条2項）違反または権利の濫用（民1条3項）を理由に相手方の権利主張を拒否できるという権利濫用説をとっている。さらに取締役会の承認を欠く会社・取締役間の利益相反取引についても，無効であるが，会社は善意の第三者に対してはその無効を主張できないという相対的無効説がとられている（最判昭和43年12月25日民集22巻13号3511頁）。

5　代表権の濫用

(1) 代表権の濫用の意義

代表取締役の行為が客観的にはその権限内に属するが，主観的には代表取締役個人または会社以外の第三者のためになされた場合がある。これを代表権の濫用といい，代表取締役は会社に対して損害賠償責任を負う。その代表行為の効力については，企業取引の安全保護の要請から善意の第三者を保護することについてはほぼ異論がないが，理論構成や主観的要件については対立がある。

(2) 心裡留保説

判例は，心裡留保説をとり，相手方が代表取締役の真意を知り，または，知りうべかりしときには，民法93条但書を類推適用して無効になると解している（最判昭和38年9月5日民集17巻8号909頁，最判昭和51年11月26日判時839号21頁）。

(3) 権限濫用説

それに対して，多数説は，代表行為は有効であるが，権限濫用の事実を相手方が知っていたことを会社が立証したときは，信義則（民1条2項）違反または権利の濫用（民1条3項）を理由に，相手方の権利主張を拒否できると解している。

行為者の真意と外見が異なる点で心裡留保と似通った面がないわけではないが，民法93条但書の「真意」は表意者の内心に法律行為をする効果意思が存在

しないことを意味し，権限濫用の背任の意思とは異なる。また権限濫用説によれば，相手方が善意・無過失のときも会社が責任を負うのに対して，権限濫用説によれば，相手方に重過失がなければ会社は責任を負うので，取引の安全がより保護される。

6 共同代表取締役
(1) 共同代表制度の概要
　複数の代表取締役がいる場合でも，各自が単独で代表権を行使できるのが原則である。しかし，取締役会の決議によって，数人の代表取締役が共同して会社を代表すべき旨を定めることができる（261条2項）。これを共同代表といい，登記事項である（188条2項9号）。前述したように代表取締役は強大な権限を有するので，相互の牽制によって代表権行使の適正化をはかり，会社の利益を保護しようとする趣旨である。このような共同代表取締役の一人が単独で代表行為をした場合は，どのように解すべきであろうか。それが他の共同代表取締役の委任の下になされたとすればどうであろうか。

(2) 代表権行使の委任
　共同代表取締役の1人が他の共同代表取締役に対して，自己の代表権を包括的に委任することは，共同代表制度の趣旨に反するので許されない。それに対して，特定の事項に限定して個別的に委任できるか否かについては議論がある。否定説は，共同代表は代表権の合有であり，個別的委任を認めると単独代表と異ならなくなるので，共同代表の趣旨に反するという。しかし，個別的委任を認めないと，共同代表取締役の1人の病気や長期出張などで会社の業務執行に支障が生じる場合もあり，会社の利益が害されるおそれがないときにまで，代表取締役がすべての代表行為を共同ですることを要求する必要はないので，多数説・判例（最判昭和49年11月14日民集28巻8号1605頁，最判昭和54年3月8日民集33巻2号245頁）は肯定説をとっている。

(3) 共同代表取締役の1人による代表行為
　共同代表取締役の1人が委任もないのに単独で代表行為したときは，無権代表であるから，その代表行為は無効である。そして，共同代表の定めがある旨の登記がされているときは，商業登記の積極的公示力（12条）により，会社は

善意の第三者に対してもその行為の無効を対抗できることになる。しかし，共同代表の登記があるときでも，会社に何らかの帰責事由があるときは，共同代表取締役の1人が単独でした代表行為について262条の適用ないし類推適用を認めるべきではないか，議論がある。

否定説は，262条の適用ないし類推適用を認めると，代表取締役の独断専行を防止して会社の利益を保護しようとする共同代表制の趣旨が没却されること，12条の積極的公示力と矛盾すること，262条は代表権のない取締役の行為に関するが，共同代表取締役は一応代表権を有することなどを理由とする。

それに対して，多数説・判例は，肯定説をとる（最判昭和42年4月28日民集21巻3号796頁，最判昭和43年12月24日民集22巻13号3349頁）。262条は代表取締役一般について12条の意味を失わせており，12条の例外規定と解すべきこと，会社が代表権を有すると認められるべき名称の使用を許したことに帰責事由があるから，そのような名称を信頼した善意の第三者の保護を図るべきことなどから，肯定説が妥当である。

(4) 表見代表取締役

社長・副社長・専務取締役・常務取締役その他代表権を有すると認めるべき名称を付した取締役の行為については，その者に代表権がない場合でも，会社は善意の第三者に対して責任を負う（262条）。これを表見代表取締役といい，外観主義または禁反言の法理に基づくものであり，12条の例外規定と解するのが通説である。

会社が同条による責任を負うには，①事実と異なる外観の存在＝代表権を有すると認めるべき名称が付されていること，②会社の帰責性＝そのような名称の使用につき明示または黙示の承諾，③第三者の外観信頼＝代表権のないことにつき善意かつ無重過失であること（最判昭和52年10月14日判時871号86頁）が必要である。

ワーク 21　演習問題

【問】　代表取締役の権限に関する以下の記述中，誤りであるものを1つ選びなさい。　　　　　　　　　　　　　　　　　　【法学検定試験3級程度】

(1)　代表取締役は株式会社の営業に関する一切の裁判上または裁判外の行為をする権限を有するが，会社と取締役の間の訴訟については，代表取締役ではなく，監査役が会社を代表する。

(2)　複数の代表取締役がいる場合でも，各自が単独で会社を代表する権限を有するが，取締役会の決議をもって，これらの代表取締役が共同で代表権を行使すべき旨を定めることができ，その場合には登記を要する。

(3)　社長であっても代表権のない取締役が行った取引行為は無効であるが，相手方が代表権のないことについて善意かつ無重過失であれば，会社は相手方に対してその取引につき責任を負わなければならない。

(4)　代表取締役の代表権を内部的に制限しても善意の第三者に対抗することができないので，代表取締役が独断で行った新株発行は無効であるが，善意の第三者に対してはその無効を対抗できないというのが判例である。

(5)　判例によれば，代表取締役の行為が客観的にはその権限内に属するが，主観的には代表取締役個人または会社以外の第三者のためになされた場合，相手方が代表取締役の真意を知りまたは知りうべかりしときに限り，その行為は無効になる。

　　　　　　　　　　　　　　　　　　　　　　　　　　（担当：河内隆史）

Lesson 22　取締役の義務

1　一般的義務
(1)　善管注意義務
　会社と取締役の関係は委任の規定に従う（254条3項）。このことから取締役は、職務を執行するに際し、受任者として善良な管理者の注意義務（善管注意義務）を負う（民644条）。具体的には、取締役として一般的に求められる程度の注意義務を負わされることになる。

　この善管注意義務を怠れば、取締役は会社および第三者に対する責任を負う（266条・266条ノ3参照）。もっともこの点に関し、近時はいわゆる「経営判断の原則」が問題とされる。これは経営上の判断がより高度化・専門化していることから、取締役の責任を論じるに際し、取締役が下した経営上の判断の適否が関わるときには、裁判所はその判断に踏み込まないという考え方である。下級審の裁判例にはこの「経営判断の原則」に配慮したものもあり、この点で取締役の善管注意義務違反が軽減されるような傾向もある。

(2)　忠実義務
　取締役は法令および定款の規定、ならびに総会決議を遵守し、会社のために忠実に職務を遂行する義務を負う（254条ノ3）。これを取締役の忠実義務という。

　この忠実義務については、善管注意義務との関係が論じられている。通説・判例は254条ノ3の規定は、善管注意義務と同じ内容の義務を具体化・明確化したものにすぎないとして、両者を同質と解している（同質説）。これに対し、近時は、忠実義務について、取締役がその地位を利用し、会社の利益を犠牲にして自己（もしくは第三者）の利益を図ってはならないことを示したものであるとして、善管注意義務と区別する見解（異質説）も有力である。異質説の立場からは忠実義務違反は無過失責任となり、競業避止義務・利益相反取引規制

は忠実義務の系列に属すると解される。

2 競業避止義務
(1) 意　義
　取締役が自己または第三者のために会社の営業の部類に属する取引をするときは，取締役会でその取引について重要な事実を開示した上で，承認を受けなければならない（264条）。これを取締役の競業避止義務という。

　取締役は会社の業務執行上の重要事項の決定に関与しており，したがって会社の営業上の秘密を知りうる地位にある。そのため，取締役が会社と同種の取引を行う場合，取締役として知りえた秘密を個人的利益を実現するために利用できることになる。たとえば有利な取引先を奪うことなどが挙げられよう。これにより会社の利益を犠牲にして取締役が個人的利益を得る危険性が大きい。そこでこのような競業取引を無限定に認めず，これを取締役会の承認にかからしめ，コントロールできるようになっている。

(2) 競業避止義務の対象
　競業避止義務の対象となるのは，①取締役が自己または第三者のためにする取引で，②会社の営業の部類に属する取引である。

　「自己又は第三者のためにする取引」の解釈については見解が分かれている。まずこれを「自己又は第三者の計算において」と解する見解がある。これは取引の経済的効果の帰属を問題とする。この立場では会社の名で，しかし自己の計算で取引を行う場合には競業取引となる。一方，これを「自己又は第三者の名において」ととらえる見解もある。これは権利・義務の帰属主体の問題と考えるのである。学説上はこれを「自己又は第三者の計算において」の意で解する見解が多数説である。

　「会社の営業の部類に属する取引」とは会社と事業活動が競合し，利益衝突が生じるおそれのある取引の意味であり，具体的には顧客の競合する関係がみられる場合がこれにあたる。会社が現に行っている営業はもちろんであるが，現在行っていなくても，将来的に進出を計画しているような営業と競合する取引についても，競業取引となると解される。

　ここで「取引」というのは，物品の販売だけでなく，原材料の仕入れといっ

た関連する取引行為も含まれる。ただし単なる準備行為にすぎないような行為，たとえば資金の借入のような行為は競業取引とはならない。また具体的な取引ではないが，競業他社の代表取締役となることも，競業避止義務を取締役に課した264条の趣旨から，本条の競業取引にあたるものと解される。

(3) **競業取引の承認と報告義務**

　取締役が競業取引をする際には，取締役会の承認が必要である（264条1項）。承認に際して，取引を行う取締役は，競業取引に関する重要事項を開示しなければならない。開示すべき内容は，取引の相手方，目的物，価額など，取引の具体的内容を判断するために必要な事項である。他の取締役はこれらの事項の開示により，その競業取引が会社にどのような影響をもたらすのかについて判断する。もっとも取締役が競業他社の代表取締役となる場合には，相手会社の情報を開示して，包括的に承認を受ければ，個々の取引ごとの承認は不要と解される。なお承認決議に際しては，競業取引を行う取締役は特別利害関係人となり，決議に参加できない（260条ノ2第2項）。

　競業取引をした取締役は，取引の後，遅滞なく取締役会に対して，その取引に関する重要事実を報告しなければならない（264条2項）。実際に行われた取引と承認を受けた取引とが異ならないかを判断し，その取引における義務違反の有無を調査するためである。そしてそこで会社に損害が生じるおそれがあると判断されれば，取締役会が適切な措置を講じることになる。

(4) **競業避止義務の効果**

(a) **介入権**　　取締役は競業避止義務を負い，競業取引を行うに際しては，取締役会の承認を必要とするが，このような承認を欠く競業取引であっても，取引自体は有効に成立する。競業取引はあくまで取締役個人と相手方との契約だからである。

　取締役会の承認を欠く競業取引の効力が否定されない以上，会社は当該取引によって利益を失うおそれがありながら，他方で事前にこうした取引のすべてを把握できず，背負っているリスクは大きい。そこで商法は取締役が自己の利益のために取締役会の承認を欠く競業取引を行った場合，取締役が得た当該取引の経済的効果を会社に帰属させるような債権的効力を実現する権利を認めた。これが介入権である。この介入権により，会社はその競業取引から1年以内で

あれば，取締役会は当該取引を会社のためにしたものとみなすことができる（264条3項・4項）。もっとも介入権の行使によって経済的効果は会社に帰属するが，会社が直接取引の当事者となるわけではない。あくまで介入権の効力は債権的効力にとどまり，物権的効力は否定されると解するのが通説・判例である。なお介入権の行使により，取引によって生じた利益が会社に帰属するので，この場合には損害賠償責任に関する損害額の推定は働かない（266条4項但書参照）。

(b) 損害賠償責任　自己のためであると第三者のためであるとを問わず，競業取引が取締役会の承認を得ないで行われれば，当然に取締役の義務違反となり，この競業取引を行った取締役は会社に対する損害賠償責任を負う（266条1項5号）。ここで会社に生じた損害額の立証は非常に困難であるため，商法は取締役が取引によって得た利益の額が会社の損害額となるという推定規定を設けている（266条4項）。

取締役会の承認を得て行われた競業取引であっても，その取引を行った結果，会社に損害が発生しており，かつ取引に際し取締役に善管注意義務違反があれば，取締役は会社に対する損害賠償責任を免れない。この場合にはその競業取引を承認することに賛成した取締役も，その承認に善管注意義務違反がある限りにおいて，行為をした取締役と連帯して損害賠償責任に問われる（266条2項・3項）。なお取締役会の承認がある限りにおいて，損害額の推定は働かない。

3　利益相反取引

(1) 意　　義

取締役が自己または第三者のために会社と取引をする場合には，取締役会の承認が必要となる（265条1項前段）。また会社と第三者の間の取引であっても，これにより会社・取締役間の利益が相反する場合は同様である（265条1項後段）。これらの取引を利益相反取引という。これらの取引では取締役の個人的利益と会社の利益が対立しているため，会社の利益が取締役の個人的利益実現の犠牲となることを防ぐため，一定の制約を設けたものである。

(2) 取締役・会社間の取引

265条1項前段は取締役・会社間の取引について規制する。取締役と会社間

の取引においては，取締役がその個人的利益を図るために，自己に有利な取引条件を定める危険性がある。また他の取締役が会社を代表するとしても，同僚に対して有利となるように取引条件へ配慮する危険性がある。そこでこうした取締役・会社間の利益相反取引を規制する必要が生じるのである。

規制される取引は，取締役・会社間の売買，取締役に対する会社からの金銭の貸付など，多様である。いずれも取締役・会社間の利益が衝突するおそれがある限りにおいて規制の対象とされる。他方，取締役・会社間の取引であっても，会社の利益を犠牲にして取締役が個人的利益を図ることを規制するという本条の趣旨に照らし，利益相反のおそれのない取引は規制の対象とはならない。たとえば取締役から会社に対する負担のつかない贈与や無利息・無担保の貸付などである。また取引条件を恣意的に操作する余地のない約款等に基づく定型的取引も規制対象から除かれる。

規制の対象となる取引は「自己又ハ第三者ノ為ニ」行われた取引である。これは権利・義務の帰属を問題とする。具体的には取締役自らが会社の相手方となる場合と第三者を代理もしくは代表して会社と取引をする場合がこれに当たる。

本条の規制対象となる取引をするにあたっては，取締役会の承認が必要となる。取締役会の承認を受ければ，自らが会社を代表して取引に当たるとしても，民法108条の双方代理・自己契約には当たらない（265条2項）。

(3) 間接取引

会社が取締役以外の者と取引をする場合であっても，取締役と会社との利益が相反する場合，規制の対象となる。これを間接取引と呼ぶ。取締役個人の債務の保証や，取締役の債務について会社が債務引受を行った場合など，直接の取引当事者は会社と第三者であるが，取締役・会社間の利益が相反している限り規制される。

間接取引に関してはかつては明文の規定はなかったが，昭和56年改正によって，規制対象となることが明文化された。これにより，従来は解釈上議論のあった間接取引の取扱いが確定した。

(4) 手形行為

手形行為が265条の利益相反取引にあたるかについては争いがある。手形行

為には原因関係があり，その原因関係についてすでに取締役会の承認を受けていることにより，手形行為自体に対する取締役会の承認の必要性が問題の中心となる。

通説・判例は，手形行為自体も利益相反取引として265条の規制対象となるとする。これは手形債務が原因債務とは独立した別個の債務であり，手形行為により会社はより厳格な責任を負わされるおそれがあるからである。この見解では手形行為につき原因関係とは別個に取締役会の承認を必要とする。もっともこの問題については手形理論との関連性もあり，見解が分かれている。

(5) 承認手続と違反の効果

取締役・会社間の取引または間接取引にあたる場合には，利益衝突がないと定型的に判断できるような場合を除き，取締役会の承認が必要となる。この承認は原則として取引ごとに行われることを要する。もっとも同種同型の取引が反復して行われる場合にはこれらの取引について包括的に承認することは妨げられないと解される。この承認決議においては，会社と利害が反する当該取締役は利害関係人となる（260条ノ2第2項）。取引をした取締役は取引後遅滞なく取引につき重要な事実を報告しなければならない（265条3項・264条2項）

取締役会の承認を要する利益相反取引であっても，場合によっては取締役会の決議が不要となる場合が考えられる。取締役が会社の全株式を所有し，実質的にその取締役の個人経営であるような場合や，その取引について株主全員の同意がある場合である。このような場合について判例は取締役会の承認決議を不要としている。

取締役会の承認決議を受けないでなされた利益相反取引については，その効力が問題となる。この点につき，このような利益相反取引は，会社の利益に配慮した本条の規定の趣旨に照らし原則として無効と解されるが，取引が取締役・会社間の問題にとどまらないことに照らすと，取引の安全への配慮も必要となる。そこで判例は，第三者に対して会社が悪意（重過失）を立証すれば，この第三者に対しても無効を主張できるが，善意の第三者に対してはこの無効をもって，対抗できないとする（相対的無効説）。

取締役会の承認を欠いた利益相反取引によって会社が損害を被った場合には，その取締役および会社を代表して取引をした取締役は，法令違反として会社に

対する損害賠償責任を負う (266条1項5号)。一方, 取締役会の承認を受けた利益相反取引であっても, 取締役に善管注意義務違反があり, 会社に損害が発生すれば, 会社は損害賠償請求ができる。この場合, 取引当事者となった取締役, 会社を代表した取締役だけでなく, 取締役会で承認決議に賛成した取締役も会社に生じた損害額につき連帯して責任を負う (266条1項4号・2項・3項)。このとき, 株主総会においてその取引に関する重要な事実を開示した上で, 総株主の議決権の3分の2以上の賛成を得れば責任が免除される (266条6項)。これに対し取締役に対する金銭の貸付の場合には, 会社が被るリスクが大きいことに鑑み, 承認がないときには貸付をした取締役に, 承認があるときにはこれに加え, 承認決議に賛成した取締役に, 貸付を受けた取締役の未弁済額について, 無過失責任が生じる (266条1項3号)。

ワーク 22　演習問題

【問】　次の各文の中で, 取締役の義務について正しく説明しているものを選びなさい。　　　　　　　　　　　　　　　　　【法学検定試験3級程度】

(1)　通説・判例は取締役の善管注意義務と忠実義務を異なった別個の性質のものととらえている。

(2)　近い将来, 会社が進出することが見込まれている取引と同種の取引を取締役が行ったとしても, 現に会社と競争関係に立つわけではないので, 競業取引には当たらない。

(3)　取締役会の承認を得た競業取引によって会社に損害が生じた場合, 会社は取引を行った取締役, および, 承認決議に賛成した取締役に対して損害賠償を求めることができる。

(4)　会社と取締役の間で行われる取引は, すべて利益相反取引となるので, 常に取締役会の承認が必要となる。

(5)　判例は, 取締役会の承認を受けずに行われた利益相反取引は, 法律に違反するものであるから, 第三者との関係においても常に無効であると解している。

(担当：前田修志)

Lesson 23　取締役の責任

1　取締役の会社に対する責任（商266条）

　取締役と会社の関係は委任契約であるので，取締役は，その任務を懈怠し会社に損害を与えると，会社に対し債務不履行に基づく損害賠償責任を負う（民415条）。しかし，取締役の職務の重要性からすると，そのような一般私法上の規律だけでは不充分である。そこで商法は，取締役の会社に対する責任について特別の規定（266条）を設けた。

　取締役の会社に対する責任については，責任の範囲が法定されており，行為をした取締役は連帯責任とされ，弁済または損害賠償の責任を負う（266条1項）。その行為が取締役会の決議によってなされたときは，決議に賛成した取締役もまた行為をしたものとみなされ（同条2項），これに同一の責任を負わせる。それだけでなく，証明責任の転換がなされ，右決議に参加した取締役で取締役会議事録に異議をとどめなかった者は決議に参加したものと推定される（同条3項）。したがって，反対の証明をしないかぎりは決議に参加したものと認定されて，行為者である取締役と同一の責任を負わされることになる。

　取締役の会社に対する責任の範囲について，商法は5項目に分けて法定している（266条1項）。各項目とは次のとおりである。

(1)　責任の範囲

　(a)　法令または定款に違反した行為　　本号は原則規定である。266条1項5号の「法令」の範囲をどのように捉えるかについては争いがある。この点，「法令」とは，競業避止義務（264条），利益相反取引（265条）などの具体的規定のみを指すと解する見解もある。しかし，通説は，「法令」には，何ら制限的文言がないので，善管注意義務（254条3項，民644条），忠実義務（254条ノ3）といった一般的な注意義務規定も含まれると考えている。したがってこのように解すると取締役の監視義務もここに含まれるということになる。

ただ、「法令」の意義について、通説のように考えるにしても、すべての法令を意味するかどうかについてはさらに考え方が分かれうる。この点について、「法令」とは、すべての法令を意味するという見解と、取締役の会社に対する責任の立法趣旨からは、会社財産の健全性を確保することを直接・間接に目的とするものに限ると限定する見解とがある。後者の見解によると、5号の「法令」以外の法令違反は、善管注意義務違反にあたる場合のみ、5号の問題になるということになる。本条の責任について通説は、過失責任と考えている。

(b) 違法配当議案の総会提出及び違法中間配当（1号）　取締役が利益配当制限規定（290条1項）に違反する利益配当に関する議案を株主総会に提出し、または、中間配当制限規定（293条ノ5第3項）に違反する金銭分配をしたことである。そもそも違法な配当・分配は無効であり、株主の不当利得となる。したがって、会社は、株主から右利得の返還を求めることができる（290条2項・293条ノ5第7項）。しかし実際のところ完全な返還を実現することは困難である。そこでその場合、取締役に直接弁済責任を負わせることにしたのである。本条の責任は、資本充実・維持の見地から認められたものであり、通説は法定無過失責任と考えている。

(c) 株主権行使に関する財産上の利益供与　取締役が株主権行使に関する財産上の利益供与規定（294条ノ2第1項）に違反する財産上の利益を供与したことである。会社が株主権行使に関して財産上の利益供与をしたときは、その供与を受けた者は、これを会社に返還する義務を負っている（294条ノ2第3項）。この債務と本号に基づく責任との関係は、不真正連帯債務であると解されている。通説は、本条の責任につき、法定無過失責任と考えている。

(d) 取締役に対する金銭の貸付（3号）および取締役の承認を得た会社との利益相反取引（4号）　いずれの場合も取締役が利益相反取引（265条）を行った場合の責任である。4号は原則を定めているが、商法は、利益相反の中でも特に金銭の貸付について生じる危険性を考慮し、4号とは別の特則として、3号を設けた。利益相反について、取締役会の承認がなかった場合は、5号の「法令」違反の問題となるので、4号の利益相反とは、取締役会の承認があった利益相反を指すものと解されている。ただし、3号の場合は、特則であるところから、同号の責任は、取締役会の承認の有無を問わないと解される。通説

は，いずれの責任も法定無過失責任であると考えている。なお，3号の責任は弁済責任であり，4号の責任は損害賠償責任である。したがって，3号の弁済責任を履行してもなお会社に損害を生じるときには，取締役は3号のみならず4号の責任をも負担するものと解される。

(2) **責任の免除**

取締役の会社に対する責任を免除するためには，原則として総株主の同意が必要である（同条5項）。「同意」であるから，必ずしもそれが株主総会の決議によりなされる必要はなく，個別の同意でもよい。商法がこのように，責任の免除を厳格にしたのは，株主代表訴訟（267条）の実効を期すためである。すなわち，もしも多数決で免除できるとすれば，せっかく株主の代表訴訟による取締役の責任追及を認めた意味がなくなってしまうということである。なお，①取締役の責任を追及する訴訟につき会社が和解をする場合，②代表訴訟において，会社が和解の当事者ではないが，異議を述べなかった場合には，本項は適用されない（268条5項，7項）。

ただ，4号の責任については，免除の要件が軽減され，総株主の議決権の3分の2以上の多数をもって免除することができる（同条6項）。そしてこの場合，取締役は，株主総会において取引につき重要な事実を開示することを要する（同条6項）。このように軽減をしたことの趣旨につき，通説は，4号は取締役会の承認を得た利益相反取引についても厳格に結果責任を負わせたものであり，責任を重くしたことのバランス上免除の要件を軽減したものと考えている。

平成13年改正は，取締役の責任の免除要件が厳しすぎるという理由から，5号に基づく取締役の責任を株主総会決議によって一定額を超える部分について免除しうるものとした（266条7項以下）。一定額とは報酬・退職慰労金等につき，その4年分（代表取締役については6年分，社外取締役については2年分）とされている。

また上の部分につき，責任の原因である事実の内容，その取締役の職務遂行の状況その他の事情を勘案して特に必要と認めるときは，取締役会決議によって会社が免除することを定款に定めることができるとされている。

(3) **取締役の会社に対する責任の法的性質**

以上のとおり，取締役の会社に対する責任の法的性質について，通説は，5

号は過失責任，それ以外はすべて法定無過失責任と捉えている。このような通説に対し，有力説は，すべて過失責任であると主張している。有力説は通説に対し，利益相反取引は，取締役会の承認を得れば無過失責任（4号），承認を得なければ過失責任（5号）となり，アンバランスであると批判する。これに対し，通説は，4号の場合は無過失責任であることの反面，免除の要件が他の場合よりも軽減されている（6項）ので，必ずしもアンバランスとまではいえないと反論する。

2　取締役の第三者に対する責任
(1)　意義および法的性質

　取締役が違法な職務執行を行い，その結果として第三者に対し損害を被らせた場合には，取締役個人が連帯して第三者に対し損害賠償責任を負担する(266条ノ3第1項)。これを取締役の第三者に対する責任という。取締役の第三者に対する責任の意義及び法的性質については，考え方が分かれている。この点について，判例（最判昭和44年11月26日民集23巻11号2150頁）・通説は，本条は民法の不法行為と別に，法が特別に定めた責任であると理解する（法定責任説）。法定責任説によれば，本条は，第三者保護のために取締役の責任を強化した規定とされる。この説によると，本条は特に小規模閉鎖会社における会社債権者保護機能を有する結果となり，本条は法人格否認の法理の代替的機能を果たすこととなる。他方，本条を民法の不法行為の特則であると理解する見解もある（不法行為特則説）。不法行為特則説は，法定責任説とは逆に，本条を取締役の責任を軽減するために，民法の不法行為の特則として，規定されたものだと理解する。

　このいずれの説をとるかによって，①本条の責任と不法行為責任とが競合関係に立つか，②悪意・重過失は何についてのものであるのか，③負うべき責任の範囲は，直接損害・間接損害のいずれか（またはいずれも か），④第三者には株主も含まれるか，⑤本条の損害賠償責任の時効期間は何年か，⑥損害賠償債務の履行遅滞となる時期はいつか，といった点に違いが現れてくる。

　法定責任説によれば，①本条の責任と不法行為責任とは競合関係に立ち，②本条の悪意・重過失とは，会社に対する取締役の任務懈怠についてのものであ

るとされる。また，⑤本条の責任の時効は一般の債権と同様に10年（民167条1項）となり，⑥その履行遅滞となる時期については，本条の損害賠償債務は，期限の定めのない債務として，履行の請求を受けたときから遅滞におちいると解される（ただ，③④については法定責任説内部でも見解が分かれうるので，この点については後で述べる。）。

他方不法行為特則説によれば，①本条と民法の不法行為とは，特別法・一般法の関係に立ち，前者のみが適用になり，②本条の悪意・重過失とは，直接第三者に対する加害についてのものであるとされる。そして，③負うべき責任の範囲は，直接責任のみに限られ，④株主は「第三者」には含まれないと解されることになる。さらに，⑤時効に関しては，不法行為に関する民法724条が適用され3年となり，⑥履行遅滞となる時期については，不法行為である以上，損害発生時から遅滞におちいることになる。

(2) 適用要件

(a) 損害　損害は，直接損害と間接損害とに分けることができる。直接損害とは，取締役の任務懈怠により直接に第三者がこうむった損害をいう。他方，間接損害とは，取締役の任務懈怠により会社に損害が生じ，その結果に基づいて第三者に生じた損害をいう。本条にいう損害が，このいずれをも含むかについては，争いがある。前述の不法行為特則説は，本条は取締役の責任を軽減する規定である以上，直接損害に限定すべきであると説く。他方，法定責任説は，その内部において見解が分かれうる。この点について，裁判例（東京地判昭和56年6月12日判時1023号116頁）・通説は，両損害を包含するものとして理解する。ただ，間接損害については，第三者が株主である場合には，否定すべきであるとする見解も有力である。この点は，次に「第三者の範囲」として検討する。

(b) 第三者　第三者とは，会社および本条の責任を負う取締役，その共謀者を除く一切の者をいうとされ，会社債権者がその典型例として挙げられる。株主及び株式引受人が第三者に含まれるかについては争いがある。

まず，株主が直接損害をこうむった場合には，第三者に該当することはいうまでもない。問題は，間接損害の場合である。この場合，株主については，本条によるほかにも，株主代表訴訟（267条）による救済がありうる。この点については，株主も第三者に含まれるとする肯定説と，代表訴訟が成立する場合に，

本条により株主に直接賠償を入手させるべきではないと説く否定説とが対立している。

 (c) 任務懈怠および悪意・重過失　悪意・重過失が何に対してのものであるかについては，法定責任説をとるか，不法行為特則説をとるかで違いがあることについてはすでに述べた。任務懈怠の具体例としてはさまざまなものがあり，一義的に定義づけることはできない。たとえば，満期に支払の見込みのない手形を振り出すこと，会社の放漫経営などが任務懈怠の例としてあげられる。また実際に経営にタッチしない平取締役にも監視義務が課されているので，右監視義務違反も任務懈怠となる。

(3) **表見的取締役**

　会社財産が僅少な小規模閉鎖会社においては，取締役個人の信用に大きく依存せざるをえない。そこで所謂看板的取締役が用いられることになる。ここに看板的取締役とは会社債権者の信用を得るために，実際に取締役の業務執行には携わらないものの名義だけ取締役として名前を連ねる場合をいう。看板的取締役にも二種類あり，①選任行為自体はある名目的取締役と②選任行為すらない登記簿上の表見的取締役とがある。さらに登記簿上の表見取締役も，(i)登記につき承諾のある狭義の登記簿上の表見的取締役と，(ii)退任登記未了の取締役とに大別される。ではかかる看板的取締役は「取締役」として266条ノ3第1項の責任を負担するのであろうか。このうち①については選任手続を経ている以上，「取締役」として責任を負担することにつき問題はない。検討すべきは②である。

　まず，(i)について，判例（最判昭和47年6月15日民集26巻5号984項）は，株主総会の選任決議を欠く，登記簿上の取締役は，266条ノ3第1項にいう取締役ではないが，取締役の就任登記に本人が承諾を与えたものであれば，不実登記の出現に加功したものであり，善意の第三者を保護する必要があるから，14条を類推適用して，同人に故意または過失ある限り，当該登記事項の不実なることをもって善意の第三者に対抗できないとして，その結果，266条ノ3第1項にいう取締役として責任を肯定した。この立場によれば，会社債権者は善意の場合には，当該表見的取締役に対し，第三者責任を追及できることになる。

　学説の中には，右判例を支持する見解のほかに，悪意の第三者をも保護する

ために266条ノ3第1項を直接に適用すべきであるとする見解や266条ノ3第2項を類推適用すべきであるとする見解などがある。

次に，(ii)について述べる。(ii)は，適式の選任がないのに登記簿上取締役とされている点で，(i)と共通する。だが元来登記をなすのは会社であり，当該取締役ではない。そして(i)は登記義務者ではないが自ら不実登記に関与しているのに対し，(ii)には，そもそもこのような事情が存しない。

このような事情から，判例は，(ii)については，原則として12条・14条の援用を不可とする。ただし，裁判例は，辞任後も継続的に業務執行している場合（12条につき最判昭和37年8月28日裁判集民62巻273頁等）および不実登記残存に明示的に承諾を与えた場合（14条につき最判昭和62年4月16日判時1248号127頁）は，12条・14条の類推適用を認める。(i)の場合と違い，「黙示的な承諾」では足りない点に注意すべきである。このように判例は，(ii)については，(i)と異なり，その責任を限定しようという傾向にある。

(4) 266条ノ2第2項の責任

取締役が計算書類などに虚偽の記載をしたときには，第三者に対して直接責任を負う。この責任は過失責任であるものの，取締役の職務の重要性から証明責任が転換されている。したがって，無過失の証明責任は取締役が負担する。

ワーク 23　演習問題

【問】 取締役の会社に対する責任に関する次の記述について，正しいものを1つだけ選びなさい。　　　　　　　　　　【法学検定試験3級程度】

(1) 取締役の会社に対する責任は，すべて無過失責任である。
(2) 利益相反取引について取締役会の承認を得た場合には，その取引については取締役の会社に対する責任が生じることはない。
(3) 取締役は，実際に行為をせず，取締役会決議に参加していただけの場合でも，実際に行為をした取締役と同一の責任を負わなければならない。
(4) 取締役の会社に対する責任は，常に総株主の同意がなければ，これを免除することはできない。

（担当：松嶋隆弘）

Lesson 24　取締役の報酬

1　序　　論

　取締役の報酬については，その受給額について，お手盛り防止の趣旨から，定款に定めていない時は株主総会の決議でその額を決定する（269条）と規定しているだけである。これ以外については，何ら法律上の規定がないために，その報酬の法的な性質，有償性の根拠，その上限や下限とその配分方法，決定・配分方法等の他への一任，開示等が問題になる。

2　取締役の報酬の有償性

　取締役の報酬とは，取締役が会社との任用契約に基づいて，その職務執行の対価として受け取るものである。会社と取締役との法的関係は委任契約（254条3項）による。委任契約は当事者間で法律行為をすることの委託と承諾により成立する（民643条）。したがって，取締役の報酬授与は委任契約成立の要件ではない。このことから，通説判例は，取締役の任用契約について，民法の規定上は無償を原則とするが，実質上はその契約に明示または黙示の報酬支給特約が包含されていると解している。

　民法上は，取締役が報酬を請求するためには，特約が必要である（民648条1項）。しかし，「商法269条」の規定自体が，民法の委任規定とそれを受けた取締役と会社の委任関係による報酬支給の特約であると解しうる。つまり，商法上取締役の報酬は原則として有償性の観点を有するといえる。もっとも，具体的な報酬請求権が発生するためには，通説判例の示すように，定款または総会決議を必要と解するので，取締役の報酬が無償を原則としようが有償性を有しようが支給淵源に大差はないとの説もある。

3　取締役の報酬の法的性質

　従業員と会社の関係が雇用契約である（民623条）のに対して，取締役と会社との関係は委任関係である（254条3項）。したがって，委任契約によって発生する取締役の報酬は，雇用契約により発生する従業員の給与や賃金等とは異なる。つまり，それは，雇用契約により生ずる労働基準法上の賃金ではない。このことから，取締役の報酬は，現金で直接払う必要がないばかりか，取締役が会社に対して支払わなければならない債務と相殺することができる。さらに，取締役は総会決議により確定したその報酬請求権を第三者に譲渡できる。反対に，従業員の賃金に適用される先取特権のような保護はない。

4　報酬の内容

　取締役の報酬には，その職務執行の対価としての意味を有する俸給，給与，賃金，賞与，退職慰労金等多くの名称が考えられる。269条の報酬とは，原則として，その「職務執行の対価」としての意味を有するいかなる名称を用いたものであってもよいと解する。また，金銭でも現物でもその対象となりうると解する。以下，それぞれの内容について検討する。

(1)　俸給・給与・賃金

　これらに関する法律上の規定は以下のとおりである。俸給とは，国家公務員の一般職の職員の勤務時間，休暇等に関する法律に規定する正規の勤務時間による勤務に対する報酬である（一般職の職員の給与に関する法律5条1項）。賃金とは，賃金，給料，手当，賞与その他名称の如何を問わず，労働の対償として使用者が労働者に支払うすべてのものをいう（労基11条）。つまり，勤務または労働の対償としての職務執行の対価として，雇用契約による従業員または使用人に対して支払う諸手当を含んだすべてのものがここに該当する。

　取締役が支給を受けるためには，定款または株主総会での決議を必要とする（269条）。通説判例は，各取締役の金額を決議するのではなく，取締役全員分を一括しその総支給額を決議すればよいとする。この決議による総額は変更決議がなされないかぎり，変更決議がなされるまで，毎年決議をしなくてよいことになっている。

　決議された総支給額以内で，各取締役への支給額，支給時期等の支給配分は，

取締役会へ一任されている。なお，報酬決定を無条件で役員会に一任することは判例上無効とされる（東京地判昭和26年4月28日下民集2巻4号506頁）。また，その配分を取締役会が代表取締役へ一任することに関して，判例は認めるが，取締役会制度の趣旨に合わないことを理由にこれを否定する学説が多い。

さらに，通説判例は，総会で総額が決議されていることから会社と取締役との利害対立はないことを理由に，取締役会での配分決定に際して，各取締役は特別利害関係任には当たらないとする。

法人税法34条は不相当に高額な部分の金額として政令で定める金額，および法人税法施行令69条が規定する「当該役員の職務の内容，その内国法人の収益及びその使用人に対する給料支給の状況，その内国法人と同種の事業を営む法人でその事業規模が類似するものの役員に対する報酬の支給の状況等に照らし，当該役員の職務に対する対価として相当であると認められる金額を超える場合」その超える部分の金額については，損金に算入しないことになっている（過大な役員報酬の損金不算入）。役員報酬における実務上の扱いで，過大か否かは最終的には税務当局に判断を仰ぐことになるので，原則として，事務処理上は損金計上をしておく方がよい。

(2) 賞　　　与

法人税法上の賞与とは，役員または使用人に対する臨時的な給与のうち，他に定期の給与を受けていない者に対し継続して毎年所定の時期に定額を支給する旨の定めに基づいて支給されるものおよび退職給与以外のものをいう（法人税35条4項）。通説は，役員賞与が定期的に通常の期間損益から算出される労働報酬的性格のものではなく，特別な時点での（臨時的）功労報酬を意味するので，本条にいう報酬に含まれないとする。つまり，賞与は配分可能利益がある場合に限り認められるものであるから決算期ごとに取締役会と株主総会で利益処分案の承認決議の可決により具体的に認められるものとする（281条1項4号・283条1項）。株主総会での決議は，取締役の報酬議案の場合と同様に株主総会で賞与の総額を決議し，その配分を取締役会に一任するのが一般的である。

通説が取締役の賞与を269条の報酬に含めないとしたこの見解が確定した背景には，法人税法が「役員に対して支給する賞与の額は当該法人の各事業年度の所得金額の計算上損金に算入しない」（法人税35条1項）がある。

しかし，通説の見解に対して，賞与が，臨時的にまたは功労に対して支給されるものであっても，職務執行の対価であるかぎり，損金算入とは関係なく，本条の報酬と解すべきとする強力な見解がある。

(3) 退職慰労金・功労金・弔慰金等

通説判例は，退職慰労金や弔慰金等はその在職中の職務執行の対価として支給されるものであるかぎり，本条の報酬に含まれるとする（ジュリスト会社判例百選〔第六版〕108頁，最判昭和39年12月11日民集18巻10号2143頁，最判昭和48年11月26日判例時報722号94頁，商法・判例体系〔第二期版〕3229の201頁ないし208頁）。

反対に，退職慰労金が本条の報酬に含まれないとする見解もある。その理由は，退職慰労金とは，取締役在職中の職務執行の対価（賃金の後払）だけでなく，在職中の功労に報いるため，あるいは取締役退職後の支払であることから「取締役でない者に対する報酬であること」および退職後の生活保障の意味等がある。したがって，俸給や賃金等と区別すべきであるとする。

実務上は，退職慰労金の支給は慣行化され，かつその方法は，株主総会で「支給すること」と「具体的な配分方法を取締役会に一任する」ことが決議されてきた。判例は，これを尊重し，さらに，一定の基準による支給を前提に支給額を明示し，お手盛り支給の弊害を除去しようとした。つまり，退職慰労金の支給が定款に規定されていない場合には，株主総会で，そのつど，その支給額を決定し，それを受けて取締役会が，会社の業績・勤続年数・担当業務・功績等を勘案した「一定の基準」で「具体的な額・支給期日・支給方法」等を決定してよいこととした。さらに，判例は，取締役会が，株主総会から一任された退職慰労金の具体的支給金額・支払期日・支払方法等を，代表取締役へ一任しても有効とした（最判昭和58年2月22日判時1076号140頁）。

なお，株主数が1,000人以上の商法特例法上の大会社が，取締役または監査役の退職慰労金に関する議案を提出する場合，取締役または監査役の略歴を参考書類に記載しなければならない。それだけでなく，この議案が一定の基準に従い退職慰労金の額の決定を取締役・監査役・その他第三者に一任するものである時は，この基準を記載した書面を本店に備え置いて株主の閲覧に供している場合以外，その基準の内容も記載しなければならない（大会社の株主総会の招集通知に添付すべき参考書類等に関する規則3条1項7号・4項）。

(4) 現物支給その他の報酬

取締役の報酬には、金銭によるものの他、現物によるものも含まれる。一般の従業員に支給する物とは異なるものすべてがここにはいる。たとえば、社宅その他住居の格安提供、自宅の管理費、生活費の負担、特別な交際費や旅費の負担、保険料の負担、自動車の貸与、あるいは会社資産の贈与等である。一般の従業員の労働の対価に類しないこれらはすべて、支給のつど、株主総会の決議を必要とする。

5 使用人兼務取締役とその報酬
(1) 使用人兼務取締役の肯定

株式会社の被使用人（従業員または社員）が従業員の地位を有するまま、その会社の取締役に選任され、双方の地位を兼ね備える者を使用人兼務取締役という。取締役○○部長、取締役○○支店長、取締役○○工場長等のように取締役と被使用人の地位を有する者である。「使用人」の語意には「使用する人」と「使用される人」があるが、ここでは当然後者の意味である。

以下の理由により、使用人兼務取締役を否定する見解（吉井溥「使用人兼務取締役について」愛知学院大学論叢法学研究7巻2号67頁、星川長七・注釈会社法(4)〔増補版〕532頁以下等）がある。すなわち、①商法上の明文規定がないこと、②取締役と使用人の地位が矛盾すること、③260条1項が規定する、取締役が取締役会を通じて業務担当取締役や代表取締役の職務を監督する機能を喪失することになること、④当該取締役を置く必要性がないこと、⑤株主総会決議を不要とする使用人給与を高額にすれば、269条を潜脱する恐れがあること、等を理由としている。

反対に、通説判例は以下の理由により、使用人兼務取締役を認める。①日本の雇用形態の特色と使用人兼務取締役の実務上の必要性があること、②監査役の使用人兼務を禁止した276条の反対解釈（使用人兼務取締役になれないのは監査役だけで取締役がそれになれないとまで規定していないこと）、③使用人が取締役を兼ねると代表取締役への監督権限が弱体化するとすれば、それは構造的なものであって、使用人兼務取締役のせいではないこと。また、「重要な使用人」の人事は取締役会の専決事項（260条2項3号）になっているから心配

ないこと，④使用人兼務取締役の使用人部分の報酬については，一般の従業員の給与規定との関係で，過大報酬の危険性はあまりないこと，⑤使用人兼務取締役の存在を認めた多くの判例や法人税法等があること（小林英明・使用人兼務取締役43頁ないし48頁（商事法務研究会，平成5年））等をその根拠にあげている。

以上から，通説判例の認めるごとく，使用人兼務取締役を認める必要性があると考える。ただ，代表取締役はその職務の持つ特殊性（会社代表権や業務執行権等），株式会社法の本来の趣旨（中小零細企業のために制定しているのではない）との関係で，使用人兼務取締役にはなれないと解すべきである。法人税法35条5項は当該取締役とは常時使用人としての職務に従事するもので社長や理事長等を除くと明記している。さらに，代表権のない役付取締役は会社の対内的業務執行を行う者であるから使用人としての職務に従事する者といえ使用人兼務取締役になれると解する。

(2) 使用人兼務取締役の報酬

通説判例は，使用人分の報酬と取締役の報酬とを区別できる場合には，使用人分相当の報酬については269条の適用を受けないので，定款に規定する必要はないし，株主総会の決議も必要としないとした（最判昭和60年3月26日判時1159号150頁）。つまり，269条の適用を受け，定款に規定するか株主総会の決議がなければ支給できない報酬とは，「使用人分として受ける給与の体系が明確に確立されている場合」の使用人相当分を除いた取締役の報酬の部分であるとする。

通説は，現行判例と同様であるが，さらに，269条が規定するお手盛り防止の趣旨を確実なものにするために，取締役の報酬決定に際して，「取締役の報酬に使用人分の報酬を含まない旨明示すること」（石井照久説）や「使用人報酬部分を明示すること」（田中誠二説）等がある。

通説判例により，使用人兼務取締役の「使用人分の報酬が商法269条の適用を受けない」とすれば，それは原則として，取締役・会社間の自己取引の対象となる。つまり，使用人分の報酬相当額は，取締役が受け取るものであるから会社と利益相反取引になるので，取締役会の承認を必要とする（265条）。しかし，その額が，使用人の給与体系に則っているかそれに準じている場合には，お手盛りがなされた不公平な額とはいえないから，取締役会の承認を必要としていない。

なお，法人税基本通達（9-2-5）によれば，過大な役員報酬の額に規定する「その役員に対して支給した報酬の額」には，いわゆる役員報酬の他，当該役員が使用人兼務役員である場合に当該役員に対して支給するいわゆる使用人分の給料，手当等を含むとする。

6　総会未決定の報酬

取締役が受ける報酬は，定款にその額を定めるか，株主総会の決議によらなければならない（269条）。つまり，取締役の報酬を定款に規定すれば，後はその配分をどうするかという問題になる。もちろん，定款で取締役の報酬は無償であると規定したら，取締役の報酬は支給できないことになる。

しかし，定款に取締役の報酬を規定していない場合には，株主総会でそれを決定しなければならない。その場合，取締役の報酬決定の議案を株主総会に，①提出する意図はあったが未だ提出していない場合，②提出する意図がない場合，③提出したが手続ないし金額不明（不支給の決定以外の理由）で否決された場合，等が問題になる。これらの場合，報酬決定に関する特約がないと見るべきであろうか。民法上の委任においては，報酬の特約はあるが金額が不明な場合には，社会通念上相当の報酬額が支払われるべきと解されている（浜田・新版注釈会社法(6)388頁）。このことから，269条は民法の委任の報酬支給の特約の根拠となりうると解されるので，報酬不支給の具体的な規定または総会決議がない以上，相当の報酬額が支払われるべきと解される。③の場合は，金額の多寡，すなわち支給額の相当性の問題とは別である。

7　報酬額の変更

取締役の報酬は，会社の内規によって取締役の職務分担に基づく職階に応じて支給されるのが一般的である。したがって，総会決議または取締役会により一度決定したものは，原則として，その任期中，取締役の職階が変更になった場合または取締役の同意がある場合以外，個々の受給額は変更されない。つまり，取締役の職務内容に対応した支給基準がある場合には，当該取締役の地位の変更があれば本人の同意なく報酬額の変更ができる。しかし，支給基準がない場合には，本人の同意を必要とする（最判平成4年12月18日民集46巻9号3006

頁)。

ワーク 24　演習問題

【問】　取締役の報酬について、正しい文章の番号を選びなさい。

【法学検定試験3級程度】

(1)　各取締役は会社と委任の関係にあるから、その選任にあたり、会社は取締役会の決議で自由に取締役の報酬を決定できる。
(2)　取締役の報酬は一般の従業員の給与と同じであるから、会社の給与規定に従って支給すればよいし、報酬額の決定や変更も、その給与規定に従う。
(3)　株式会社では、法律上、代表取締役が最高権限者であるから、代表取締役の一存で、取締役の報酬額を決定できる。
(4)　取締役の報酬は、お手盛り防止の意味で、定款に規定するか、株主総会の決議で支給総額を決定し、具体的な配分を取締役会に委任できる。
(5)　株主総会の決議により決定した取締役の報酬請求権は、第三者に譲渡できない。

（担当：土井勝久）

Lesson 25　違法行為差止と代表訴訟

1　違法行為差止請求権

　取締役が違法行為をしようとしているときに，本来その行為を差し止めるべきは会社自身である。しかし，仲間意識から差止を怠ることが考えられる。そこで，商法は一定の要件をみたすかぎり，株主に差止請求権を認めた (272条)。すなわち，代表訴訟提起権と差止請求権は，会社による権利行使の懈怠への対処という点では共通である。

　要件としては，①取締役が法令・定款に違反する行為をしようとしており，②それが行われてしまうと回復困難な損害が会社に生じるおそれがある場合でなければならない (東京地決平成2年12月27日判時1377号30頁)。これは監査役による差止請求権や新株発行の差止よりも限定されている。差止請求権は単独株主権であるが6カ月以上株式を保有していなければならない。その意味については，代表訴訟の場合と同様である。

2　株主代表訴訟

(1)　意　　義

　取締役の会社に対する責任は，本来会社自身が追及すべきものである。商法は，訴えによって責任追及が適切になされるように，監査役が訴えの提起を決定し，かつ会社を代表するとしている (275条ノ4)。しかし，仲間意識などから，監査役による訴訟提起は期待しにくい。そこで商法は，一定の要件をみたすかぎり，株主が会社に代わって訴訟を提起できることにした。これが代表訴訟制度である (267条以下)。

　従来は，代表訴訟はあまり利用されていなかった。その原因としては，訴訟提起の手数料が請求額にスライドしていたため，巨額の手数料が必要であったからである。平成5年改正で，手数料が一律8,200円に引き下げられたため

(267条4項)，その後代表訴訟は増加している。この改正の理由は，提訴した株主が勝訴しても，その効果が直接株主に及ぶわけではないからと説明されている。

代表訴訟制度の目的としては，まず，会社が受けた損害の回復があげられる。しかしこれにとどまらず，違法行為の抑止効果も期待されている。すなわち，代表訴訟によって責任を追及される危険を取締役に認識させることが，取締役の違法行為を抑止するのである。

代表訴訟で追及できる取締役の責任の範囲については，争いがあるが，通説は損害賠償責任・資本充実責任のほか取締役が会社に対して負担する債務にも適用されるとする。

なお，代表訴訟制度は，取締役の責任追及だけでなく，同様に会社による提訴懈怠可能性がある場合に準用されている。発起人の責任（196条），監査役の責任（280条1項），清算人の責任（430条2項），利益供与を受けた者の返還義務（294条ノ2第4項），不公正な価額で新株を引き受けた者の責任（280条ノ11第2項）を追及する場合である。

(2) **訴えの提起**

代表訴訟を提起できるのは，6カ月以上前から引き続き株式を保有する株主である（267条1項）。手続としては，まず会社に対して取締役の責任を追及する訴えを提起するように請求しなければならない（同条1項）。取締役の責任追及は，本来会社が行うべきものだからである。この請求を受けるのは，原則として監査役である（275条ノ4。ただし，商特25条）。この請求があったにもかかわらず，会社が60日以内に訴えを提起しない場合に，株主は訴訟を提起することができる（267条2項）。ただし期間経過を待っていたのでは会社に回復できない損害が生じるおそれがある場合（時効が完成するとか財産を隠匿する等），直ちに代表訴訟を提起することができる（同条4項）。

(3) **濫用的訴訟の防止**

代表訴訟は，1株の株主でも提起できることから，取締役への嫌がらせで訴訟を提起するなどのように，濫訴のおそれがある。これに対応するための制度で，実際に多く使われるのが担保提供である。被告取締役が悪意による提訴だと疎明すれば，裁判所は原告株主に相当の担保を提供するよう命じることがで

きる（267条5項・6項・106条2項）。

　最近の判例は，この「悪意」を比較的広く認定する傾向にある。すなわち，請求が理由のないものであることを認識しながらあえて訴えを提起した場合（不当訴訟），または不法不当な利益を得る目的で訴えを提起した場合（不当目的訴訟）に，担保提供を命じうるとする立場が主流である（東京高決平成7年2月20日判タ895号252頁）。このように担保提供制度は濫用防止のために広く活用されている。

(4) 馴合訴訟の防止

　取締役の会社に対する責任を追及する訴訟においては，馴合訴訟のおそれがある。すなわち，訴訟を提起した株主または会社が，被告取締役と馴れ合って的確な訴訟追行をせず，わざと敗訴するなどして会社に損害を与える可能性がある。これに対処するため，商法は訴訟参加と再審の訴えを定めている。

　第1に，原告以外の会社または株主は，訴訟の原告側に参加できる（268条2項）。参加者は自ら訴訟行為をすることによって馴合訴訟を防止することができる。

　そして，この訴訟参加の機会を与えるために，専属管轄が定められ（同条1項），また原告株主は，会社に対して代表訴訟を提起したことを告知しなければならない（同条3項）。会社が株主からこのような代表訴訟の訴訟告知を受けたときまたは会社自ら取締役等の責任追及訴訟を提起したときは，会社はその旨を遅滞なく公告するか株主に通知しなければならない（同条4項）。馴合訴訟防止と同時に適切な和解を担保するためである。

　第2に，原告株主と被告取締役が共謀して，わざと敗訴するとか，わざと小額の請求をして勝訴するなどのような不当な判決がなされることがありうる。このような場合，判決の確定後も再審の訴えで不服を申し立てることができる（268条ノ3）。

(5) 原告株主の権利・責任

　代表訴訟は，会社のために損害を回復する制度であるから，原告株主が勝訴しても損害賠償を受けるのは会社である。確かに，会社財産が回復して株式の価値も増大する側面もあるが，この効果は何もしなかった株主も得られるし，増加分も小株主には微々たるものである。したがって，手数料を引き下げただ

けでは代表訴訟を提起するインセンティブは乏しい。代表訴訟を提起したり，訴訟参加をしたりして，その訴訟のために株主が支出した費用は，合理的な範囲内で会社に負担させるのが望ましい。

　勝訴株主が調査費用等訴訟に必要な費用を支出したとき，または弁護士報酬を支出したときには，その報酬額の範囲内で相当額の支払を会社に請求することができる（268条ノ2第1項）。他方，原告株主が敗訴した場合は，会社に損害を与えた場合であっても，悪意のあるときでなければ，会社に対して損害賠償責任を負わない（同条2項）。悪意のあるときとは，原告株主の訴訟追行が不適当であったために敗訴して，会社が回復すべき損害を回復できなかった場合，あるいは会社荒らしを目的に理由のない訴訟を提起して，会社に信用の低下等の損害を与えたような場合が挙げられる。

ワーク 25　演習問題

【問】　代表訴訟に関する記述のうち，誤っているものを1つ選びなさい。

【法学検定試験3級程度】

(1)　株主は，原則として直ちに代表訴訟を提起することができる。
(2)　1株を6カ月以上保有している株主は，代表訴訟を提起することができる。
(3)　代表訴訟が提起された場合会社は原告側に訴訟参加することができる。
(4)　代表訴訟が提起された場合，被告取締役は原告株主が悪意による提訴だと疎明して，担保提供を裁判所に求めることができる。
(5)　代表訴訟に勝訴した株主は，弁護士報酬を会社に請求することができる。

（担当：王子田誠）

第6章 監査役

Lesson 26　監査役の地位

1　総　説

　監査役は，商法上，株主総会で選任され（280条1項で254条の準用），取締役の職務執行を監査する，株式会社の必要かつ常設機関である（274条1項）。現行法では，大会社（資本の額が5億円以上または負債の合計金額が200億円以上の株式会社），中会社，小会社（資本の額が1億円以下の株式会社，ただし負債の合計金額が200億円以上の株式会社を除く）等に，株式会社の監査等に関する商法の特例に関する法律（以下「監査特例法」と称する）で分類され，それぞれ監査の領域権限等に差を設けている。その背景には，監査役監査がこれまでの経済活動の諸情勢に充分機能し得なかったことなどがある。

　明治23年の商法制定当時，監査役は，株主から3人以上株主総会で選定され（旧商191条），その職務は，取締役の業務施行の監視・過怠（過失）および不正の検出と会計書類を株主総会へ報告すること，および必要に応じ株主総会を招集すること（旧商192条）等，さらに常時会社の業務実況と会計帳簿と財産現況の検査等（旧商193条）であった。

　現行法の母体となった明治32年商法（明治23年商法を「旧法」と呼び，明治32年商法を「新法」と呼ぶ）では，監査役は，株主総会で選任され，会社の業務と会計を監査する必要かつ常設の機関であった（新商189条で新商164条を準用，新商181条）。また，取締役が株主総会に提出する書類を調査し，株主総会に意見を報告しな

ければならなかった（新商183条）。その他，監査役は取締役や支配人を兼任できなかった（新商184条）。

　昭和25年の商法改正では，取締役の業務執行を部外者が監視監督することに限界があることとこれまで業務監査権の行使が充分機能してこなかったこと等を理由に，取締役会制度が導入され，取締役への業務監査は取締役会が行うこととし，監査役の監査は会計監査のみとなった。さらに，これまで監査役を株主から選任することとしていたが，今後は定款の規定によっても株主に限定することができなくなった。

　昭和49年の商法改正では，昭和39年から40年にかけてオリンピック景気が終わると同時に粉飾決算が露呈し，企業倒産が増加した。その一因に監査の不備が指摘され，監査特例法の制定により，小会社以外に業務監査権の復活が認められた。ただ，昭和25年改正以前に業務監査権と会計監査権が認められていた時は，その内容に適法性監査と妥当性監査の双方を含んでいたが，昭和49年改正で復活した業務監査権には適法性監査しか認められなかった。さらに，監査役の任期が，今回の改正で「就任後2年内の最終の決算期に関する定時総会の集結の時まで（273条1項）」となった。

　昭和56年改正では，小会社（資本の額が1億円以下の株式会社，ただし負債の合計金額が200億円以上の株式会社は除かれる）を除き（監査特例25条）大会社と中会社の監査役は，取締役が会社の目的の範囲外の行為をしたり，法令定款違反の行為をしたり，またはそのおそれがある場合，それらを報告するために取締役会を招集することができることとした（260条の3第2項ないし4項）。

　その後，平成5年改正で，大会社の監査役を3人以上とした（監査特例18条）。さらに，監査役の地位の安定化のために，その任期を1年のばし，3年以内の最終の決算期に関する定時総会の集結の時までとした（273条1項）。

　以上のように監査役の諸規定は，商法の改正を通じ変遷を重ねてきた。現時点でも，次期商法改正に際し，監査特例法上の会計監査人の監査，会計監査人の会社に対する責任，監査委員会制度の導入等が検討されている。

2 監査役の地位

(1) 選　　任

　監査役は株主総会の決議で選任される（280条により254条が準用される）。つまり，取締役の選任と同様に普通決議で選任される。その際，取締役選任の場合と同様に，普通決議の定足数の変更は認められるが，それを総株主の議決権の3分の1未満にできない（280条により256条ノ2が準用される）。さらに，監査役は自己または他の監査役の任免に関して株主総会において意見をいうことができる（275条ノ3）。

(2) 被選任資格

　監査役は，取締役の場合と同様，定款によっても株主に限定できない（280条により254条2項が準用される）。また，成年被後見人または被保佐人，破産宣告を受け復権していない者，商法や監査特例法または有限会社法の罪により刑に処せられ，その執行完了日または執行猶予終了日から2年未満の者，商法・監査特例法・有限会社法等以外の法律の罪で禁錮以上の刑に処せられ，執行未了中の者（ただし，執行猶予中の者は監査役になれる）等は，取締役の場合と同様に監査役になれない（280条により254条ノ2が準用される）。

　さらに，監査役は，その独立性を保持するために，会社または子会社の取締役や支配人その他の使用人を兼任できない（276条）ので，これらの中から監査役を選任する場合には，選任後，それらの地位と監査役とが兼任にならないようにどちらかの地位を辞任しなければならない。

　とくに，大会社の監査役は，少なくても1名は，その就任前5年間，会社またはその子会社の取締役や支配人その他の使用人でなかった者でなければならない（監査特例18条1項）。

　判例は，監査役が特段の事情のないかぎり従業員たる地位を兼有しているとは認められず，退職時基本給に基づいて退職金の額を算出する退職金規定を適用できないとする（東京地判平成8年7月8日法時1594号148頁）。

　さらに，独占禁止法上，一定の取引分野における競争を実質的に制限することとなる場合には，それらの企業間では監査役を含めて役員の兼任禁止となる（独禁13条1項）。

(3) 員数（大会社の場合特例に注意）

　監査役の具体的な人数については，大会社の場合にだけ3人以上必要で，そのうち1人以上は，その就任前5年間会社またはその子会社の取締役または支配人その他の使用人でなかった者でなければならない。そして，この中から，互選により常勤監査役を選任しなければならない（監査特例18条）。

　監査役の人数に関しては，この規定があるだけである。したがって，中会社と小会社の場合には，監査役が株式会社の必要的常設機関であることから，員数に関する具体的な規定がなくても，監査役の必要人数は1人以上となる。しかも，常勤か非常勤かは問わない。

(4) 任　　　期

　監査役の任期は，その就任後3年以内の最終の決算期に関する定時総会の集結の時迄である（273条1項）。ただ，会社設立最初の監査役の任期は，就任後1年以内の最終の決算期に関する定時総会の集結の時までである（273条2項）。最初の監査役の任期が1年となっているのは，個々人の適格性が充分判断された結果選任されたものでないこと，あるいは会社設立業務の監査が主であること等があるからである。また，任期をこれまでの2年から1年延長し3年以内としたのは再任を希望する監査役が，安易な監査をすることを防止する意味があるからとされる。

　さらに，任期満了前に退任した監査役の補欠として選任された監査役の任期は，定款により，前任者の任期満了までとすることができる（273条3項）。しかし，定款に「補欠選任監査役は前任者の残任期間のみ」等の旨の規定がない場合には，新規監査役の選任として扱うので，前任者の残任期間ではなく，その就任後3年以内の最終の決算期に関する定時総会の集結の時までの任期となる（273条1項）。同様に，監査役の増員のために，新規監査役を選任する場合には，新規監査役の選任として，その就任後3年以内の最終の決算期に関する定時総会の集結の時までの任期となる（273条1項）。

　任期の始期は，選任決議の時からではなく，監査役就任の時からである（273条1項）。

　任期の終期は，前営業年度の決算報告と監査報告との関係から，定時総会の集結の時までとなっている（273条1項）。

(5) 退　　任

280条の規定により254条3項を準用するので，監査役と会社の関係は，取締役の場合と同様，委任関係である。したがって，監査役はいつでも監査役を辞任できる。さらに，民法653条と商法506条の委任の終了原因（監査役の死亡，破産，監査役が成年被後見人となったとき等）が発生した時，監査役は退任する。会社の破産や解散の場合には，当然退任となる（民653条）。会社が解散した場合，監査役は清算結了までその職務に従事すべきとして監査役の地位は清算の結了時までとした判決がある（大阪地決明治35年8月16日判例体系〔第二期版〕商法(5)，3327頁）。

また，監査役は，株主総会の特別決議で解任できるが，任期中に正当な理由なく解任された場合には，会社に対して損害賠償を請求できる（280条で257条の準用）。他方，監査役の職務執行に関し不正の行為または法令もしくは定款に違反する重大な事実があるにも拘らず，株主総会でその監査役を解任しない場合には，6カ月前より引続き総株主の議決権の100分の3以上にあたる株式を有する株主は，30日以内にその監査役の解任を裁判所に請求できる（280条で257条3項の準用→少数株主による解任の訴え）。

なお，監査役は，監査役の解任について，株主総会で意見を述べることができる（275条ノ3）。

(6) 監査役の報酬

定款に報酬額を規定していない場合には，株主総会の決議で決定しなければならない（279条1項）。株主総会で監査役の報酬を審議する場合，監査役は意見を述べることができる（279条3項で275条ノ3を準用）。なお，複数の監査役の報酬決定において，定款の定めまたは株主総会で個別支給額が未決定で，総額だけが提示されている場合，具体的な配分は監査役の協議による（279条2項）。判例は，この協議へ一任するためには，明示的または黙示的な基準を示して一任する必要があるとし，その基準とは，会社に確立された一定の支給基準があること，それが株主に公開され周知のものであり，数値を代入すれば支給額が算出できる内容のものであることとする（東京地判昭和63年1月28日金融商事判例787号26頁）。

昭和56年の商法改正までは，取締役と監査役の報酬は，株主総会での一括審

議が認められていた。しかし，昭和56年の商法改正で，監査役の地位の独立性と地位の強化のために，監査役の報酬の規定が新設された (279条)。

監査役への退職慰労金は，それが在職中の職務執行の対価であるときは，本条の報酬に含まれる (最判昭和39年12月11日民集18巻10号2143頁)。これまでの地裁や高裁の判決を通じ判例は，取締役の報酬と同じく，当該監査役への退職慰労金は本条の報酬に含まれるとする。したがって，定款に支給規定がない以上，退職金支払の慣行の有無や会社の規模に関係なく，その支給には株主総会の決議を要し決議のないことを理由に会社が退職金の支払を拒絶することは信義則に反しないとする (東京地判平成5年11月30日労働判例646号42頁)。

(7) 監査費用

監査役が，会社に対して，その職務執行につき，費用の前払を請求した時は，会社はその費用が監査役の職務執行に不必要であることを証明しないかぎり，前払しなければならない。監査役が，職務執行のために，すでに費用を支払っている場合で，その費用と支出日以後の利息を償還請求した時は，会社はこれを負担しなければならない。または，監査役が債務を負担している時は，監査役の請求により，会社が負担しなければならない。ただし，その債務が弁済期にない時で，監査役が請求したら会社は相当の担保を提供しなければならない (279条ノ2)。

(8) 大会社に強制される監査役会

監査役会は大会社にだけ要求されるもので，中会社や小会社には適用がない。大会社の場合，監査役全員で監査役会を組織しなければならない (監査特例18条ノ2第1項)。監査役会は，監査特例法が規定する権限以外に，その決議により (監査特例18条の3第1項)，監査方針，会社の業務および財産の状況の調査方法その他監査役の職務執行等に関する事項を規定できる。ただし，監査役の権限行使を妨げることはできない (監査特例18条の2第2項)。他方，各監査役は，自己の職務分掌の範囲を超えて監査役としての調査権や監督権を有すると解されるので，監査役会が職務分掌を決めても，それは任務懈怠責任の基準でしかない。

監査役会の職務は以下のとおりである。監査役会は，会計監査人を株主総会で選任するための議案に対して，同意をしなければならないし (監査特例3条2

項），取締役に対して，会計監査人の選任を株主総会の（会議の目的たる）議案にすることを請求できる（監査特例3条3項）。会計監査人が，その職務執行に際して，取締役の不正ないし法令定款違反で重大な事実を発見した時は，それを監査役会に報告しなければならない（監査特例8条1項）。取締役は，定時総会日の8週間前までに280条1項の書類を監査役会と会計監査人に提出しなければならない（監査特例12条1項）。会計監査人は，監査特例法12条1項による計算書類を受領した日から4週間以内に，監査報告書を作成し，監査役会と取締役に提出しなければならない（監査特例13条1項）。また，監査役は，会計監査人が提出した監査報告書の調査その他監査の結果を監査役会に報告しなければならない。そして，監査役会は，監査特例法13条1項の監査報告書の受領日から1週間以内に，監査報告書を取締役に提出し，かつ，その謄本を会計監査人に送付しなければならない（監査特例14条1項2項）。

(9) 監査役の責任

監査役が，その任務懈怠により，会社に損害を与えた場合には，その関係した監査役は連帯して損害賠償の責任を負わなければならない（277条）。監査役が会社または第三者に対して損害賠償責任を負う場合で，取締役にも責任がある場合には，監査役と取締役は連帯債務者になる（278条）。

なお，大会社の場合で，監査役会の決議による職務執行の結果，会社または第三者に損害を与えた場合には，取締役の責任に関する諸規定が準用されている（監査特例18条の4）。

3 小会社の監査役

資本の額が1億円以下（ただし，負債の合計金額が200億円以上の会社は除く）の株式会社の監査役は，会計監査権しか有さない（監査特例22条）。これに対して，中会社の監査役は業務監査権と会計監査権とを有する。大会社の場合には，さらに，会計監査人監査が要求される（監査特例2条・3条）点で，小会社や中会社の監査と異なる。

小会社の監査役は，監査特例法25条により，会計監査権しかないので，商法の監査役に関する規定がほとんど排除されている（監査特例25条）。したがって，取締役会に出席する義務はないし，取締役から監査役に取締役会の招集通知を

発する必要もないし，取締役の業務執行に関与することはない。

会計監査に関する事項として，取締役が株主総会に提出しようとする会計に関する書類を調査し，総会にその意見を報告する義務はある（監査特例22条1項）。さらに，監査役は，いつでも，会計の帳簿および支配人その他の使用人に対して会計に関する報告を求めることができる。また，必要に応じて，会社の業務および財産の状況を調査することができる（監査特例22条2項・3項）。

その他，監査役と会社の関係は委任関係であるから，それに基づく善管注意義務を有する（280条により254条準用）。

ワーク 26　演習問題

【問】　次の文章で正しいのはどれか。その番号を答えなさい。
【法学検定試験3級程度】

(1) 株式会社の監査役の最低人数は，会社の規模に関係なく，3人以上である。

(2) 監査役は，取締役と異なり，業務執行をしないので，その選任資格に制限がなく誰でもなれる。

(3) 資本金が1億円以下で負債総額が200億円未満の株式会社の監査役は，会計監査権しか持たない。

(4) 監査役は，274条により，会計監査権と業務に関する適法性監査権とを有する。

(5) 監査役の報酬は，株主総会で総額を決め，具体的な配分を無条件で取締役会へ一任できる。

（担当：土井勝久）

Lesson 27　監査役の権限

1　一般的権限

　監査役は，取締役の職務の執行を監査する機関であり（274条1項），その職務権限は，商法特例法上の小会社（資本の額が1億円以下の株式会社）および有限会社の場合と，それ以外の株式会社の場合とでは異なっている。商法特例法上の小会社および有限会社の監査役に求められるのは会計監査のみである（商特22条1項，有33条ノ2第1項）のに対して，それ以外の株式会社の監査役の行う監査には会計監査の他に業務監査が含まれている。　監査には，取締役の職務執行が法令・定款に違反しないかどうかの適法性監査と取締役の職務執行が妥当であるかどうかの妥当性監査が考えられるが，監査役の業務監査の範囲については，違法性監査をなしうることには異論はないものの，妥当性監査までなしうるかについては意見の対立がある。妥当性監査も監査役の権限に含まれるとする説も有力ではあるが，選任・解任を含む監督権限をもつ取締役会との関係から，監査役の業務監査は，取締役の職務執行の違法性に限られると解するのが多数説である。もっとも，取締役の業務執行の内容が著しく不当な場合には，善管注意義務違反を構成し違法となる。監査役は，独任制の機関であり，2名以上の監査役がいる場合であってもそれぞれが単独でその権限を行使することができる。

2　個別の権限

　監査役の個別・具体的な権限としては，以下のものがあげられる。

(1)　調査権限

　(a)　営業報告請求・業務財産調査権　　監査役は，取締役の職務執行等を調査する権限をもつ。そのため，監査役は，いつでも，取締役・使用人に対して営業の報告を求め，また会社の業務・財産の状況を調査することができる

(274条2項)。監査役は，取締役・使用人の妨害や非協力によって監査に必要な調査ができなかったときは，その旨および理由を監査報告書に記載しなければならない (281条ノ3第2項11号，商特14条2項3号)。なお，取締役は，会社に著しい損害を及ぼすおそれのある事実を発見したときは，監査役の要求がなくても，直ちにこれを監査役に報告しなければならない (274条ノ2)。

後述の監査役の取締役会への出席権 (260条ノ3第1項) は，同時に業務財産調査権の一類型と考えることもできる。

(b) 子会社調査権　親会社の監査役は，その職務執行上必要があるときは，子会社に対して営業の報告を求め，または会社の業務・財産の状況を調査することができる (274条ノ3第1項)。親会社の監査役がこの権限を行使したときには，監査報告書にその方法・結果を記載しなければならない (281条ノ2第11項)。これは，粉飾決算，自己株式買受け規制違反等の違法行為につき子会社を利用した例が少なくないこと等を考慮して認められたものであるが，子会社も法律上は独立した会社であるから，正当な理由がある場合には，その報告・調査を拒むことができる (274条ノ3第2項)。なお，子会社の監査役の親会社に対する調査権については現行法上認められていない。

(2) **取締役会への出席・招集権**

監査役は，取締役会に出席して，意見を述べることができる (263条ノ3第1項)。これは，監査役が会社の業務の状況を知り，違法または著しく不当な決議がなされるのを事前に防止できるようにするためである。したがって，取締役会の招集通知は，監査役に対しても発することが必要であり (259条ノ2)，出席した監査役は議事録に署名しなければならない (260条ノ4第2項)。監査役は，取締役が法令・定款に違反し，またはそのおそれがあると認めるときは，取締役会に報告することを要し (260条ノ3第2項)，必要があれば取締役会の招集を請求することができるとともに (260条ノ3第3項)，場合によっては監査役自らが取締役会を招集することが認められる (260条ノ3第4項・259条3項)。

(3) **報 告 権 限**

(a) 監査報告書　監査役は，監査の結果を報告しなければならない。したがって，監査役は，決算期ごとに監査報告書を作成して取締役に提出し (281条ノ3第1項)，株主・会社債権者の閲覧に供されることになる (282条・283条3項)。

監査報告書の記載事項は，会計監査に関するものが多いが，①監査の方法の概要 (281条ノ3第2項1号)，②営業報告書が法令・定款に従い会社の状況を正しく示したものであるか否か (281条ノ3第2項6号)，③利益処分・損失処理に関する議案が会社財産の状況その他の事情に照らし著しく不当なときはその旨 (281条ノ3第2項8号)，④附属明細書に記載すべき事項の記載がなく，または不実の記載があるときはその旨 (281条ノ3第2項9号)，⑤取締役の職務遂行に関し不正の行為または法令・定款に違反する重大な事実があったときはその事実 (281条ノ3第2項10号)，⑥子会社に対し営業の報告を求め，または子会社の財産の状況を調査したときはその方法・結果 (281条ノ3第2項11号)，⑦監査のため必要な調査をできなかったときはその旨および理由 (281条ノ3第2項12号) の記載は業務監査に関するものである。

(b) **株主総会提出議案・書類の調査・報告** 監査役は，取締役が株主総会に提出するすべての議案・書類を調査し，法令・定款に違反し，または著しく不当な事項があるときは，株主総会にその意見を報告しなければならない (275条)。これは，監査役の議案修正・撤回の求めを無視して，議案が提出される場合に備えてのものである。監査役は，株主総会においては株主の質問に対して説明する義務がある (237条ノ3)。

(4) 取締役の違法行為差止請求権

取締役の法令・定款違反行為によって会社に著しい損害が生じるおそれがあるときには，監査役は株主と同様 (272条)，取締役に対して，その行為の差止を請求することができるが (275条ノ2第1項)，株主の場合よりも要件が緩和され，差止の仮処分を求める場合に担保を立てなくてもよい (275条ノ2第2項)。なお，監査役は，取締役の法令・定款違反の事実を発見したときには，監査報告書に記載することを要する (281条ノ3第2項10号)。

(5) 会社・取締役間の訴訟

取締役と会社の間で訴訟が提起された場合には，訴訟の公正を確保するために，監査役が会社を代表する (275条ノ4前段)。したがって，このような場合の訴を提起すべきか否かの決定権も監査役に帰属し，株主が代表訴訟の請求をする相手方も監査役になる (275条ノ4後段)。

(6) その他の権限

 以上の他,監査役の業務監査の実効性を確保するため,各種の是正措置をとる権限が与えられている。株主総会決議の手続に関する違法行為ないし定款違反は,招集通知の瑕疵や一部株主への招集通知洩れといった場合に見られるように,取締役の職務執行行為に原因があることが多いが,そのすべてを監査役の助言・勧告によって防止できるものではない。このために監査役にも株主総会決議取消の訴え (247条) の提起権限が認められている。これ以外にも,監査役には,新株発行無効の訴え (280条ノ15第2項),資本減少無効の訴え (380条2項),合併無効の訴え (415条) および設立無効の訴え (428条2項) を提起することができる。これらの訴えを監査役が提起する場合には,裁判所は,担保提供を命ずることはできない (249条1項但書・280条ノ16・380条3項・416条1項)。そもそも,設立無効の訴えについては,担保提供に関する規定自体が存在していない。

 整理開始 (381条1項),特別清算開始 (431条1項) および業務・財産の検査命令 (452条) の申立権も認められているが,いずれも,監査役に業務監査の権限が与えられた結果,監査役が会社の業務・財産の状況について取締役と同等以上の知識を有するようになったので,会社の経営危機等に際して,独自の立場でこれらの申立を行う道が開かれたものである。

 監査役には,監査役の選任・解任についての意見陳述を行う権限も付与されている (275条ノ3)。これは株主総会において監査役の不当な解任が行われようとする場合や,不適当な監査役の選任が行われようとする場合の牽制策として認められている権限である。これによって監査役の地位の安定と強化が図られている。

3 監査費用

 監査役が監査に要する費用は会社が支払うことになる。その際の費用には,監査に必要な一切の費用が含まれるため,直接監査役自身が要する費用だけではなく,補助者として弁護士や公認会計士等を依頼する費用をも含まれる。

 監査費用の支払については,監査役が費用前払の請求をした場合には,会社は,その請求額が監査役の職務執行に必要でないことを証明しないかぎり,前

払を拒絶しえないものと解され，監査役がその費用を立替払した結果，その後会社に対して費用・利息の償還を請求した場合や監査役がその費用につき負担したことによって生じた債務を監査役自身に代わって会社が弁済するように請求した場合も同様に考えられる。本来，監査役と会社は準委任の関係に立つから（280条1項・254条3項），監査役は当然に会社に対して職務執行に要する費用の支払について請求できるはずであるが（民649条・650条），その費用の必要性を証明する労力を監査役に課すのであれば，かえって困難が生じ十分な監査が妨げられる危険性があるので，証明責任を会社側に転換することで監査の充実を目指したものである。

ワーク 27　演習問題

【問】　株式会社の監査役に関する次の記述のうち，正しいものを選びなさい。
【法学検定試験3級程度】

(1) 監査役は株主総会において，自分以外の監査役の選任について意見を述べることができない。
(2) 定款をもってしても，監査役を株主に限定することはできない。
(3) 監査役自身が取締役会の招集をする権限は認められていない。
(4) 2名以上の監査役がいる場合には，必ず全員で協議してその権限を共同行使することを要する。
(5) その職務上必要があれば，子会社の監査役は親会社の業務・財産の状況を調査することができる。

(担当：松本　博)

Lesson 28　大会社の監査制度

1　総　　説

　昭和49年の商法改正に際しては，新たに「株式会社の監査等に関する商法の特例に関する法律」(商法特例法) が制定され，わが国の株式会社は大会社・中会社・小会社に規制区分されることになった。その後，商法・商法特例法の改正が続いてきているが，現在，大会社とは資本の額が5億円以上または負債の合計金額が200億円以上の株式会社をいい，中会社とは資本の額が5億円未満1億円超でかつ負債の合計金額が200億円未満の株式会社をいう。そして，小会社は資本の額が1億円以下1,000万円以上であってかつ負債の合計金額が200億円未満の株式会社をいう。

　商法は株式会社につき監査役の設置を義務づけるとともに，監査役には会計監査権限と業務監査権限とを付与しているが，大会社については，これに加えて，商法特例法により，監査役会の設置および会計監査人による外部監査が義務づけられている。これに対し，小会社については，商法特例法により，監査役の権限は会計監査権限に限局されている。

2　大会社における監査役制度

　大会社においては，監査役は3人以上存在しなければならず (複数監査役制度)，そのうち半数以上は，その就任前に会社またはその子会社の取締役または支配人その他の使用人となったことのない者 (社外監査役) でなければならない (商特18条1項)。そして，会社は，監査役の互選をもって，常勤の監査役 (常勤監査役) を定めなければならない (同2項)。そして，商法上，監査役の任期は，就任後4年内の最終の決算期に関する定時総会の終結の時までとされており (273条1項)，大会社における監査役の地位は独立性の強化されたものとなっている。

3 大会社における監査役会

(1) 総　　説

　大会社においては，監査役の全員で監査役会を組織しなければならない（商特18条の2第1項）。監査役会は在任する監査役全員によって構成される大会社の必要的・常設的な合議制の監査機関であり，平成5年に制度化された。これは，複数の監査役間において調査事項の分担を決し，各調査結果を持ち寄り，情報交換し，適切な監査意見を形成・表明するための機関があれば監査の実効性が高まると判断されて新設されたものである。加えて，この機関の制度化により取締役会や取締役に対する監査役の発言力も強化され，監査の独立性も高まるという立法趣旨もある。監査役1人では取締役の気に入らない行動をとることは実際上困難であるが，監査役会の決議としてならば可能であろう。

(2) 権　　限

　監査役会の権限には，①監査の方針，会社の業務および財産の状況の調査の方法その他の監査役の職務に関する事項を定める権限（同2項），②監査報告書の作成権限（商特14条2項），③取締役・会計監査人などからの報告・書類等の受領権限（商特19条1項・12条・13条），④会計監査人の選任・解任等人事に関する権限（商特3条2項3項・5条の2第3項・6条3項・6条の2第1項・6条の4第1項）などがある。

　監査役会が，「監査役の職務の執行に関する事項」の1つとして「職務の分担」を定めた場合，各監査役はこの決定に拘束される。しかし，商法特例法18条の2第2項但書はこの決定は「監査役の権限の行使を妨げることはできない」と規定している。したがって，監査役においては，監査役会で聞いた各監査役の調査内容が監査役としての善管注意義務をもって判断した結果相当なものであると認めた場合には，その調査結果に基づいて監査意見を表明してよいが，他の監査役の監査結果に疑問がある場合には，自己の分担外の事項であっても但書により調査することができるのであり，そうすることは善管注意義務を負う監査役の義務でもあろう。

　監査役会は会計監査人からの監査報告書を受領した日から1週間以内に，監査報告書を取締役に提出し，その謄本を会計監査人に送付しなければならない（商特14条2項）。監査役会が作成名義人となって監査報告書を作成するというこ

とは，監査役会の決議によることであり，この決議は監査役の過半数で行われる（商特18条の3第1項）。この場合，反対意見を有する監査役はその意見を付記することができるが（商特14条3項），これは監査役会の多数意見によって各監査役の意見が封殺されることへの防止策である。

(3) 運　　営

監査役会の招集については取締役会の招集に関する259条1項本文が準用されており（商特18条の3第2項），各監査役が招集権を有している。監査役会の招集通知は会日より1週間前に発することを要するが，定款でこの期間を短縮することも，また監査役全員の同意により招集手続を省略することも可能である（商特18条の3第2項＝商259条ノ2・259条ノ3）。監査役会の議事については議事録を作成しなければならない。議事録には議事の経過の要領およびその結果を記載または記録し，出席した監査役が署名しなければならない。取締役はこの議事録を10年間本店に備え置かなければならない。株主または親会社の株主がその権利を行使するため必要があるとき，および，会社債権者が取締役または監査役の責任を追及するため必要があるときには，裁判所の許可を得てこの議事録の閲覧・謄写等を求めることができる（商特18条の3第2項＝商260条ノ4第1項・2項・5項・6項）。

(4) 権　　限

平成5年の商法・商法特例法の改正により，従来は，監査役が有していた諸権限の内いくつかは監査役会の権限とされるにいたった。①会計監査人選任議案提出の同意権（商特3条2項），②会計監査人選任の議題・議案提出の請求権（同3項），③会計監査人不再任の議題提出の同意権・請求権（商特5条の2第3項），④会計監査人解任の議題提出の同意権・請求権（商特6条3項），⑤会計監査人の解任権（商特6条の2第1項），⑥仮会計監査人の選任・解任権（商特6条の4第1項），⑦会計監査人からの，その職務執行に際し発見した，取締役の職務遂行上の不正行為・法令定款違反の重大事実の報告の受領権（商特8条1項），⑧取締役からの，会社に著しい損害を及ぼすおそれのある事実を発見したときの報告の受領権（商特19条1項＝商274条ノ2），⑨取締役からの計算書類・附属明細書，会計監査人からの監査報告書，清算人からの貸借対照表・事務報告書の受領権（商特12条1項・13条1項・19条1項＝商420条1項）などである。

4 会計監査人
(1) 総　　説

　会計監査人は，大会社の計算書類およびその附属明細書の監査（営業報告書およびその付属明細書に関しては会計に関する部分に限る）を職責とする会社外部の監査人であり（商特2条），その終局的な職責である決算監査に備えて，監査役と同様の，しかし，会計関係に限定された各種の権限を有している。したがって，大会社の場合には会計監査人による会計監査と監査役会・監査役による会計監査とが重複することになる。もっとも，商法特例法上，監査役会は，職業的専門家である会計監査人から監査報告書の提出を受け（商特13条1項），これが各監査役に渡り，各監査役は各自これに依拠して各自の監査をなし，これを監査役会に報告する（商特14条1項）。それをふまえて監査役会が監査報告書を作成し，これを取締役に，そして謄本を会計監査人に送付することになる（同2項）。

　したがって，監査役および監査役会は実際には業務監査に主力を投ずることになり，その補助として，会計監査人はその職務を行うに際して取締役の職務執行に関し不正の行為または法令もしくは定款に違反する重大な事実があることを発見したときには，これを監査役会に報告しなければならないものとされている（商特8条1項）。これは，あくまでも，監査役および監査役会の業務監査のための補助手段にすぎず，会計監査人に積極的に業務監査の職責を負わせる趣旨ではない。他面，監査役は，会計監査人に対してその監査報告書に関し説明請求権を有しており（商特13条3項），また，監査役としての職務を行うために必要があるときは，会計監査人に対してその監査に関する報告を請求することができる（商特8条2項）。さらに，監査役は会計監査人の監査の方法または結果を相当でないと認めたときは，独自の会計監査をなすことが必要である（商特14条3項1号）。

　このように，原則的には会計監査人主導型の会計監査とはいえ，法は全体として会計監査人・監査役会・監査役三者の連携によるより充実した会計監査の実現を志向しているわけである。

(2) 資　　格

　会計監査人は公認会計士または監査法人であって（商特4条1項），法定の欠

格事由のない者でなければならない。商法特例法は会計監査人における被監査会社からの独立性を重視し，その欠格者として以下の者を定めている。すなわち，①公認会計士法24条または34条の11の規定により会社の計算書類・附属明細書の監査をすることができない者，②会社の子会社もしくはその取締役もしくは監査役から公認会計士もしくは監査法人の業務以外の業務により継続的な報酬を受けている者またはその配偶者，③業務の停止処分を受け，その停止期間を経過しない者，④監査法人で，その社員のうちに③に掲げる者がある者またはその社員の半数以上が②に掲げる者であるもの（同条2項），である。

(3) 選　　任

会計監査人は株主総会の普通決議で選任されるが，設立の際には，発起設立の場合には発起人の議決権の過半数により，募集設立の場合には創立総会の決議で選任される（商特3条1項・4項・5項＝商170条3項）。代表取締役が選任議案を総会に提出する場合には監査役会の同意が必要であるが，監査役会決議により選任の議題または議案を提出することを取締役に請求することもできる（商特3条2項・3項）。会計監査人は，会計監査人の選任・不再任・解任について株主総会に出席し意見を述べることができる（商特6条の3）。

(4) 終　　任

会計監査人の任期は就任後1年以内の最終の決算期に関する定時株主総会の終結の時までであるが（商特5条の2第1項），この定時株主総会で別段の決議がなければ再任されたものとみなされる（自動再任制度，同条2項）。取締役が会計監査人を再任しないとの議題を総会に提出するには監査役会の同意が必要である（同条3項＝3条2項）。

会計監査人は株主総会の普通決議により何時でも解任しうるが（商特6条1項），取締役が解任を議題とするにあたっては監査役会の同意が必要であり（同条3項＝3条2項），正当な理由なくして解任された会計監査人は会社に対して損害賠償を請求することができる（商特6条2項）。監査役会はその決議により会計監査人解任の議題を総会へ提出するよう取締役に請求することができる（商特6条3項＝3条3項前段）。また監査役会は，会計監査人に，①義務違反・任務懈怠，②非行，③心身の故障のため職務遂行に支障があるかまたは職務遂行にたえないときには，その決議により，会計監査人を解任することもでき，こ

の場合には解任後最初に招集された総会において，監査役会が選任した監査役により，解任した旨と解任理由が報告されなければならない（商特6条の2第1項・2項）。この場合，解任された会計監査人は，解任後最初に招集された株主総会に出席して意見を述べることができる（同条3項）。

　会計監査人が欠員となった場合または定款所定の員数が欠けた場合で遅滞なく後任者が選任されないときには，監査役会はその決議をもって一時会計監査人の職務を行うべき者（仮会計監査人）を選任しなければならない（商特6条の4）。

(5) 職務権限と責任

　会計監査人は，会社の会計帳簿・資料が書面で作成されているときには，①その書類閲覧・謄写権，②電磁的記録で作成されているときは，その情報内容の会社本店における閲覧・謄写権，③取締役および支配人その他の使用人に対する会計報告請求権，をいつでも行使することができる（商特7条1項）。また，職務を行うために必要があるときには，①会社の業務・財産状況調査権と，②子会社に対する会計報告請求権および子会社の業務・財産状況調査権を行使することができる（同条2項・3項）。

　会計監査人がその任務を怠ったことにより会社に損害を生じさせたときは，その会計監査人は会社に対し連帯して損害賠償の責めに任ずる（商特9条）。また会計監査人が重要な事項について監査報告書に虚偽の記載をなしたことにより第三者に損害を生じさせたときには，その職務執行につき注意を怠らなかったことを証明しないかぎり，会計監査人はその第三者に対して連帯して損害賠償責任を負わなければならない（商特10条）。会計監査人が，会社または第三者に対して損害賠償の責めに任ずべき場合において，取締役または監査役もその責めに任ずべきときには，当該会計監査人・取締役・監査役は連帯債務者となる（商特11条）。

ワーク 28　演習問題

【問】　大会社における監査制度に関する以下の記述中，正しいものを1つ選びなさい。　　　　　　　　　　　　　　　　　　【法学検定試験3級程度】

(1)　大会社においては，監査役が3人以上必要であり，そのうち1人以上は，その就任前，5年間会社またはその子会社の取締役または支配人その他の使用人でなかった者でなければならない。

(2)　大会社の監査役が，監査役会の定めた職務分担に含まれない事項を監査し，その結果を監査報告書に記載しても，その記載はないものとみなされる。

(3)　大会社の監査役は，常に，会計監査人に対して監査に関する報告を請求することができる。

(4)　監査役会は，その決議をもって，会計監査人を再任しないことを株主総会の議題とするよう，取締役に請求することができる。

(5)　会計監査人が重要事項につき監査報告書に虚偽記載をし第三者に損害を生じさせた場合には，無過失の損害賠償責任を負う。

　　　　　　　　　　　　　　　　　　　　　　　　　　　（担当：石山卓磨）

第7章 計　算

Lesson 29　資本と準備金

1　資本の意義
(1)　資本の意義

　会社法における資本は，会社財産確保のための基準となる一定の計算上の数をいう。資本は，あくまでも「計算上の数」であって，具体的金額ではないことに注意する必要がある。すなわち資本は，あくまでも一定の計算上の数額であり，会社が有すべき財産の理想的数額であって，現実の存在である会社財産とは異なる。現実の会社財産はその企業の業績，物価変動などによって絶えず変動するものであるが，資本は，新株発行（280条ノ2以下）・資本減少（375条以下）等の法定の事由により変更をしないかぎり，一定不変である。商法は，資本が登記および貸借対照表によって公示されることを要求している（188条2項6号・283条3項）。

　資本制度は，会社債権者保護のために認められた制度である。株式会社・有限会社においては株主有限責任の原則が採用されているから（200条1項，有限17条），株主は，会社債権者に対して直接の責任を負わず，会社に対する有限の出資義務を負うにすぎず，会社債権者に対しては何らの責任を負わない。したがって，会社の財産的基礎となり会社債権者の担保となるのは会社財産だけである。したがって，会社債権者にとっての唯一の引当である会社財産を確保することが，会社債権者のためにはもちろん，会社自身にとっても必要となる。

資本とは，このような会社財産を確保するための基準となる一定の金額のことをいうのである。
　なお，この他に商法は，資本という語を次のような意味に用いている。たとえば，①小商人（8条，商法中改正法律施行法3条）の定義中に用いられる「資本」とは，単なる営業財産の意味であるし，②資本の欠損（289条）という場合の「資本」は法定資本と法定準備金の合計額を意味している。また，③企業の出資者がその出資者たる資格において拠出する基金の総額を「資本」ということもある。合名会社および合資会社について，定款記載事項として「社員ノ出資ノ目的及其ノ価格」（63条5号・148条）と定めているのがそれである。すなわち，合名会社および合資会社については，資本につき特別の規定がないので，各社員の出資額の合計が会社の資本となると解すれば，同条は，この意味の資本についての規定と解される。しかし一般には，そのようには捉えられておらず，資本は株式会社，有限会社に固有の制度であると考えられている。
　この他に資本の語は，④授権資本を意味するためにも用いられることがある。しかし授権資本は定款をもって，会社が発行することを認められた株式の総数をいうのであるから（166条1項3号），むしろ授権株式（数）と呼ぶべきものである。このように，資本という語にはさまざまな意味がありうるので，それらと区別するために法定資本とか表示資本とか呼ばれることもある。以下では，資本という語は法定資本を指すものとして説明する。

(2) 資本の機能

　もしも資本という制度がおかれていないならば，企業は単純に特定期間（営業年度）の期首と期末の純資産の残高を比較することのみによって当該期間における損益を算出し，その結果利益の存在が確認されたときは，かりにそれ以前の営業年度の計算結果が損失を示す場合にも，これを補填する必要はなく，当期だけの計算で算出された利益の配分が可能となってしまうことになる。しかし，このような会計処理・利益処分は，社員の無限責任を定める企業形態においては格別，株主有限責任原則の下では，債権者の唯一の引当である会社財産確保要請に反し，とうてい受け入れがたい。
　次に資本という制度がおかれると，どうなるだろうか。まず資本制度が存在することにより，①商法上会社は資本に相当する財産額を維持しなければなら

ないとともに、資本を貸借対照表の貸方に掲げて、配当可能利益の算定にあたっては、純資産額からこれを控除しなければならないことになる（290条1項）、その結果②資本は利益を算定する尺度となる数額でもあることになる。この①②の機能が存在することにより、単なる「計算上の数」にすぎない資本が会社財産を確保し、債権者保護に資するのである。そして①を資本の財産拘束機能、②を資本の計算尺度機能という。

(3) **資本の三原則**

右の資本の諸機能がいかんなく発揮されるためには、次の3つのことが必要になる。これを資本の三原則という。

(a) **資本充実・維持の原則**　資本充実・維持の原則とは、会社の資本額に相当する財産が現実的に会社に拠出・充実され、かつ、会社により保有されなければならないとする原則である。資本は配当可能利益の算定にあたり、貸借対照表の純資産から控除されなければならないところ、前提として会社に控除さるべき資本額に相当する財産が確保されていなければ、上に述べた資本の機能はそもそも発揮しようがない。そこで資本充実・維持の原則が必要になるのである。なお厳密には、会社設立段階における資本充実の原則と、会社成立後において必要とされる資本維持の原則とを区別しなければならない。しかし、一般的にはそれほど厳格に区別されてもいないし、またその必要も余りない。

(b) **資本不変の原則**　次に資本不変の原則とは、いったん定められた会社の資本額は任意に減少させることを認めないとする原則である。ここで注意しなければならないのは、不変といっても減少する方向に関しての不変であり、資本を増加させる方向に関しての不変ではない、ということである。資本が増加する分には、会社債権者のとり分たる財産が増加するから、会社債権者保護では問題はないが、逆に資本を簡単に減少できるとすると、会社債権者の担保として留保されるべき額が減少してしまうからである。資本不変の原則の存在意義はここにある。ただ、だからといって全く資本の減少を認めないのも行きすぎであるから、商法は資本減少をなすにあたっては、厳格な手続を用意している（375条以下参照）。なお、資本減少については、Lesson 37を参照。

(c) **資本確定の原則**　資本確定の原則とは、会社の資本額にあたる一定の金額についての株式の引受が確定していなければならないとする原則である。

資本充実の原則により会社に資本金相当額の財産が現実に拠出されるわけだが，右財産を拠出するのは株主である。株主は株式を引き受けるという行為により，右の拠出をなすのである。資本確定の原則は，このように財産を拠出する株主の側からみることで理解できる。

現行法は，臨機に応じた増資による資金調達を可能にするために，新株を発行する場合において，資本確定の原則を放棄した。しかし設立に際しては，定款に「会社ノ設立ニ際シテ発行スル株式ノ総数」(166条1項6号) を記載させ，その総数は，「会社ガ発行スル株式ノ総数ノ四分ノ一ヲ下ルコトヲ得ズ」(166条4項) としており，設立に際して一定額の資本とその額に相当する株式の引受の確定を求めている。したがって，会社設立に際しては，依然として資本確定の原則が妥当していると解される。

(4) 資本額の算定

会社の資本は，商法が別段の規定をする場合を除いては，発行済株式の発行価額の総額とされた (284条ノ2第1項)。ただ，資本組入額については例外が認められている。すなわち，株式の発行価額の2分の1を超えない額について資本の計算に組み入れないことができるものとした (同条2項)。このように株式の発行価額中資本に組み入れない額を払込剰余金という。この払込剰余金は，あとに述べる資本準備金になる。これまでは，払込剰余金について，①額面株式については券面額を，②会社の設立に際して発行する無額面株式については1株5万円をそれぞれ超える部分に限り，資本に組み入れないことができるとの制限がなされていた。しかし，平成13年の商法改正により，額面株式制度が廃止，純資産額規制が撤廃され，それに併せて右①②の制限も撤廃された。

2 準 備 金
(1) 意　　義

準備金とは，会社の純資産額が資本額を超えるときに，この差額 (これを剰余金という) について配分せず，積み立てる金額のことをいう。または積立金ともいう。準備金も資本と同様に計算上の数にすぎない。準備金には，法定準備金と任意準備金とがある。前者は，法律の規定により積み立てるものであり，後者は，定款または株主総会の決議によって積み立てるものである。整理する

と次のとおりである。

準備金：　法定準備金（利益準備金と資本準備金）
　　　　　任意準備金

なお，準備金を積み立てるということは，現実に金銭を積み立てることでなく，貸借対照表にその額を計上するということである。

(2) 利益準備金（288条）

利益準備金というのは，毎決算期の利益を全部配当しないで，その利益の一部を準備金として積み立てるものである。利益準備金は，毎決算期における利益の処分として支出する金額の10分の1以上を，資本準備金の額と併せて4分の1に達するまで積み立てられる（288条）。

利益準備金の源泉は，営業取引から生じる利益であり，これらは，本来株主に配当として分配してもよいものである。しかし，もしもそのようにしてしまうと，将来会社の営業状態が悪化し，欠損を生じた場合には，すぐに資本に食い込むことになってしまう。法は，そうならないように一種のクッションとして，毎決算期ごとに利益の10パーセント以上の積立てを強制しているのである。他方，利益準備金は，無制限に積み立てるとかえって株主の利益を害してしまう。そこで資本準備金の額と併せて4分の1という積立上限額も，設けられているのである。なお，法が定めた利益の額を超えた部分は任意準備金となると解されている。

(3) 資本準備金（288条ノ2）

資本準備金とは，営業取引とは無関係な資本取引の結果生じた剰余金を積み立てるものである。これらの金額は，資本に近いものであり利益ではないので，株主に配当するのは適当ではない。したがって，法は資本準備金については利益準備金と異なり，その額に上限を定めずすべて積み立てることを要求している。商法は，資本準備金の源泉として，払込剰余金，合併差益，株式交換差益，株式移転差益，分割差益といったものを限定列挙している。なお減資差益は，これまで資本準備金とされてきたが，平成13年改正により，資本準備金として積立を強制されなくなった。

(4) 法定準備金の使途

法定準備金は，その使途が次のとおり法定されている。

(a) 資本の欠損（289条）　資本の欠損とは，会社の純資産額，すなわち積極財産から消極財産を控除した額が資本とすでに積み立てられた法定準備金の合計より少ないことをいう。資本の欠損の**塡補**とは，法定準備金額を減少して，代わりに損失を減少させることをいう。

資本の欠損が生じている場合，必ずしもその**塡補**を行うことが強制されるわけではない。繰越損失として次期以降に繰り越すことも可能である。

資本の欠損を法定準備金により**塡補**する場合，これまでは，欠損の**塡補**に当てるべき法定準備金はまず利益準備金であり，資本準備金の取崩しは，利益準備金を取り崩してもなお不足のある場合に限り認められるものとされてきた。利益準備金は，その源泉が営業取引から生じた利益であり，いったん取り崩しても，その復元が容易であると考えられたからである。しかしその一方で，商法の特例法である株式消却特例法は，法定準備金の合計額が資本の4分の1を下回らないかぎり，資本準備金を株式消却の財源とすることが可能であると規定していた。

そこで平成13年改正は，株式消却特例法の内容を商法に取り込み，右の制限は廃止され，会社は株主総会の決議をもって資本準備金および利益準備金の合計額よりその資本の4分の1に相当する額を控除した額を限度として，資本準備金または利益準備金の減少をなすことができることに改められた（289条2項）。このように改めると，会社債権者の保護が必要になる。そこで，新たに資本減少の手続におけると同様の債権者保護手続を要求することと規定された（289条3項）。そして右改正に併せて，株式消却特例法は廃止された。

なお，法定準備金の他に任意準備金がある場合には，法定準備金である利益準備金よりも先に取り崩すべきであると解されている。

(b) 資本組入　法定準備金は，資本に組み入れることが可能である（293条ノ3）。資本の増加は会社債権者にとって利益になるし，資本も法定準備金も配当可能利益算出に際しての控除項目である点は大差ないので，法定準備金を資本に振り替えても特に株主に不利になるわけではない。したがって，法定準備金の資本への組入れは，取締役会の決議だけで可能である。資本への組入れは，法定準備金が資本に比し不相当に多くなった場合に両者のバランスを図るために用いられるほか，株式分割（218条）を行う前提としてなされることもあ

る。しかし株式分割を行うかどうかは取締役会の裁量に委ねられている。

(5) **任意準備金**

任意準備金とは，定款や株主総会の決議に基づいて積み立てられる準備金をいう。別途積立金のように使途が特定されていないものと，株式消却，社債償還などの目的が特定されているものとがある。

> **ワーク 29** 演習問題

【問】 以下の記述のうち，明らかに誤っているものを1つ選びなさい。

【法学検定試験3級程度】

(1) 商法上資本確定の原則は放棄されている。
(2) 資本不変の原則のもとでも，一定の厳格な手続のもとで資本を減少することは可能である。
(3) 資本とは，具体的な金額でなく，一定の計算上の数にすぎない。
(4) 資本とは，株式会社，有限会社に特有の制度である。

(担当：松嶋隆弘)

Lesson 30　利益配当

1　利益配当の意義

　会社は，営利を目的とする社団である (52条)。「営利を目的とする」ということは，単に会社が対外的な営利活動によって利益を得ることを目的とするだけではなく，得た利益を社員（会社の構成員）に分配することも目的としている。株主に対する利益の分配は，会社の解散に際して残余財産を分配するという方法でも行うことができる (425条)。もっとも，会社は，通常は継続的に営利活動を行うのであるから，一般に定期的に決算を行って利益を分配している。これを利益配当という。

　このように，利益配当は，本来，営利社団法人である株式会社が行う必要のあるものである。それを株主の権利の面からみると，株主の利益配当請求権は株主の固有権であると考えられる。したがって，この権利は，残余財産分配請求権とともに，基本的には，定款または株主総会の決議をもってしても制限・剥奪することは許されない，と解されている。

2　配当可能利益

　株式会社が株主に利益配当をするためには，①手続的には，取締役会の作成した計算書類 (281条1項各号) が定時株主総会で承認されなければならないことに加えて (283条1項)，②実質的には，290条1項に定める配当可能利益の範囲内で利益配当がなされる必要がある。なぜなら，株式会社においては，株主は有限責任しか負わないため (200条1項)，株主に対して無制限な配当を行うと債権者の担保となる企業の財産的基礎を弱めることになるからである。そこで商法は，債権者保護の観点から，配当可能限度額を定めているのである。ここでは，②配当可能限度額についてみてゆくことにする。

　290条1項は，利益配当の制限について規定している。それは，純資産の額

(最終の貸借対照表上の資産の合計金額から負債の合計金額を差引いた残額，独禁法9条の2第1項）から次の額を控除した額を限度とする。すなわち，①資本金，②資本準備金および利益準備金の合計額（以下，法定準備金という），③その決算期に積立てることを要する利益準備金の額（以下，利益準備金要積立額という），④繰延資産として計上した開業準備費・試験研究費・開発費の合計が②および③の準備金の合計額を超えるときはその超過額（以下，繰延資産超過額という），⑤資産につき時価を付することとした場合（(285条ノ4第3項等）。ただし，社債等や株式等に低価主義が強制される場合（285条ノ2第1項但書・2項・285条ノ5第2項・285条ノ6第2項）は除く）においてその付した時価の総額がその取得価額の総額を超えるときは時価を付したことにより増加した貸借対照表上の純資産額（以下，時価評価に伴う純資産増加額という）を控除した額である（290条1項1号～6号）。

　④の繰延資産は，その範囲が広く，その金額が大きくなる可能性があるから，配当可能利益の算定にあたっては控除するものとされたのである。⑤時価評価に伴う純資産増加額は，未実現利益であるから，これが社外に流出することは，会社債権者を害するため，配当可能利益の財源としないこととしたのである。

　この結果，配当可能利益の限度額は，(1)繰延資産がない場合，および，④開業準備費，試験研究費，開発費の繰延額が②法定準備金と③利益準備金要積立額以下の場合，ならびに，(2)開業準備費，試験研究費，開発費の繰延額が②法定準備金および③利益準備金要積立額より大きい場合に分けられる。式で表わすと次のとおりである。

(1)　配当可能利益＝｜純資産額－(①資本金＋②法定準備金＋③利益準備金要積立額＋⑤時価評価に伴う純資産増加額)｜

または，

(2)　配当可能利益＝｜純資産額－(①資本金＋②法定準備金＋③利益準備金要積立額＋④繰延資産超過額＋⑤時価評価に伴う純資産増加額)｜

ここで，③については次のことをも考慮しなければならない。利益準備金は，会社債権者を保護するため利益処分時においては社外流出額の10分の1以上を積み立てなければならない（これは，配当が10に対して1を利益準備金とする

図1
(1)の場合

諸資産	諸負債
	①資本金
	②資本準備金
	③利益準備金
	利益準備金要積立額 　　} 11分の1
	配当可能限度額 　　　　　} 11分の10
	⑤時価評価に伴う純資産増加額

(2)の場合

諸資産		諸負債
	④繰延資産額 開業準備費 試験研究費 開発費	①資本金 ②資本準備金 ③利益準備金 　利益準備金要積立額　} 11分の1 配当制限額（繰延資産超過額） 配当可能限度額　　　　　　} 11分の10 ⑤時価評価に伴う純資産増加額

※　開業準備費，試験研究費，開発費の合計額が，法定準備金および利益準備金要積立額を超える場合，その超過額は配当制限となる。

※　ただし，これを超えない場合には，配当制限とはならない。つまり，開業準備費，試験研究費，開発費を配当制限の計算において考慮する必要はない。したがって，(1)の繰延資産がない場合の計算と同じになる。

こと，つまり，利益処分時の社外流出額全体を11とし，そのうち1以上を利益準備金として積立てることを意味している），ただし，資本金の4分の1が利益準備金の上限額であるから，利益準備金が資本準備金の額と併せて資本金の4分の1に達しているならばそれ以上積み立てる必要はない，と規定されている（288条）。このことを前提に利益準備金要積立額を式で表わすと，(a) $\{$純資産額－(①資本金＋②法定準備金＋⑤時価評価に伴う純資産増加額)$\} \times \frac{1}{11}$，または，(b)利益処分時の資本金$\times \frac{1}{4}$－法定準備金，のいずれか小さい方ということになる。

3 利益配当の決定および支払

(1) 利益配当の決定

商法に定める配当可能利益は，2で述べたとおりである。もっとも，これによって算出されるのは利益配当の限度額であって，実際にこの限度額すべてが利益配当されるわけではない。その一部が役員賞与にあてられ，または，任意準備金（法律で積立が強制されていないが，利益配当の中から，会社が定款の規定または株主総会の決議によって積み立てる準備金）として積み立てられる場合等もあるからである。

配当可能利益のうちどれだけを利益配当とするか，また，どれだけの金額を社内に留保するかについて，取締役会が利益処分案を作成する（281条1項4号）。この利益処分案には，株主に対する配当が，総額だけではなく1株何円と示されるのが通例である。この利益処分案は，定時株主総会で承認されることによって確定する（283条1項）。利益処分案が確定されると，各株主は，その有する株式の数に応じて利益配当請求権を有する（293条本文）。

(2) 利益配当請求権

ここで株主の利益配当請求権について簡単に述べておく。株主の利益配当請求権には，①株主としての地位に基づき，当然に，会社から利益配当を受けることができるという抽象的な権利（抽象的利益配当請求権）と，②定時株主総会で利益配当の議案が承認されたときに，株主が，会社に対して，その有する株式の数に応じて一定の金額の利益配当を請求することができる具体的債権（具体的配当請求権・配当金支払請求権）がある。②は，株式から独立した会社に対する債権であるから，これ自体を譲渡することができる。また，これ自体を差し押えることもできる。

(3) 配当金の支払い

(1)で述べたように，利益配当は定時株主総会の決議によって定められる。そのとき，株主の利益配当請求権が発生する。各株主は，その有する株式の数に応じて利益配当請求権を有する（293条本文）。数種の株式が発行されている場合は，株式の種類により配当を異にすることができる（同条但書）。また，自己株式に対する利益または利息の配当は，行うことができない（同条但書）。この配当金支払請求権を有する株主は，決算期において株主名簿に記載されている

株主である。

　配当金支払請求権は、株主権に属する抽象的利益配当請求権とは異なり、株式から独立した会社に対する債権であり、商行為によって生じたものではないから、民事債務として10年の時効で消滅する（民167条1項）。しかし、長期の時効期間を待つのでは未払配当金の事務処理上不便であるから、多くの会社は、株主が一定期間内に配当金を受け取らない場合には会社は支払義務を免れる、と定款に規定しているようである。この期間は、期間の進行について中断や停止のない除斥期間と解されており（大判昭和2年8月3日民集6巻484頁）、不当に短い期間を定めるのでないかぎりは有効である。

　配当する利益または利息は、日本に住所を有する株主に対しては、株主名簿もしくは端株原簿に記載・記録した株主の住所または株主が会社に通知した場所において支払わなければならない（会社の配当する利益又は利息の支払に関する法律1項・3項）。この支払のための費用は、会社の負担とされている（同法2項）。したがって、会社の配当金支払債務は、持参債務である。

4　中間配当および建設利息
(1)　中間配当

　中間配当とは、営業年度を1年とする会社において、定款に定めることによって、営業年度の途中の一定の日における株主に、原則としてその持株に応じて、取締役会の決議によって、金銭の分配をすることである（293条ノ5）。3で述べたように、利益配当は、定時株主総会において利益処分案が承認されることに基づいてなされる。したがって、一営業年度年に1回しかできないことになる。これに対して、かつては半年決算、利益配当年2回とする会社が多かった。そこで、かつてと同じく年2回の配当を可能とするために設けられたのが、中間配当である。もっとも、中間配当は決算をしていないので厳密にいえば利益配当ではなく、商法も金銭の分配としているものの、会社財産の社外流出であり、手続上利益配当と同様の規制がなされていることから、一般に中間配当と呼ばれている。

　この中間配当の配当可能限度額の計算は、基本的には利益配当の場合と同じである（293条ノ5第3項）。大きく異なるのは、この配当制限の規定に合致した

利益があったとしても，その営業年度の終わりにおいて貸借対照表上の純資産額が290条1項各号の金額の合計額を下回るおそれがあるとき，すなわち，次の決算で配当可能金額がなくなるおそれがあるときは，中間配当をすることはできない，という制限が付加されていることである（同条4項）。

(2) 建設利息

鉄道会社や水力電気会社等のように，開業までの準備に長い時間が必要な会社がある。そのような会社成立後2年以上その営業の全部を開業することができない会社においては，利益を得ることができないから，利益配当を行うこともできない。そうなると，株主を募集し，資金を集めることが困難になる。そこで，このような会社について，建設期間中一定割合の利息を配当することを認めたのが，建設利息である（291条）。

ワーク 30　演習問題

【問】　利益配当に関する以下の記述のうち，誤っているものを1つ選びなさい。　　　　　　　　　　　　　　　　　　　　　　　【法学検定試験3級程度】

(1) 利益配当は，残余財産分配請求権とともに，基本的には，定款または株主総会の決議をもってしても制限・剥奪することは許されない。

(2) 290条1項は，利益配当の制限について規定している。そのうち，繰延資産として配当規制がなされるのは，開発費・試験研究費・開業準備費である。

(3) 290条1項に定める利益配当の制限においては，時価評価に伴う純資産増加額が考慮されていない。

(4) 株主は，定時株主総会で利益配当の議案が承認されたときに，会社に対して，その有する株式の数に応じて一定の金額の利益配当を請求することができる。

（担当：大久保拓也）

Lesson 31 違法配当

1　違法配当の意義——利益配当の要件——

　利益配当請求権は，株主が会社に対して有する基本的な権利の1つである（自益権）。しかし，株式会社が株主に対して利益に配当するには，形式的要件と実質的要件を満たすことが必要である。そのような要件に違反した配当を違法配当と呼んでいる。

```
                     ┌──→取締役会の提案，監査役・会計監査人の監査
利益配当 ┌─形式的要件→株主総会による「利益処分案」の承認（283条1項）
の要件   └─実質的要件→配当可能利益の存在（290条1項）
```

　まず形式的・手続的要件としては，経営陣が提案した「利益配当を行う旨の利益処分案（配当議案）」が株主総会（定時株主総会）の決議によって承認されることが必要になる（283条1項）。もとより，この株主総会への提案の前には，取締役会の承認を受けるとともに（281条1項），監査役の監査を受けていなければならない（281条2項）。さらに，規模の大きい商法特例法上の「大会社（資本の額が5億円以上または負債の合計金額が200億円以上の株式会社）」の場合には，会計監査人（公認会計士または監査法人を指す。商特2条）と監査役会（同14条）の監査も必要になり，チェックがかなり厳重になっている。こうした要件に違反する配当は広義の違法配当となる。

　次に，実質的要件として，利益配当は「配当可能利益の範囲内（290条1項）」でしか行ってはならない。一般に違法配当とは，後者に違反するものを指し，実質的には貸借対照表（B/S）上に「配当可能利益がない」のに，無理に保有資産の売却益や評価益の計上によって利益を計上して株主に対してなされる配当，あるいはそれを超えた配当である（中間配当も含む）。このような配当は「蛸（タコ）配当」とも呼ばれ（タコが食料に困ると自分の脚を食べることに譬えて），狭義の違法配当ないし通常の用語としての違法配当は蛸配当を指す。こうした

違法配当は、経営者が自らの保身のためや、会社の信用維持のために行う、企業の赤字隠しである粉飾決算等(後述)に伴って行われることが多い。なお、その他の手続上の瑕疵がある場合、会社の定款違反や株主平等原則違反(利益配当と株主平等の原則については、最判昭和45年11月24日民集24巻12号1963頁))の場合も「違法」配当である。利益配当は各株主の有する「株式の数」に応じて、行わなければならない(293条)。違法配当の効力は「無効」であり、「配当金の返還と関係者の責任」が問題となる。

```
会社  ┌ 賠償請求──→取締役・監査役──→「悪意の」株主へ求償
債権者 └ 返還請求──→株主
   └→違法配当──→会社資本・財産の減少──→会社債権者に損害
```

2 株主に対する返還請求

違法配当は商法の強行規定である会社「資本の充実・維持の要請」に反し、その効力は「無効」であると解される。そこで、違法な配当金を受け取った株主は「法律上の原因なくして」利益を受けたことになるため、「会社は」株主に対して「不当な利得として」違法な配当額の返還を求めることができる(民703条・704条)。

さらに、狭義の違法配当である蛸配当は会社財産の不当な流失であるため、会社の財産・資本の維持に重大な利害関係を有する「会社債権者からも」、株主に対して違法配当額の返還を直接請求できることは1つのポイントである(290条2項)。株主としては、配当金を少しでも多く受け取りたい。しかし、物的会社である株式会社において制度上株主は間接有限責任しか負担しないため、会社債権者にとっては、会社資本の充実が唯一のよりどころであり、このような権利が認められている。それゆえに、違法配当は配当を多くしたい株主と配当をなるべく少なくしたい会社債権者との間に生じる利益相反状況のひとつである。

以上の返還請求の対象となる株主の範囲は、資本維持の原則・会社債権者保護の観点から株主の善意や悪意によって限定されないとするのが多数説である(非限定説、後述する266条ノ2の「取締役の求償権」とは大きく異なる)。これに対して、後述する266条ノ2とのバランスや、株主の保護を重視して、返還

の対象を「善意の株主」に限定する少数説（限定説）がある。限定説に対しては，取締役の求償権の場合には（266条ノ2）その制裁的効果が重視されているのであり，立法趣旨が違うという多数説側からの反論がある。

3 取締役等の会社に対する弁済責任・刑事責任・行政責任

違法配当に対する事後処理としては，上述した株主への返還手続が基本である。しかし，多数の株主に対してわずかな配当金を個々に請求し，回収する返還請求には数多くの困難を伴うことは容易に想像できる（実効性・返還コスト・訴訟技術等）。そこで，「会社は」取締役に対して違法配当額の弁済を請求できるものとしている（266条1項1号）。この取締役の責任は，資本維持のための「厳格な無過失責任」と考える説が多い（ただし，近時においては過失責任説も有力）。ここで責任を負う「取締役」の範囲には，配当議案を作成・提出した代表取締役等に加えて，取締役会で承認・賛成した取締役も含まれる（266条2項）。積極的に賛成していなくても，取締役会の議事録に異議を留めていなかった者は賛成したものと推定される（266条3項）。責任を負う取締役が複数いる場合には，連帯責任となる（266条1項）。この会社に対する責任を免除するには総株主の同意を必要とする（266条5項）。

さらに，以上の責任は違法配当額そのものに限られるが，会社にはそれ以上の損害が発生しているケースが多い。そうした損害についても，違法配当は取締役の善管注意義務（254条3項，民644条）および忠実義務（254条ノ3）に反する法令違反行為であるため，取締役は会社に賠償すべき責任を負う（266条1項5号，なお，この責任は過失責任である）。会社自身（他の取締役や監査役ら）がそうした責任を追及せず，放置しているような場合には，株主代表訴訟の対象にもなる（267条）。

違法配当のケースで，取締役が会社に弁済した場合，「悪意の株主」に対しては求償できる（266条ノ2）。ここで対象が，上述した「返還請求」の場合には無限定であるのに，「求償」の場合には悪意の株主に限定されているのは，会社経営に関与しておらず，違法配当であることを知らなかった善意の株主を保護するためである。その一方で，違法配当に関与した（配当議案を提出する等により）取締役には一種の「制裁的な効果」となる。

```
┌ 会社       →「すべての」株主へ返還請求可能（民703条・704条，商290条
│                                                2項）
└ 取締役に   →「悪意の」株主に限定（266条ノ2），制裁的効果を重視
  よる求償
```

さらに，違法配当を行った取締役やその決議に賛成していた取締役が「悪意または重過失」により任務を怠っており，その結果，第三者（会社の債権者等）に損害を与えた場合には，上述した「会社に対する責任」のみならず，「第三者に対しても」連帯して損害賠償責任を負わなければならない（266条ノ3）。この取締役の責任には，他の取締役への監視義務（受動的・能動的双方）に関する違反に基づくものも含まれる。

```
取締役←第三者（会社の債権者等）による責任追及（266条ノ3）
    └→悪意か重過失
```

違法配当をした取締役等に対しては以上の損害賠償責任に加えて，「会社財産を危うくする罪」として5年以下の懲役または500万円以下の罰金刑という刑事罰の対象になることもある（489条3号の違法配当罪）。また，行政罰として過料に処せられる対象にもなりうる（498条19号）（粉飾決算については後述）。

他方，取締役のチェック役である「監査役」も，取締役の場合と同様に，違法配当について任務を怠った場合には会社に対して連帯して責任を負う（277条），その責任免除には総株主の同意が必要であり（280条1項・266条5項），株主代表訴訟による責任追及もありうる（280条1項・267条）。さらに，監査役は職務上悪意または重大な過失があった場合には，第三者に対して連帯して責任を負うが（280条・266条ノ3第1項），監査報告書の重要な事項について虚偽の記載をしたときには注意を怠らなかったことを証明しない限り，第三者に対して連帯して責任を負わなければならない（280条・266条ノ3第2項）。

同じく，商法特例法上の「大会社の会計監査人（公認会計士・監査法人）」もその任務を怠り，会社に損害を生じさせたときには，会社に対して連帯して損害賠償責任を負い（商特9条），重要な事項について監査報告書に虚偽の記載をしたことにより，第三者に損害を生じさせたときには，注意を怠らなかったことを証明しない限り，第三者に対しても連帯して責任を負う（商特10条）。それらの責任が取締役や監査役と重なるときには，連帯責任となる（商特11条）。

さらに，不正な業務執行については，刑事罰（商特28条以下，5年以下の懲役か500万円以下の罰金）や過料（商特30条）という重い責任も規定されている。

```
監査役      ┐ ←┌ 対会社責任
会計監査人  ┘  └ 対第三者責任
```

4　企業情報の開示と粉飾決算との関係——公開会社法としての証券取引法——

(1) 企業情報の開示・公開（ディスクロージャー）の意義

　企業法の分野では，企業情報の開示がきわめて重視されている。企業法の大きな柱は商法と証取法であり，商法は企業を取り巻く利害関係者（ステイク・ホルダー），とりわけ株主（経営者の選任・解任・責任追及等の目的）と会社債権者（取引の判断材料等の目的）向けの情報開示を定めている。したがって，株主にとって企業情報は適切な権利行使（議決権，株主代表訴訟提起権等）の前提になる。なお，最近大規模公開会社についてはその活動の社会的影響の大きさから，労働者，消費者・利用者，地域住民等を含む広く社会的責任や不正行為の防止，法令順守（コンプライアンス）が重視されている。

　他方，証取法は，商法・会社法との関係では公開会社法として，「株式等を証券取引所等で公開している企業」に対する投資判断に必要な，投資家向けの情報開示を重視している。そのため，証取法による情報開示は会社法と比べると共通点も多いが，証取法では詳細かつ実質的な投資判断材料としての重要性，正確性および迅速性が重視され，開示の対象者（一般の投資者）が広くなっている点に違いがある。また，沿革上の理由から企業の財務書類の名称（商法は計算書類，証取法は財務諸表），監査人の名称（商法特例法上の大会社は会計監査人，証取法は公認会計士・監査法人），そしてそれらの内容等も異なっており，その調整が立法上・解釈上の重要な課題となっている。なお，証取法は国民経済的に重要な証券市場（マーケット）の公正な価格形成条件を整備し，その機能を確保するための法律でもある。そのため，証券市場を支える証券取引所，証券会社の規制をする一方で，市場で取引される多様な金融商品について，市場構造（発行市場，流通市場，公開買付市場等）に応じた情報開示を促進し，インサイダー取引や相場操縦等の不正取引を禁止している。

企業情報の開示（ディスクロージャー）規制

```
        ┌ 商法  →株主・会社債権者・取引先向け              ┌ 開示書類の作成
        └ 証取法→投資者向け                    企業情報 ─ 適正な監査
              └→大規模公開会社はその他，広く社          └ 迅速な公開・開示
                会向け
```

(2) **商法上の情報開示──株主・会社債権者向け──**

　商法上の情報の提供方法としては，「情報を受け取る側の必要性・重要性」と「会社側のコスト負担・秘密保持」との関係から，直接開示方法と間接開示方法（本店・支店，公告，商業登記所や株主総会時等での）に分かれる。また，場合によっては「裁判所の許可」や「一定数の持株数・持株比率」が情報提供の際の条件として課されている。そこでは，その情報の機能・質・内容が問題となる。

　まず，会社から株主に対して「株主名簿上の住所」に直接送付される情報としては（直接開示），定時株主総会の招集通知に添付される，計算書類（会社の資産状況を示す貸借対照表（Balance Sheet, B/S），会社の収益力を示す損益計算書（Profit and Loss statement, P/L），営業報告書，利益処分案または損失処理案）と，その正確さを担保する監査役および会計監査人（大会社の場合）の監査報告書がある（283条2項，商特15条）。なお，株主数が千名以上の大会社では，議決権行使に関する参考書類も添付する（商特21条の2）。

　次いで，間接開示情報としては，まず，計算書類・監査報告書は定時総会の会日から2週間前より5年間会社の本店に（支店には謄本を3年間）備え置き，株主や会社債権者は閲覧・謄写が可能であり（282条1項・2項），「親会社の株主」も必要に応じて裁判所の許可を得て，閲覧・謄写できる（282条3項，親会社株主の子会社書類の閲覧・謄写権）。さらに計算書類が承認された後，代表取締役は貸借対照表か，その要旨（大会社では損益計算書か，その要旨も含めて）を公告しなければならない（283条3項，商特16条2項）。その他，株主総会の議事録（244条3項・4項），定款や株主名簿（263条1項・2項）等も随時本店・支店で閲覧できる。

　また，直接開示と間接開示方式を併用するものとして，合併（408条ノ2第2項・412条），新株発行（280条ノ3ノ2）等企業の重要な組織変動の際には（株式

交換・移転，分割，清算等の場合も同じ），会社から株主や会社債権者に対して，公告や個別の通知による情報の開示および異議申立手続が義務づけられている。取引の安全を図るための商業登記制度も整備されている（商登9条以下，商業登記法も参照）。

さらに，積極的に情報を得る方法として，株主は株主総会で質問をし，取締役等から説明を受けることで情報の提供を受けることができ（237条ノ3，詳細な拒否事由も参照），裁判所の許可を得れば「取締役会の議事録」の閲覧もできる（232条ノ2，総会の議事録と比較）。発行済株式総数のうち3％以上の株式保有者であれば，少数株主権として企業の内部資料である「会計帳簿・書類」を閲覧し（293条ノ6），不正の疑い等があれば検査役の調査を裁判所に請求して（294条），その救済を求めることができる。

(3) 証取法上の情報開示——投資者向け——

　　┌─ 流通市場→有価証券報告書，半期報告書，臨時報告書，大量保有（5％
　　│　　　　　　超）報告書，取引所による要請（タイムリー，四半期報告書）
　　├─ 発行市場→有価証券届出書，目論見書
　　└─ 公開買付（TOB）市場→公開買付届出書・説明書，新聞公告，意見表明
　　　　　　　　　規制

投資家の投資判断にとって，正確でスピーディーな投資情報の提供は生命線である。そうした情報提供は市場ごとに特色が見られる。第1に，投資家への「迅速な」情報開示という観点から見ると，証券取引所が要請する適時（タイムリー）開示や四半期報告書，証取法上の臨時報告書（証取24条の5），企業の半期の報告書（6カ月ごと，証取24条の5）・年次報告書としての有価証券報告書（証取24条）がある。これらの情報の中心は企業の財務状況（貸借対照表，B/S）と業績（損益計算書，P/L）を示す「財務諸表（financial statement, F/S）」である。財務諸表は財務諸表規則に基づいて作成され，会計の専門家である公認会計士・監査法人（5名以上の公認会計士からなる認可法人）により公正かつ厳正に監査され（監査証明義務，証取193条・193条の2），適切に投資家に対して開示れなければならない（作成・監査・開示）。虚偽記載や不実表示等があれば，後述するように関係者に対して刑事罰を含めた厳しい責任が問われる。また，不正な買い占め・相場操縦を防止し，市場構造を明らかにするため，株券等の

大量保有報告書（5％ルール）（証取27条の23以下）による株式取得者の氏名，取得目的，資金源等の情報開示制度も整備されている（平成2年導入）。第2に，証券の発行市場については，監督官庁に提出する有価証券届出書（証取5条）および投資家への勧誘に使われる目論見書（証取13条）がある。さらに第3に，証券市場「取引の外で」なされる企業買収（Merger & Acquisition, M&A）・大量（5％超）の株式取得の際の公正な国際ルールとして，正確な情報の開示，投資者の平等取り扱いの重視，および価格競争の促進等を趣旨とする「株式の公開買付（Take Over Bid, TOB）」の手続が設けられており（証取27条の2以下），頻繁に使われるようになっている。

これらの情報の開示方法としては，証取法上の自主規制機関である証券取引所・証券業協会や企業等による「公衆縦覧」が基本であるが，最近証取法改正によりインターネット等を通じた「電子的な方法」による開示手続も認められた（証取27条の30の2以下）。会社の内部者等が未公開の秘密情報を利用したインサイダー取引の禁止規定も（証取166条・167条），情報開示の促進と不開示の不正利用の防止が主な目的である。こうした情報開示や不正取引の摘発については，証券市場の番人である「証券取引等監視委員会（日本版SEC, Securities and Exchange Commission, 平成4年創設）」が積極的に関わっている。他方，証取法は最近の改正により国際会計基準（IAS）を順次段階的に受け入れ，公開会社の情報開示の姿には大きな変化が見られる。まず第1に，企業評価・開示方法を従来の個別企業単位（単体主義）から「企業グループ単位（連結主義）」へと変更し，実質的支配関係（株式保有，役員兼任等）にある親会社，子会社，関連会社をグループ一体として投資家が評価することを可能にしている。第2に，企業の保有資産に対する評価を取得価額等から，「時価主義による評価」へと変更することで財務諸表を中心とする企業情報の透明性を高め，これまで隠れていた企業の「含み益」の表面化を図っている。こうした動向は伝統的な商法会計にも大きな影響を及ぼしている。

(4) **粉飾決算**——企業経営者による赤字・損失隠し——

違法配当は会社の信用を維持し，経営の失敗等を隠すため粉飾決算（window dressing）に伴って行われることが多い。粉飾決算は「経営者の麻薬」に譬えられ，利益を過大評価したり，費用を過小に評価すること等によって企業の会

計帳簿を不正に操作し，企業の赤字や損失を隠すものである。こうした違法な操作は「虚偽の財務書類の作成」によるもので，上述した情報開示に関する書類に不実の記載をし，その事実と異なる情報が関係者（投資者，株主，債権者等）に提供・開示されることになり，多くの被害者を生む可能性がある。

そこで，商法上そのような不正に対する責任を定める旨の規定が周到に用意されている。第1に，取締役には広範な情報開示書類への「虚偽記載」に対する厳しい損害賠償責任が規定されている（266条ノ3第2項）。違法に多額の報酬等を得ていれば，特別背任罪（486条）や業務上横領罪（刑253条）に問われることもある。第2に，取締役の監視役である「監査役」にもそうした不正を発見できず，監査報告書への虚偽の記載をしたことについて同様の責任が課されている（280条2項，商特18条の4）。さらに第3に，商法特例法上の大会社（資本額が5億円以上か負債合計金額が200億円以上の株式会社）では，株主総会で選任された会計のプロである「会計監査人」（公認会計士か監査法人）が粉飾決算等の会計上の不正をチェックする仕組みになっている。そうした職務を会計監査人が怠った場合には，前述のように損害賠償責任（商特9条・10条および11条）や刑事罰（商特28条以下，5年以下の懲役か500万円以下の罰金）という重い責任が規定されている。

証取法が適用されるような公開会社では，こうした制裁はより厳格である。第1に，粉飾決算に関わった取締役・監査役は，証取法上の刑事責任として虚偽有価証券報告書記載・提出罪（証取197条，5年以下の懲役か500万円以下の罰金）や民事責任として損害賠償責任に問われる（証取24条の4）。また第2に，そうした虚偽書類の「監査証明」をした公認会計士・監査法人の損害賠償責任も問題となり（証取24条の4），現実に多くの責任追及訴訟が提起される傾向が見られる。

ワーク 31 演習問題

【問】 違法配当に関する以下の記述中，誤っているものを1つ選びなさい。

【法学検定試験3級程度】

(1) 違法配当は無効であるから，会社はそのような配当金を受け取ってい

た株主に対して，当然不当利得の返還を求めることができると考えられている。

(2) 違法配当は不正行為であるから，そうした配当議案を提出した取締役およびその議案に賛成した取締役はたとえ善意で無過失であっても，第三者に対して損害賠償責任がある。

(3) 会社から違法な配当がなされ，会社の債権者が直接配当を受け取った株主に対して返還を請求する場合，明文上対象となる株主が善意か悪意かによって特に区別はなされていない。

(4) 会社に違法配当額を弁済した取締役は，違法であることを知っていた悪意の株主に対してのみ，その弁済額を求償できる（換言すれば，善意の株主に対しては求償できない）。

(5) 違法配当がなされた場合には取締役等に対して，資本充実の観点から賠償責任や返還責任が課せられるほかに，懲役刑という厳しい罰則の規定までも存在する。

（担当：松岡啓祐）

第8章 新株発行・社債

Lesson 32　新株の有利価額発行

1　新株の有利価額発行の意義——新株発行により既存株主が被る不利益への対処

　株主以外の第三者に対して，すなわち株主に新株引受権が付与されないで新株が発行された場合に，既存の旧株主が被る不利益としては2種類の不利益がある。第1に，既存株主の共益権能群的な不利益は従来の持株比率，すなわち会社支配に対する影響力が低下することである。一方，公開会社では，株主の持株比率は不断に変化するものであり（204条1項本文参照），既存株主は従来の持株比率を維持しようと思ったら株式市場から買い付ければよいということになり，新株発行の便宜を優先し株主から新株引受権を剥奪したことから，株主の持株比率の維持は保障されない。他方，閉鎖会社では，平成2年の改正で株主の持株比率の維持に配慮して，原則として株主に新株引受権を付与した（280条の5の2第1項）。第2に，既存株主の自益権能群的な不利益は旧株の会社財産に対する割合的地位，すなわち経済的価値が低下することである。商法はこれに対しては配慮して，公正な発行価額を要求し，公正な発行価額を下回るとくに有利な発行価額になるときは，本来ならば取締役会決議ですむところ（280条の2第1項2号）を，株式の種類，数および最低発行価額につき株主総会の特別決議を経ることを課し，株主総会で株主以外の者に対して，特に有利な発行価額をもって新株を発行することを必要とする理由を開示させている（同

条2項)。新株引受人となる株主が議決権を行使したことにより特別決議が成立した場合，開示された理由に客観的合理性がないときは，「著シク不当ナル決議」(247条1項3号) に該当する可能性がある。前項の議案の要領は株主総会の招集通知に記載することを要する (同条3項)。特別決議は決議の日より1年内に払込みをなすべきものについてのみその効力を有する (同条4項)。

2　新株の第三者割当の目的

有利価額発行は第三者に新株引受権を付与する第三者割当 (株主に新株引受権を付与してもその持株比率に応じないとき，ことに特定の株主に新株引受権を付与するにすぎないときも第三者割当てになる) の場合だけではなく，時価発行公募増資でも等しく問題になるが，実際には公開会社における第三者割当てでとくに問題になる。第三者割当ては以下の目的で行われる。

① 資本調達　資本調達の目的は常にあると認定されやすいが必ずしもそうではないし，ましてやこの目的が第三者割当ての主要な目的であると判断するには慎重でなくてはならない (現実にはほとんどの場合は純粋な資本調達は副次的な目的のように思える)。しかし，判例はこの目的を重視してきた。

② 他社との継続的取引や資本 (株式持合) 面における提携・結合の開始・維持・強化　この目的ですら現経営者 (特に，代表取締役) の会社支配の維持と無関係ではない。

③ 株式買占への対抗　株主が会社支配権の争奪戦を展開している際は最も資本の論理があらわに顕現し株券の支配証券性が前面に出てくる場面であり，本来的に商法は多数派・少数派いずれの株主にも中立である。しかし，現実には買占への対抗は買占側の少数株主に対して，現経営者が自分達の会社支配を維持するためという目的がその隠された真の目的であるとすらいえよう。従来は，買占側は経営権を取得する意図を有せず，高値肩代わりを迫ることが多かった。

3　公正な発行価額

「特ニ有利ナル発行価額」は公正な発行価額よりも新株引受人にとって，特に有利なつまり割り引きされた低い発行価額であるから，公正な発行価額とは何かが問題になる。公正な発行価額は公開会社の場合と閉鎖会社の場合とでは

明らかに異なるので，両者を分けて検討する必要がある。

(1) 公開会社の場合

(a) 公正な発行価額の一般論　公開会社には上場会社だけでなく店頭登録会社も包含されるので，上場株に関する立論は店頭登録株にもほぼそのままあてはまる。上場株を時価発行する場合の公正な発行価額は，一般論としては，「発行価額決定前の当該会社の株式価格，右株価の騰落習性，売買出来高の実績，会社の資産状況，収益状況，配当状況，発行済株式数，新たに発行される株式数，株式市況の動向，これから予想される新株の消化可能性等の諸事情を総合し，旧株主の利益と会社が有利な資金調達を実現するという利益との調和の中に求められるべきであ」（最判昭和50年4月8日民集29巻4号350頁）り，別言すると，それは「新株の発行により企図される資金調達の目的が達せられる限度で旧株主にとり最も有利な価額」（東京高判昭和46年1月28日判時622号103頁）である。市場価格ある株式を公正な価額で発行する場合の発行価額については算出表示方式で足りる（280条の2第5項）。実際には，時価発行公募増資の場合には，新株発行日（払込期日の翌日，280条の9第1項）の時価にできるだけ接近した価格で発行できるように算式表示方式（株式の発行価格等を募集または売出の届出の効力発生日の前日における株式市場における終値にたとえば96.5%を乗じた価格とすると表示した方法）（開示府令1条30号）が採用されることが多い。そこで，上場株を時価発行する場合の公正な発行価額の要件としては，第1に，その株価が信頼できる市価であること，第2に，市価からの割引率が大きすぎないことである。

(b) その株価が信頼できる市価であること　実際には，会社は当該の発行価額は「特ニ有利ナル発行価額」ではないとして特別決議を経ないで第三者への新株発行を行い，少数派株主から新株発行差止仮処分や新株発行無効の訴えが提起されるという形で争われる。会社支配権の争奪戦が始まると提灯買も入って会社の株価は高騰するが，この高騰した市価が信頼できる市価であるといえるかが問題となる。この要件に関する判例には2つの立場がある。

① 一方，その主流は，少数派株主の買占によって急騰した株価は公正な発行価額の決定基準たりえないと解している，といって大過ない（タクマ事件）（大阪地決昭和62年11月18日判時1290号144頁）。また，「新株発行決議以前に投機等に

より株価が急騰し，かつ急騰後決議時までに短期間しか経過していないような場合には，右株価は当該株式の客観的価値を反映したものとはいいがたいから，株価急騰前の期間を含む相当期間の平均株価をもって，発行価額とすることも許されると言うべきである」として，「証券業界の自主ルールに従い，本件発行価額を平成元 (1989) 年2月20日から同年8月18日までの終値平均に0.9を乗じて算出した価格としたことに合理性がないとは言えない」とした判例（宮入バルブ事件）（東京地決平成元年9月5日商事1193号41頁）やソニー・アイワ事件（東京地判昭和47年4月27日判時679号10頁，東京高判昭和48年7月27日判時715号100頁）もこの立場に属する。さらに，具体的な事案としては，半値未満の発行価額は「特ニ有利ナル発行価額」に該当するとされたが，「株式が市場においてきわめて異常な程度にまで投機の対象とされ，その市場価格が企業の客観的価値よりはるかに高騰し，しかも，それが株式市場における一時的現象に止まるような場合に限っては，市場価格を新株発行における公正な発行価額の算定基礎から排除できるというべきである」（いなげや事件）（東京地決平成元年7月25日商事1190号96頁）もこの立場に属するとしてよいのではなかろうか。

② 他方，もう1つの流れは，「株価が株式市場で投機の対象となり株価が著しく高騰した場合にも，市場価格を基礎とし，それを修正して公正な発行価額を算定しなければならない。なぜなら，株式市場での株価の形成には，株式を公開市場における取引の対象としている制度からみて，投機的要素を無視することはできないため，株式が投機の対象とされ，それによって株価が形成され高騰したからといって，市場価格を，新株発行における公正な発行価額の算定基礎から排除することはできない」（忠実屋事件）（東京地決平成元年7月25日商事1190号96頁）とする立場である（もっとも，①の立場を述べている部分もある）。

株式市場の時価も疑念を差し挟む余地がないほど常に公正である訳ではなく時価を聖域化しないためにも，基本的には，①の立場が妥当であろう。厳密に言えば，買占が開始されてから形成された市価を前提とするその自主ルールに則った価格は妥当ではなく，株価高騰の影響を受けない期間の株価を基準とすべきである。

(c) 市価からの割引率が大きすぎないこと　　市価からの割引率が3.5%

（せいぜい5％位まで）に収まることが公正な発行価額といいうる1つの要件である。

(2) 閉鎖会社の場合

閉鎖会社の場合は市価がないのでその公正な発行価額の判定はなかなか困難であるが，それぞれの事例ごとに最適の算定方法を探求することになる。最近は，純資産方式を基本としてそれと収益方式または配当還元方式との併用方式で非公開株の発行価額を算定することが多いようであり，これらの算定方法で決定された非公開株の発行価額は公正な発行価額といって差し支えなかろう。

4 特別決議のない有利価額発行の私法上の効力

特別決議のない有利価額発行の私法上の効力につき，それが新株発行無効の訴え（280条ノ15）の原因になるかが争われている。①一方，従来の多数説と判例は，「株式会社の代表取締役が新株を発行した場合には，右新株が株主総会の特別決議を経ることなく，株主以外の者に対して特に有利な発行価額をもって発行されたものであっても，その瑕疵は新株発行無効の原因とならないものと解すべきである」（最判昭和46年7月16日判時641号97頁）とし，「新株発行は，むしろ，会社の業務執行に準ずるものとして，取り扱っているものと解するのを相当とすべく，右株主総会の特別決議の要件も，取締役会の権限行使の内部的要件であって取締役会の決議に基づき代表権を有する取締役により既に発行された新株の効力については，会社内部の手続の欠陥を理由にこの効力を否定するよりは右新株の取得者及び会社債権者の保護等の外部取引の安全に重点を置いてこれを決するのが妥当であり，従って右新株発行につき株主総会の決議のなかった欠陥であっても，これをもって新株の発行の無効とすべきではなく，取締役の責任問題等として処理するのが相当である」（最判昭和40年10月8日民集19巻7号1745頁）として，取引の動的安全を重視して，有効説に立つ。有効説は公募増資に妥当する法理であり，社団法理よりも有価証券法理を優先する。有効説では，特別決議に参加できなかったという既存株主の不利益に対する救済は，事前的には，新株発行事項の公示（280条ノ3ノ2）に基づく新株発行差止請求権（280条ノ10）で，事後的には，取締役の賠償責任（266条1項5号）および通謀株式引受人の差額支払責任（280条ノ11）ではかられることになる。②他方，

第三者割当については取締役会は完全な新株発行権限を持たず，特別決議がない場合は新株発行は無効になると解する（絶対的）無効説もある。③さらに，原則として新株発行は有効であるが，特別決議のない新株発行であることを知っている当初の株式引受人や株式譲受人の手許に留まっている新株は，取引の動的安全を考慮する必要はないから無効にして差し支えないとする相対的部分的無効説（折衷説1）もある。加えて，新株発行事項の公示があった場合には，株主には新株発行差止請求の機会が与えられていたので無効原因とはならないが，公示を欠く場合には，公示義務違反として絶対的無効になるとする説（折衷説2）もある。

　最近折衷説が有力になりつつあるが，折衷説は第三者割当を想定した立論であり，第三者割当では新株をはめ込まれた第三者は自発的には新株を滅多に譲渡できずその新株が転々と譲渡される事態は考えられないので無効にしてよく，また支配権の変動を伴う可能性があるので無効にすべきであり，よって特別決議のない有利発行で第三者割当の場合には新株発行の効力を否定するのが妥当である。

5　特別決議のない有利価額発行の新株発行差止請求

　特別決議のない有利価額発行は280条ノ2第2項という法令違反でありこれにより特別決議に参加する機会を剥奪された株主は不利益を受けているから，新株発行差止請求の対象となる。新株発行差止請求は裁判外でも行使できるが，その実効性を確保するためには，新株発行差止請求訴訟を本案とする新株発行差止仮処分命令を申請することになる。新株発行差止仮処分命令に違反して新株が発行された場合は，新株発行の効力につき，①一方，仮処分命令には対世効はなく，会社に仮処分命令を得た株主に対する不作為義務が課せられるに止まり，会社の新株発行権限を対世的に制限するものではない等とする有効説もある。他方，②（絶対的）無効説，③仮処分命令に違反した新株発行は原則として無効原因になるが，仮処分命令が差止事由がないのになされたことを会社が立証するときは無効にならないとする説がある。②③の論拠は，仮処分命令に違反しても有効であるならば差止請求権は取締役に注意を喚起するだけの弱い権利にすぎなくなってしまうこと，無効原因とされるのは差止理由のある差

止に限定されるので無効になる場合があっても新株発行への不当な制約にはならないこと，新株発行の効力発生後は取引の動的安全を期すために無効原因を狭く解すべきであるから，事前予防のための差止請求権の実効性を強く確保すべきであること，仮処分命令は裁判所により公権力で認められたものであるから法秩序尊重の意味からも差止請求権の実効性を強く確保すべきであること等である。判例（最判平成5年12月16日民集47巻10号5423頁）は「この仮処分命令に違反したことが新株発行の効力に影響がないとすれば，差止請求権を株主の権利として特に認め，しかも仮処分命令を得る機会を株主に与えることによって差止請求権の実効性を担保しようとした法の趣旨が没却されてしまう」として，閉鎖会社につき，②に立った。公募増資では，証券会社が介在することもあり仮処分命令を無視した新株発行が強行されるとは考えにくい。仮処分命令を無視した新株発行が強行されるのは支配権争奪戦が展開されている閉鎖会社における第三者割当の場合であろう。その際は新株発行差止仮処分命令に違反してなされた新株発行の効力を否定し無効原因となると解すべきである。

　なお，「特ニ有利ナル発行価額」に該当しない場合であっても，その新株発行が「著シク不公正ナル方法」で行われたときは，新株発行差止請求の対象となる。たとえば，現経営者が自派にのみ新株を割り当て現経営者の支配的地位を維持強化し少数派株主の持株比率を低下させる場合は典型的な「著シク不公正ナル方法」であるが，中小株主の新株引受権の行使を妨害するために不必要な現物出資を要求する場合等もこれに該当する。「著シク不公正ナル方法」に該当するか否かに関し，①支配権について争いがある会社において株主の持株比率に重大な影響を及ぼすような数の新株が発行され，それが第三者に割り当てられる場合，その新株発行が特定の株主の持株比率を低下させ現経営者の支配権を維持することを主要な目的としてなされたものであるとき，その新株発行は不公正発行に当たるとする判例（前掲忠実屋事件）や，不当な目的を達成するという動機すなわち反対勢力を排除するという動機が他の動機より優越しそれが主要な主観的要素であると認められる場合には，その新株発行は不公正発行に当たるとする判例（大阪地堺支判昭和48年11月29日判時731号85頁）等で採用された主要目的法理が，支持されてきた。しかし，主要目的法理では目的の優劣の立証がかなり困難であり，またそこでは資本調達の目的が第三者割当の主要

な目的であるとされやすく，このことは安易に現経営者の味方になることであるが，現経営者の利益と会社の利益とは明確に区別しなければならないという批判があてはまる。②そこで，株主の差止を請求する事由（不利益）と会社の利益との比較衡量により決すべきであり，会社が，資本調達の目的の他，第三者割当が会社運営上合理的であり株主間の支配権争奪戦への積極的な介入がその目的ではないことを立証したときは不公正発行にならないとする説が，最近唱えられている。支配権争奪戦が発生している場合は，取締役の新株割当権限も制約を受けると解すべきであり，現経営者一派にのみ割り当てるのでなければ少数派株主の持株比率が低下しようとも不公正発行にならないというべきではない。②が妥当である。

6　特別決議のない有利価額発行と取締役の対三者責任

　特別決議を経ない有利価額で第三者割当増資を行った場合は，会社が損害を被った結果第三者たる株主が間接損害を受けるので，取締役の会社に対する損害賠償責任（266条ノ3第1項）が生じる（最判平成9年9月9日判時1618号138頁）。

7　新株予約権の有利発行

　平成13年度第2次商法改正で，新株予約権が導入された。新株予約権とは，新株発行契約（新株の発行を受けようとする者が新株引受の申込をし，会社が新株の割当をし，新株引受の承諾をすることにより成立する）の予約完結権である。新株予約権は新株を買い付ける権利が付与されたコール・オプションであり，会社が新株予約権そのものを裸の形で発行できる（280条ノ20第1項）。新株予約権の発行は原則として取締役会が決議するが（同条2項），株主以外の者に対して特に有利な条件で新株予約権を発行する場合は，一定の事項につき株主総会の特別決議が必要となるが，その際その発行を必要とする理由を開示しなければならない（280条ノ21第1項）。新株予約権の発行でも，新株予約権の行使によって発行される新株の発行価額（新株予約権それ自体の発行価額と新株予約権の行使価額の合計額）が，新株予約権の行使期間における当該会社の株式の合理的に予想される時価よりも低い価額で発行されるときは，新株予約権の有利発行が問題になる。新株予約権の有利発行は新株そのものの有利価額発

行とは異なるが，それと類似の問題が発生する。

ワーク 32　演習問題

【問】　新株の有利価額発行につき，正解を1つ選びなさい。

【法学検定試験3級程度】

(1)　有利価額発行は株主に対しては行うことは許されない。
(2)　公開会社では，特定日の株式の時価の3割引くらいが「公正な発行価額」の目安とされる。
(3)　閉鎖会社では，「公正な発行価額」は複数の算定方式を組み合わせる併用方式が主流である。
(4)　特別決議のない有利価額発行につき有効説を採った場合は，既存株主の救済は取締役の責任で図られる。
(5)　新株発行差止仮処分命令に違反して新株が発行された場合は，判例は有効説に立つ。

（担当：松崎　良）

Lesson 33　社　　　債

1　社債の意義

　社債とは，多額の資金を調達するために，一般公衆から債権者を募集するために会社債務を分割して，これを有価証券の形で発行したものをいう。株式会社が新たな資金を必要とする場合には，資金の用途や会社の財務状況に基づいて調達方法を決定することになるが，多額でかつ長期にわたる資金調達には，通常の借入金の方法では適当ではないので，新株の発行か社債の発行ということになる。しかし，新株の発行は自己資本の増加を生じ，会社組織を拡大させることになり，資金の早期回収に適していないうえに，会社の支配関係への影響，配当率の低下，課税上の不利を伴いやすいといった問題を抱えている。そのため，会社が組織を拡大することなく，比較的容易に多額で長期にわたる資金の需要を充たすには，一般公衆からの零細な資金を蓄積して巨額の資金を確保する社債制度が利用されることになる。社債は金銭の借入による債務であるが，借入の当事者が株式会社であり，借入の相手方が一般公衆であること，借入総額が均一の金額に区分されること，各社債権者についての条件が同一であること，債券が発行されること等の特徴がある。したがって，この特徴に応じた法規制が求められ，商法以外にも多くの特別法が存在している。

2　社債と株式の相違

　社債は証券を発行することによって株式会社の資金を調達する点で，経済的には株式と類似している。しかし，社債が純然たる会社債務であり，社債権者は会社の債権者であるのに対して，株式は社員権であって，株主は会社の構成員となる点で法律的には異なっている。社債権者は会社の経営に関与することはできないが，会社事業の成績に関係なく確定利息の支払を受け，償還期限の到来によって社債金の償還を受け，会社が解散する場合には，通常の会社債権

者と同様に株主に優先して会社財産から弁済を受けることができる。一方，株主は株主総会での議決権を通じて会社経営に参加することができ，利益配当・残余財産の分配を受けることはできるものの，会社が存続する限りは，原則として，出資金の払戻を受けることができない。ところが，近年では，一般株主の多くが利益配当と株価の上下動にのみ関心を示すばかりで，会社の経営には無関心で自ら議決権等の行使をすることは稀である。また，会社も任意準備金を積み立てることにより利益配当を平均化することが少なくないため，経済的・社会的には社債権者と株主の機能は著しく接近し，株主の社債権者化の現象が見られるのが今日の実情である。加えて，法律も，償還株式（222条）や議決権制限株式（222条）のような社債に近い株式を認める一方で，新株予約権付社債（341条ノ2以下）のような株式に近い社債を認めているため，両者はますますその親近性をましている。なお，社債の発行については，株式会社のみがなしうるものと解されている。

3 社債の種類

(1) 担保付社債と無担保社債

社債は，その発行に際して元利の支払を確実にするための物上担保権が設定される担保付社債と担保権が設定されない無担保社債に区別される。従来，わが国で発行される社債は金融債や電力債を除いて，担保付社債信託法に規定される物上担保を設定する担保付社債が原則であった。社債に投資する一般公衆の立場からすれば，より債権回収の安全性の高い証券を期待することは当然であろう。しかし，最近では転換社債や新株引受権付社債，あるいは有料企業の発行する普通社債については無担保社債の発行も増加している。担保付社債は，同一担保について社債を1回発行するだけの閉鎖担保によるものと，社債の総額を定めてその範囲内で同一順位の担保権を有する社債を数回に分けて発行する開放担保によるものとがあるが，後者の開放担保の方がより利用されている。

(2) 記名社債と無記名社債

社債は，その券面上に社債権者の氏名が記載されている記名社債と記載されていない無記名社債とに分けられる。記名社債と無記名社債とでは，その移転などについて社債原簿および券面上への取得者の氏名の記載が，会社その他の

第三者への対抗要件となる点で異なっている。会社は，記名，無記名のいずれの社債でも発行できるし，社債権者も記名社債を無記名社債に，あるいは無記名社債から記名社債への変更を会社に請求することができるが (308条)，現在ではほとんどの会社が無記名社債のみを発行している。

(3) 登録社債と現物債

社債は，債券を発行するのが原則であるが，社債等登録法により，社債権者が登録機関の社債登録簿に社債の登録をした場合には，債券を発行しないことができる (社登4条1項)。このような債券の発行を行わない社債を登録社債という。これに対し，現実に債券の発行を行う社債を現物債という。

登録社債は，債券の発行を省略することによって，債券の所持に伴う危険を回避したり，社債発行手続および社債権者の管理面での簡略化を図ったり多くの利点が存するが，これを移転する場合には，社債登録簿に登録しなければ会社その他の第三者に対抗することができない点 (社登5条) で現物債と異なっている。

4 社債の発行手続

(1) 社債の発行方法

社債の発行には，起債会社が一般公衆から社債権者を募集する公募の方法と，特定人に社債のすべてを引き受けさせる総額引受の方法がある。総額引受は，引受人が後日引き受けた社債を公衆に売り出すことによってその差額の利得をするために頻繁に行われてきたが，証券取引法により証券引受業務が証券会社に限定されたため (証取65条)，他の金融機関が利用できなくなり，今日ではほとんど行われていない。

公募の方法は，会社自身が募集を行う直接募集と，発行事務も含めてこれを他に委託する委託募集がある。また，応募額が社債総額に満たない場合に受託会社が残額を引き受ける請負募集（引受募集）がある。しかし，請負募集の方法も直接募集の方法も，現在ではほとんど利用されておらず，銀行または信託会社に募集を委託する一方，証券会社に募集の取扱いとともに応募残額を引き受けさせる方法（委託引受募集）が最も多く利用されている。

(2) 取締役会の決議

社債を発行するには，取締役会の決議が必要となる（296条）。取締役会では，社債を発行する決議のほか，社債の総額，各社債の金額，利率，発行価額，償還の方法・期限等，社債の発行条件を決定しなければならない。ただし，株主以外の者に，特に有利な条件で発行する場合には，株主総会の決議を経なければならない（341条ノ3第1項10号・280条ノ21第1項）。

(3) 社債の申込

公募発行の場合には，応募する一般公衆の保護のため，また多数の申込を処理するうえでも，社債申込証による申込を義務付けており（301条），さらに，証券取引法も有価証券の届出と目論見書の作成が義務づけられている（証取4条以下）。しかし，総額引受や請負募集における残額引受の場合には，募集会社と引受人との関係だけであり，引受人は社債発行の条件を十分に知りかつ検討することが可能であるから社債申込証による必要はない（302条）。

(4) 社 債 原 簿

社債原簿とは，記名社債の場合は社債権者の氏名・住所ならびに社債および債券に関する事項，無記名社債の場合は社債および債券に関する事項を明らかにすることを目的とする会社の帳簿をいう（317条）。記名社債については，株主名簿と同様の機能を果たし，社債原簿への記入がその移転または質入の対抗要件とされ（307条，民365条），また社債権者に対する通知および催告についても原簿が基準とされる（318条・224条1項・2項）が，多くの会社が無記名社債しか発行していない現状では社債原簿の実益は乏しい。

5　社債の管理

社債は，会社にとっては長期の借入金であり，社債権者は通常これを利殖証券として長期間保有するから，会社と社債権者との間には長期の継続的関係が生じる。そこで，会社が元利金の支払を怠ったり財務内容を悪化させる等の事態が生じた場合に，社債権者の利益を保護する必要があるが，個々の社債権者は零細で自らの権利を守る能力を欠き，また，会社も多数の社債権者と個別に折衝するのは不可能に近いから，社債権者の集団的保護を図るために，社債管理会社と社債権者集会の制度が設けられている。

(1) 社債管理会社

社債管理会社は発行会社から社債の管理の委託を受け両者は委任関係に立つが，社債権者に対しては特別の契約関係に立つものではない。しかし，社債管理会社が社債権者のために重要な役割を果たすことから，商法ではとくに社債管理会社に対して社債権者の利益保護の任務を課し，これに必要な職務権限を定めている。具体的には，社債管理会社は，社債権者保護のために，①弁済を受け，または債券の実現を保存するのに必要な一切の裁判上または裁判外の行為 (309条)，②社債権者集会の決議により総社債につきなす支払の猶予，不履行によって生じた責任の免除，総社債権者のためになす訴訟行為または破産手続に属する行為 (309条ノ2)，ならびにこれらの権限を行使するのに必要な場合に，裁判所の許可を得て行う社債発行会社の業務・財産状況の調査 (309条ノ3)，③社債権者と社債管理会社の利益が相反する場合の特別代理人の選任 (309条ノ4・309条ノ5)，④社債権者集会の招集その他これに関する行為 (320条・322条・323条・330条)，⑤不公正な行為の取消の請求をなす職務権限を有する。さらに，事務処理にあたって払うべき注意義務として，社債権者に対する公平義務と善管注意義務を課し (297条ノ3)，加えて，社債管理会社の損害賠償責任も明確にしている (311条ノ2) ほか，2つ以上の社債管理会社ある場合の権限の共同行使および弁済期の支払についての連帯責任についても明らかにしている (310条・311条)。

社債管理会社が義務に違反しまたは事務処理を行うにつき不適任のとき，その他の正当事由があるときは，裁判所は社債発行会社または社債権者集会の請求により，社債管理会社を解任することができる (313条)。

(2) 社債権者集会

社債権者集会は，会社が利息の支払や定期の償還を怠ったり (334条)，一部の社債権者に対する弁済などが著しく不公正であったり (341条)，会社が減資や合併を行う場合 (376条3項・416条2項) 等のように，社債権者の利害に重大な影響を及ぼす事態が生じた場合に，社債権者の総意を決定するために臨時に構成される合議体であって，数種の社債を発行している場合には，社債権者集会は社債の種類ごとに別個に構成されることになる (338条)。

社債権者集会の招集権者は，社債発行会社・社債管理会社・社債総額の10分

の1以上にあたる少数社債権者である（320条・494条1項2号・2項）。その招集手続は株主総会の招集手続が準用される（339条1項・232条）。

各社債権者は社債の最低額毎に1個の議決権を有し（321条1項），書面投票制度も認められている（321条ノ2）。

社債権者の決議事項は，法律に特に規定のある事項および債権者の利害に重大な関係のある事項で裁判所の許可を得たもの（319条）に限られる。決議は多数決によるが，決議の方法は，原則として普通決議とされ，とくに社債権者の利害に重大な利害を及ぼす場合（309条ノ2第1項・319条・329条1項・330条但書・333条）に限り，特別決議による。この決議が効力を生ずるためには，裁判所の認可を必要とし，認可を得ると決議は総社債権者に対してその効力を生ずる（325条～328条）。社債権者集会の議事については，その招集者が議事録を作成しなければならない（339条2項～4項）。

社債権者集会は頻繁に開催することが困難であることから，社債総額の100分の1以上を有する社債権者の中から代表者を選任し，その決議すべき事項の決定を委任することができ（329条・333条），また，決議の執行につき別に執行者を選任することもでき，この場合には，その執行者が決議の執行をする制度も設けられている（330条～333条・336条）。

6 社債の償還と元利支払

(1) 社債の償還

社債の償還とは，会社が社債権者に対する債務を弁済することをいう。その方法・期限は，社債発行条件において定められるが（301条2項5号・306条2項・317条3号），社債は集団的・大量的な会社債務であり，社債権者が一般公衆であることから，通常の借入金とは異なる規制がなされている。償還金額は券面額であるが，券面額以下または券面額以上で償還する旨を約定することもできる。券面額以上で償還するときは，その超過額は各社債につき同率でなければならない（300条）。社債の償還については，通常，社債の発行後一定期間は据え置き，その後随時償還をするか（随時償還制），定期的に一定額を抽選によって償還する（定時分割償還）方法が採られることが多い。社債管理会社は社債権者のために必要な一定の権限が認められているので（309条1項），社債

権者に代わって償還を請求し，償還を受け，場合によっては訴えを提起し，破産の申立をすることができる。

社債権者の社債償還請求権および社債管理会社に対する償還額支払請求権は10年の時効によって消滅する（316条・309条3項）。また会社がある社債権者に対してなした弁済，和解その他の行為が著しく不公正なときは，社債管理会社や社債権者集会の代表者は訴えをもってその行為の取消を請求することができる（340条・341条）。

(2) 社債の元利支払

社債の元金・利息の支払の詳細は，社債発行の条件として取締役会で決議され（296条），社債申込証・社債券・社債原簿に記載される（301条2項4号〜6号・306条2項・317条3項）。社債の利払は，一定期間毎に支払う方法と償還時一括して支払う方法があるが，わが国で多く発行されている無記名社債では前者の方法が一般的である。この場合債券に利札が添付され，利札と引換に利息が支払われる。社債の利息および利札所持人の控除金額請求権の消滅時効期間は5年である（316条3項）。なお，会社が利息の支払を怠った場合には，特別の保護規定がある（334条・335条）。

ワーク 33 演習問題

【問】 社債に関する次の記述のうち，誤っているものを選びなさい。

【法学検定試験3級程度】

(1) 社債権者に償還する金額につき，券面額以上で償還する特約は無効である。
(2) 社債を発行するには，株主総会の決議を必要としない。
(3) 分割して払込をさせる社債であっても，全額の払込がなされた後でなければ，社債券を発行することができない。
(4) 社債については，発行限度の規制は行われていない。
(5) 複数の会社による合同発行は，株式については認められていないが，社債については認められている。

（担当：松本　博）

Lesson 34　新株予約権と新株予約権付社債

1　新株予約権
(1)　新株予約権の意義
　平成13年商法改正により，会社は新株予約権を発行できることとなった（280条ノ20第1項）。新株予約権とは，新株予約権を有する者（新株予約権者）が会社に対して新株予約権を行使したときに，会社が新株予約権者に対して新株を発行し，または，新株発行に代えて会社の有する自己株式を移転する義務を負うものをいう（280条ノ19第1項）。

　新株の発行は，法律的には，新株の発行を受けようとする者が株式引受の申込をし，会社がこの者に新株の割当てをして右の申込みに対する承諾をすることによって成立する新株発行契約の性質を有する。これに対して，新株予約権は，右の新株発行契約を締結することを約束する予約の予約完結権としての性質を有する。(旧)株主に与える影響が新株発行と類似しているため，新株予約権には，新株発行に準じた規定が設けられている。

(2)　新株予約権の発行手続
　新株発行の決議と同様に，原則として，新株予約権発行の決議も取締役会によってなされる（280条ノ20第2項柱書本文）。ただし，定款に株主総会が新株予約権発行を決定する旨の規定をおいた場合には，株主総会が決定する（同項柱書但書）。株主に新株予約権を与えた場合と株主以外の者に対し特に有利な条件で新株予約権を発行することの承認決議がなされた場合を除いて，新株予約権の発行価額その他の発行の条件は，均等に定められなければならない（280条ノ24・280条ノ22）。

　株主以外の者に対し特に有利な条件で新株予約権を発行する場合には，定款にこれに関する定めがあっても，新株予約権の目的となる株式の種類および数，新株予約権の行使に際して払込をすべき金額，新株予約権を行使できる期間，

新株予約権の行使条件，新株予約権を消却できる事由および消却の条件，各新株予約権の最低発行価額（無償で発行するときはその旨）等について，株主総会の特別決議が必要となる（280条ノ21第1項）。この場合には，取締役は株主総会において株主以外の者に対し特に有利な条件で新株予約権を発行することを必要とする理由を開示し（同条1項），さらに，株主総会の招集通知に議案の要領を記載または記録しなければならない（同条3項・280条ノ2第3項）。しかも，この決議の効力は，決議の日から1年以内に発行価額の払込をすべき新株予約権についてしか有しない（280条ノ21第2項）。なお，新株予約権の発行が有利発行になるのは，新株予約権の行使によって発行される新株の発行価額（新株予約権の発行価額と新株予約権の行使に際して払込むべき金額の合計額）が新株予約権の行使期間におけるその会社の株式の合理的に予測される時価よりも低い価額で発行される場合が挙げられる。

　新株予約権を発行するには，新株予約権発行会社は，払込期日（無償で新株予約権を発行する場合には，発行日）の2週間前に，新株予約権の目的となる株式の種類および数，新株予約権の発行価額およびその行使に際して払込むべき額の算定理由（無償で新株予約権を発行するときはその理由），募集の方法等を公告し，または，株主に通知しなければならない（280条ノ23）。これは，株主の不公正発行差止請求権の行使の機会を確保する等のために定められている（280条ノ39第3項・280条ノ10）。

　株主が新株引受権の引受権を有する場合においては，既存株主の持分比率の減少を防ぐ等のため，新株予約権の発行の条件は株主の有する株式数に応ずるものでなければならないとされ（280条ノ25第1項。ただし，端株もしくは端株未満の端数について例外がある。同条2項），その場合の手続が設けられている（280条ノ26）。さらに，定款に株式譲渡につき取締役会の承認を要する旨の定めのある会社の株主は，株主総会の特別決議によって排除されない限り，新株予約権を有する（280条ノ27第1項）。この場合における株主総会の招集通知への議案の要領の記載または記録や特別決議の効力については，株主以外の者への新株予約権の有利発行の場合と同様である（280条ノ27第2項・280条ノ2第3項・280条ノ21第2項）。

　新株予約権は登記事項となっているので，新株予約権の払込期日（無償で新

株予約権を発行する場合にはその発行日）から一定期間内に，本店および支店の所在地において登記しなければならない（280条ノ32）。

(3) 新株予約権の譲渡

新株予約権は，自由に，他人に譲渡できる（280条ノ33第1項本文）。ただし，新株予約権の譲渡につき，取締役会の承認を要する旨を定めることができる（同項但書・280条ノ20第2項8号）。

新株予約権の譲渡は，新株予約権証券の交付によってなされる（280条ノ34第1項）。そのため，新株予約権者の請求があるときに限り発行する旨の定めがあり，かつ，新株予約権者からその請求がなかった場合を除いて，会社は，新株予約権の発行期日（無償で新株予約権を発行する場合にはその発行日）後遅滞なく新株予約権証券を発行しなければならない（280条ノ30第1項）。新株予約権についても，株主名簿や社債原簿に準じて，新株予約権原簿制度が設けられている。この新株予約権原簿の記載事項は，新株予約権の譲渡につき取締役会の承認を要するとされておらず，かつ，新株予約権証券が発行されている場合には，新株予約権証券の番号や新株予約権の内容等の記載または記録でよい（280条ノ31第1項）。これに対して，取締役会の承認を要する場合，または，新株予約証券が発行されていない場合には，これらに加えて，新株予約権原簿には，新株予約権者の氏名および住所，新株予約権者の有する新株予約権の数ならびに各新株予約権の取得の年月日の記載または記録が必要である（同条2項）。これは，新株予約権の譲渡につき取締役会の承認を要する場合には，新株予約権原簿の記載または記録が会社に対する対抗要件であること（280条ノ35第1項）の反映である。

(4) 新株予約権の行使

新株予約権を行使する者は，請求書に新株予約権証券を添付して会社に提出し，新株予約権の行使に際して払い込むべき額の全額を払い込まなければならない（280条ノ37第1項）。この払込は，新株予約権申込証に記載または記録された払込取扱機関の払込場所においてなされなければならない（同条3項）。新株予約権の行使者は，払込の時に株主となる（280条ノ38第1項）。ただし，株主名簿の閉鎖期間内の新株予約権の行使によって発行された株式については，その期間中は議決権を行使することができない（同条2項）。

新株予約権が行使されたときには新株が発行され、会社の発行済株式総数および資本が増加する。そこで、この変更について、新株予約権の発行会社は、毎月末日現在により、所定の期間内に、本店および支店の所在地において変更登記をしなければならない（280条ノ37第4項・222条ノ7）。

(5) 新株予約権の消却

新株予約権発行の決定事項として会社が新株予約権を消却できる事由および消却の条件を定めた場合（280条ノ20第2項7号）において、その事由が発生したときに限り、会社は取締役会の決議により、新株予約権を消却できる（280条ノ36第1項）。その事由として、ストック・オプション目的で取締役にその地位の維持を条件として新株引受権を付与したが、その者が退職した場合等が挙げられる。

2 新株予約権付社債

(1) 新株予約権付社債の意義

平成13年商法改正により、同年改正前の転換社債と非分離型の新株引受権付社債に相当するものとして設けられたのが、新株予約権付社債である。新株予約権付社債とは、新株予約権を付した社債であって（341条ノ2第1項）、新株予約権または社債が消滅した場合を除いて、新株予約権または社債の一方のみを譲渡することができないものである（同条4項）。新株予約権が付与されていない社債を普通社債といい、新株予約権付社債を特殊の社債ということができる。

(2) 新株予約権付社債の発行手続

新株予約権付社債は、新株予約権が付されているため、新株発行や新株予約権発行と類似した規制が加えられている。

原則として、新株予約権付社債発行の決議も取締役会によってなされる（341条ノ3第1項柱書本文）。ただし、定款に株主総会が新株予約権発行を決定する旨の規定をおいた場合には、株主総会が決定する（同項柱書但書）。新株予約権付社債の発行価額その他の発行の条件は、均等に定められなければならないことも新株予約権と同様である（341条ノ15第3項・280条ノ24・280条ノ22）。

株主以外の者に対し特に有利な条件で新株予約権を付した新株予約権付社債を発行する場合には、定款にこれに関する定めがあっても、一定の事項につい

て，株主総会の特別決議が必要となるとする規定についても，新株予約権と同様である（341条ノ3第3項・280条ノ21第1項）。この場合に，取締役は株主総会において株主以外の者に対し特に有利な転換条件で新株予約権を付した新株予約権付社債を発行することを必要とする理由を開示し，株主総会の招集通知に議案の要領を記載または記録しなければならず，しかも，この決議の効力は，決議の日から1年以内に払込をすべき新株予約権を付した新株予約権付社債についてしか有しないことも新株予約権と同様である（341条ノ3第3項・280条ノ21第1項・280条ノ2第3項・4項）。

　株主が新株予約権付社債の引受権を有する場合には，各株主に対して，その株主が有する新株予約権付社債の引受権の目的である新株予約権付社債についての社債の金額および新株予約権の数，その新株予約権の目的である株式の種類および数，等を通知しなければならない（341条ノ4第1項）。この場合において，既存株主の持分比率の減少を防ぐ等のため，新株予約権付社債の引受権の発行の条件は株主の有する持株に応ずるものでなければならないとする，新株予約権の規定も準用されている（341条ノ15第3項・280条ノ25第1項・2項）。また，定款に株式譲渡につき取締役会の承認を要する旨の定めのある会社の株主は，株主総会の特別決議によって排除されない限り，新株予約権付社債の引受権を有する旨も規定されている（341条ノ5）。

　新株予約権付社債の発行事項を公告し，または，株主へ通知することについても，新株予約権の公募や株主の不公正発行差止請求権に関する規定が準用されている（341条ノ15第3項・280条ノ23・280条ノ10）。また，新株予約権は登記事項となっているので，新株予約権付社債の払込期日から一定期間内に，本店および支店の所在地において，新株予約権付社債に付した新株予約権について，新株予約権の登記をしなければならない（341条ノ10）。

(3)　新株予約権付社債の譲渡

　新株予約権付社債の譲渡は，新株予約権付社債券の交付によってなされる（341条ノ11第1項）。したがって，会社は，新株予約権付社債の払込期日後遅滞なく新株予約権付社債券を発行しなければならない（341条ノ8第1項）。また，新株予約権付社債を発行した場合についても，新株予約権原簿および社債原簿に，一定の事項を記載または記録しなければならない（341条ノ9）。

(4) 新株予約権付社債の行使

新株予約権付社債に付された新株予約権を行使する者は、請求書に新株予約権付社債券を添付して会社に提出し、新株予約権の行使に際して払込むべき額の全額を払い込まなければならない（341条ノ13第1項）。この払込（同条3項・280条ノ37第3項）や、新株予約権付社債に付された新株予約権の行使者が株主となる時期、その行使が株主名簿の閉鎖期間内になされた場合における株式の議決権、その行使がなされたときの変更登記についても、新株予約権の規定が準用されている（341条ノ13第3項・280条ノ38・222条ノ7）。

会社が新株予約権付社債について社債の償還をする場合において、まだ消滅していない新株予約権があるときは、会社は新株予約権付社債券と引換に社債の償還をすることを請求できない（341条ノ14）。この場合には、会社は、社債の償還と引換に、新株予約権付社債券に、社債の償還があった旨を記載することを請求できる。

(5) 新株予約権付社債に付された新株予約権の消却

新株予約権付社債に付された新株予約権の消却については、新株予約権の消却に関する規定が準用されている（341条ノ12第1項・280条ノ36第1項・2項・4項）。新株予約権付社債に付された新株予約権を消却する場合において、まだ消滅していない社債があるときには、取締役は、新株予約権付社債券の提出を求め、提出された新株予約権付社債券に新株予約権が消却された旨を記載して権利者に交付しなければならない（341条ノ12第2項）。

ワーク 34　演習問題

【問】　新株予約権・新株予約権付社債に関する以下の記述のうち、正しいものを1つ選びなさい。　　　　　　　　　　【法学検定試験3級程度】

(1)　新株予約権とは、新株予約権を有する者が会社に対して新株予約権を行使したときに、会社が新株予約権者に対して新株を発行し、または、新株発行に代えて会社の有する自己株式を移転する義務を負うものをいう。

(2)　新株予約権は、原則として取締役会の決議で発行することができるが、

新株予約権付社債は，原則として株主総会の特別決議が必要である。
(3)　株主以外の者に対し特に有利な条件で新株予約権を発行する場合には，株主総会の特別決議が必要となるのに対して，株主以外の者に対し特に有利な条件で新株予約権を付した新株予約権付社債を発行する場合には，取締役会の決議でよい。
(4)　新株予約権付社債は，社債権と新株予約権を分離して，新株予約権だけを譲渡することができる。

（担当：大久保拓也）

第9章 完全親会社

Lesson 35　株式交換・株式移転

1　総説

　商法は平成11年改正において，新たに株式交換と株式移転に関する規定をおいた。株式交換と株式移転はいずれも完全親子会社関係を形成するための制度である。既存の会社においても完全親子会社関係の形成は可能であったが，株式交換・株式移転の制度が創設されたことによって，よりその形成が簡便になった。

　商法が完全親子会社関係の形成に関わる制度を設けた背景には，持株会社制度との関係がある。平成9年の独占禁止法改正により，それまで全面的に禁止されていた持株会社の利用が一部解禁となり，持株会社を利用した企業グループの再編が可能となった。持株会社では傘下会社の経営管理等の面で，傘下会社の経営に対する影響力を有していることが求められるが，通常はそれは株式所有を通じた「支配」という形で表れる。そのため，持株会社にとっては傘下会社の株式所有の比率が高いほど，強い影響力を有することになる。その点において，傘下会社を完全子会社化することに関心が高くなるのである。そこでこうした状況に対応して，商法は株式交換・株式移転という制度を新たに設けたのである。

　株式交換・株式移転は完全親子会社関係の形成のための制度であるが，完全子会社となる会社の株主が有していた株式を，完全親会社となる会社の株式と

交換することで，株主としての地位に変動が生じる点で，合併と類似する点がある。そのため，株式交換・株式移転に関する諸手続は，合併に類似した制度となっている。これは株式交換・株式移転という行為が組織法的な色彩を有しているということになる。

なお株式交換・株式移転は株式会社についてのみ認められる。有限会社に対してはこれに対応する制度は設けられておらず，有限会社を完全子会社化するには従来どおり，持分の現物出資等の手段を用いることになる。

2 株式交換
(1) 意　義
株式交換は既存の会社の1つが他の会社の発行済株式の総数を有する会社となる（完全親会社となる）ための制度である（352条1項）。たとえばA社がB社の完全子会社となるために株式交換を行う場合，A社の株主は保有しているA社株をB社に移転する。それに対してA社の株主にはB社株が割り当てられる。その結果，B社はA社の完全親会社となり，それまでA社の株主だった者は完全親会社であるB社の株主となる。このように株式交換では，株主の有する株式の移転と相手会社の株式の割当（交付）を通じて，既存の会社間で完全親子会社関係を形成するための手段である。

(2) 手続規制
(a) 株式交換契約書　　株式交換をするには，株式交換契約書を作り，株主総会の承認を得なければならない（353条1項）。もっともその前段階として，代表取締役間で株式交換の具体的内容を協議し，事実上決定しておくことが行われると解される。

株式交換契約書については記載事項が定められている（353条2項）。具体的には次に掲げる事項である。

① 完全親会社となる会社が定款変更をする場合にはその規定（353条2項1号）　　定款変更をしない場合には必要ないが，特に持株会社として完全親会社が機能する場合には，完全子会社となる会社の事業目的との関連で，定款変更が求められることが多くなると考えられる。

② 完全親会社となる会社が株式交換に際して発行する新株に関する事項

ならびにその新株の割当に関する事項（353条2項2号）　　株式交換においては完全子会社となる会社の既存の株主に対して，完全親会社となる会社の株式を割り当てる必要があるが，これを新株の発行によって行う場合には当該新株の発行に関する諸事項を，割当に関わる事項とともに，株式交換契約書に記載しなければならない。新株発行をせずに既に保有していた自己株式によって割当を行うこともできるが，その際には移転すべき株式の総数等の諸事項を株式交換契約書に記載しなければならない（356条）。

③　完全親会社となる会社の増加資本額および資本準備金に関する事項（353条2項3号）　　完全親会社となる会社の株式交換後の資本増加額は，完全子会社となる会社の現存純資産額に，株式交換によって完全親会社となる会社に移転された株式の割合を乗じた額が基礎となる。そこから株式交換交付金と，完全子会社となる会社の既存の株主に割り当てられた自己株式の簿価を控除する（357条参照）。これが資本増加額の上限となる。この上限額よりも資本増加額が下回る場合には差額（株式交換差益）は資本準備金となる（288条ノ2第1項2号）。

④　株式交換交付金（353条2項4号）　　株式交換比率が複雑になるときにこれを調整するため，完全子会社となる会社の株主に対して金銭の支払をすることがある。これが株式交換交付金である。株式交換交付金をこの株主に支払う場合には株式交換契約書にこれを記載する。

⑤　各会社における承認決議を行う株主総会の期日（353条2項5号）

⑥　株式交換の日（353条2項6号）　　株式交換の効力が発生する日であり，この日をもって完全子会社となる会社の株主が有していた株式が完全親会社となる会社に移転し，この株主は完全親会社の株主となる。またこの前日までに完全子会社となる会社の株券が提出され，株式交換の日をもってこれが無効となる（359条1項）。株式交換の後，完全親会社となった会社は資本額・発行済株式総数などの変更登記をする必要があるが（188条3項・67条），登記により株式交換の効力が生じるのではない。

⑦　各会社の利益配当・中間配当の限度額（353条2項7号）　　株式交換比率は各会社の財務状態を基準に定められ，かつ完全親会社となる会社の資本増加額の上限が完全子会社となる会社の純資産額を基礎とするため，株式交

換契約の具体的内容を決定した日より後に財務状態を変更するような，株式交換の日までの利益配当等の限度額は，株式交換契約書に記載することを要する。

⑧　完全子会社の新株予約権に関する事項（353条2項4号ノ2）　完全親会社となる会社が，完全子会社となる会社の発行した新株予約権に関する義務を承継する場合には，この新株予約権に関する諸事項を記載しなければならない。

なお，この株式交換契約書は電磁的記録によることも認められている（353条3項，281条3項）。

以上の事項のほか，株式交換の日より前に完全親会社となる会社の取締役・監査役に就任していた者は，その任期にかかわらず，株式交換後最初に到来する決算期に関する定時総会終結のときに退任するが，これと異なる扱いをするときには株式交換契約書にその旨を記載しなければならない（361条）。

(b)　承認手続　株式交換の承認決議に関する株主総会の招集にあたっては，招集通知に株式交換契約書の要領を記載・記録しなければならない（353条4項）。また後述のように，株主総会の日の2週間前より株式交換契約書等一定の書面を本店に備え置かなければならない（354条）。なお大会社については参考書類に記載すべき事項について規定がある（商法施行規則13条1項7号・6項参照）。

株式交換の承認決議は特別決議である（353条5項）。ただし完全親会社となる会社の定款に譲渡制限があるような場合や，株式交換と同時に譲渡制限を定めようとする場合など，株式の自由譲渡性に変更が生じるような場合には，それまで譲渡制限がなかった会社の承認決議の要件は加重される（353条6項〜8項・348条1項2項）。

株式交換の承認決議に反対する株主には株式買取請求権が認められる（355条）。

(c)　開示手続　各会社においては承認決議を行う株主総会の日の2週間前から，総会の日より6カ月を経過するまで，株式交換契約書，株式交換比率に関する説明書，各当事会社の貸借対照表・損益計算書を本店に備え置かなければならない（354条1項）。備え置かれるべき貸借対照表は総会の日以前の6カ

月内に作成されたものである（354条1項3号）。これが株式交換貸借対照表となる。ただしこれが最終の決算貸借対照表と異なる場合には，同時に最終の決算貸借対照表も備え置かなければならない（354条1項4号）。株式交換比率は株式交換貸借対照表を基礎として定められるが，資産の再評価が認められているため，これが最終の決算貸借対照表と異なる場合に両者を備え置くことが要求される。損益計算書にも同様の規制がある（354条1項5号・6号）。また，平成13年改正により，新株予約権に係る義務を承継する場合には，その理由書の開示も必要となる（354条1項2号ノ2）これらの開示書面については株主に閲覧・謄写が認められている（354条3項）。

　株式交換の後，株式交換事項について記載した書面を6カ月間本店に備え置かなければならない（360条，株主の閲覧・謄写権につき281条3項・354条3項準用）。記載されるのは，株式交換の日，同日現在の完全子会社となる会社の純資産額，株式交換により完全親会社に移転した完全子会社株式の数をはじめとして，買取請求権を行使した反対株主の数など株式交換に関する諸事項である。

　(d)　その他　　完全子会社となる会社は，株式交換の日の1カ月前に公告し，かつ各株主（および株主名簿に記載・記録ある質権者）に通知して，株券の失効手続をとる（359条，なお359条ノ2参照）。通知・公告の内容は承認決議がなされたこと，株券を株式交換の前日までに提出すべきこと，株式交換の日に株券が無効となることである（なお，216条参照）。

　株式交換手続においては特別の債権者保護手続は設けられていない。これは株式交換により会社財産や資本の額に変動がないことに基づくものであると考えられる。

(4)　簡易株式交換

　株式交換手続によって完全親会社となる会社の株主総会で承認に特別決議が要求されるのは，株式交換によって株主構成比が変動し，その地位に影響が生じるためである。また株式交換比率次第では，株式価値そのものにも影響がある。反対に具体的な株式交換の比率等によっては，その影響が軽微であり，このような承認決議を要しない場合も考えられる。

　商法は，完全親会社となる会社の株主に対する影響が軽微である場合について，簡易株式交換を認めた。簡易株式交換が認められるのは，株式交換によっ

て完全親会社となる会社が発行する株式の総数が発行済株式総数の1/20を超えないときである（358条1項本文，なお同条2項参照）。具体的には完全子会社となる会社の資産規模が極めて小さい場合や，既に完全親会社となる会社が完全子会社となる会社の株式を相当程度有している場合が考えられる。ただし，この場合であっても株式交換交付金が完全親会社となる会社の純資産額の1/50を超えてはならない（358条1項但書）。

簡易株式交換手続は基本的に簡易合併の手続と同様である（413条ノ3参照）。簡易株式交換を行うには，株式交換契約書に完全親会社となる会社での承認決議がなされない旨を記載しなければならず（358条3項，この場合は定款変更できない），完全親会社となる会社では株式交換契約書の作成日より2週間内に，完全子会社となる会社の商号・本店，株式交換の日，並びに承認決議がなされない旨を株主に通知し，公告しなければならない（358条4項）。これに対し，株式交換に反対する株主は，通知・公告の日より2週間内に会社に対して反対の意思を通知することを要する（358条5項）。総株主の議決権の1/6を超えて有する株主が株式交換に反対する旨を通知してきた場合には簡易株式交換は認められない（358条8項）。1/6というのは理論上，特別決議を否決するに足りる最低の数である。簡易株式交換が認められる場合に，反対の意思を通知していた株主には株式買取請求権の行使が認められている（358条5項〜7項）。

(5) 株式交換の無効

株式交換に瑕疵があった場合，たとえば株式交換契約書の法定記載事項が欠けている場合などは，法定の要件を具備していないため，株式交換は無効となるはずである。しかし無効の主張を一般的に認めると，その影響は大きい。そこで商法は株式交換無効の主張は訴えによるものとし（株式交換無効の訴え），主張権者を各会社の株主・取締役・監査役・清算人に限り（363条2項，ただし商特25条参照），提訴期間を株式交換の日より6カ月内に制限した（363条1項）。

また株式交換の無効判決が確定した場合，その判決の効力は第三者に対してもおよぶ（対世効，363条5項・109条1項）。無効の効力を画一的に図るためである。他方，無効は将来に向かってのみ効力を生じ，遡及効は認められない（363条5項・280条ノ17）。無効によって移転した株式は手続前の株主に再移転する（363条4項）。

3 株式移転

(1) 意　義

株式移転は完全親子会社関係を形成するにあたり，既存の会社が完全親会社を創設する形で行われる手続である（364条1項）。既存のA社が新たに完全親会社となるB社を設立し，A社の株主が保有するA社株をB社に移転する代わりに，B社株を取得させ，以後，B社株主とする。つまり既存の会社の株主が完全親会社の株主に移行する形となる（364条2項）。

(2) 手続規制

(a) 承認手続　　株式移転の場合には完全子会社となる会社でのみ手続が進行する。当事会社が1つであるため，株式移転案が株式交換契約書に相当することになる。株式移転をするにあたっては，株主総会の特別決議による承認が必要であるが（365条1項・3項・353条5項・343条），承認すべき事項は株式交換の場合とほぼ同様である。もっとも株式移転の場合には新たに完全親会社となる会社を新設することになるので，以下の点で株式交換手続と違いがある。

まず設立する完全親会社の定款規定の承認が必要となる。株式交換は必ずしも完全親会社となる会社の定款変更は要しなかったが，株式移転は新たに会社を設立することになるので，定款規定の承認が不可欠である。また完全親会社の運営にあたる取締役・監査役も同様の理由で承認にかからしめなければならない（なお商特3条7項参照）。さらに複数の会社が共同して完全親会社を設立するにはその旨についても承認を要する。

なお完全親会社が定款で株式の譲渡制限について定める場合には，決議要件が加重される点は株式移転でも同様である（365条2項）。

(b) 開示規制　　株式移転に際しても総会の日の2週間前より一定の書面の開示および株主の閲覧謄写権が認められている（366条）。基本的に開示すべき書面は株式交換の場合と同様である。また株式移転後も開示が必要となるが，これについては株式交換に関する商法360条が準用されている（371条2項）。

(c) その他の手続　　株式交換と比べて株式移転に特徴的なのは，株式移転の登記である。株式交換の場合，資本額・発行済株式総数に変動が生じる関係で変更登記が要求されるが，登記は株式交換の効力発生の要件ではなかった。これに対し，株式移転では完全親会社の本店所在地における登記が完了するこ

とによって，株式移転の効力が生ずる（370条）。この点で株式交換とは異なる。そのため株式移転に際しては，株式移転をしたのち，完全親会社の本店所在地では2週間内，支店の所在地では3週間内にこれを登記しなければならない（369条1項）。

株式移転における株券失効の手続も基本的には株式交換と同様であり，また反対株主に株式買取請求権が認められることについては株式交換の規定を準用している（371条2項・355条）。その他，質権の効力・登録質の物上代位についての規定が準用される（371条1項）。

(3) 株式移転の無効

株式移転の無効も株式移転の日より6カ月内に訴えによらなければならない（372条1項）。その他の点については判決効の不遡及の点につき，280条ノ17ではなく110条の準用がある点を除いて，株式交換無効の訴えと同様である。

ワーク 35　演習問題

【問】　株式交換・株式移転について述べた次の各文の中で間違っているものを選びなさい。　　　　　　　　　　　　【法学検定試験3級程度】

(1)　株式交換・株式移転の承認に際しては，原則として株主総会の特別決議が求められるが，株式交換・株式移転の態様によっては決議要件が加重される場合がある。

(2)　株式交換手続は，合併手続と類似した側面があるが，債権者に対する影響が異なるため，合併手続のような債権者保護手続は要しない。

(3)　簡易株式交換は，株式交換による影響が軽微だと考えられる場合に，完全子会社となる会社の株主総会における承認決議と不要とする制度である。

(4)　株式移転においては，完全親会社が新たに設立されることになるので，手続上，完全親会社の定款規定の承認が必要となる。

(5)　株式移転の効力は株式移転の登記が完了することで生じる。

（担当：前田修志）

第10章 会社分割

Lesson 36　新設分割・吸収分割

1　会社分割の意義

　会社の分割とは，会社の営業の全部または一部を他の会社に承継させる組織法上の行為である。商法が定める会社分割には，①分割する会社の権利義務の一部を分割によって設立される会社（新設会社）に承継させる新設分割（373条以下）と，②分割する会社の権利義務の一部をすでに存在する他の会社（承継会社）に承継させる吸収分割（374条ノ16以下）がある。

　会社分割は，さらに，①新設会社または承継会社の発行する株式を分割する会社（分割会社）に割り当てる物的分割（分社型の会社分割）と，②これを分割する会社の株主に割り当てる人的分割（分割型の会社分割）に分けられる（374条2項2号・374条ノ17第2項2号）。

2　会社分割の手続

(1)　分割計画書または分割契約書の作成

　新設分割を行うには，分割計画書を，吸収分割を行うには，分割契約書を作成しなければならない（374条1項・374条ノ17第1項）。分割計画書または分割契約書には，次の事項を記載しなければならない（374条2項・374条ノ17第2項）。①定款の規定，②株式の発行と割当に関する事項，③資本の額と準備金，④分割交付金，⑤承継される権利義務，⑥分割会社の資本の額・準備金の減少，⑦

(1) 新設分割
　①分社型新設分割

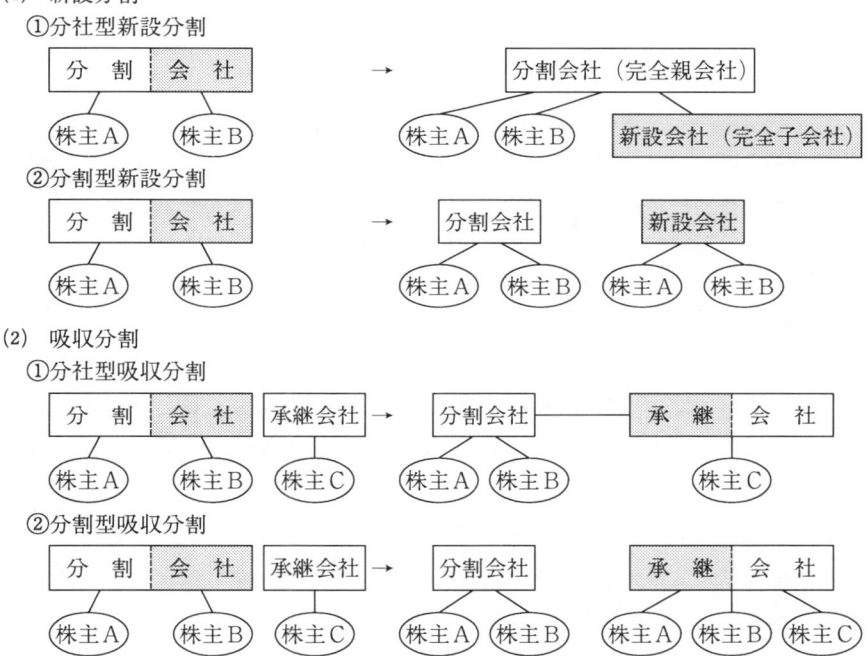

　　分割会社 → 分割会社（完全親会社）
　　株主A 株主B　　株主A 株主B　　新設会社（完全子会社）

　②分割型新設分割

　　分割会社 → 分割会社　　新設会社
　　株主A 株主B　　株主A 株主B　　株主A 株主B

(2) 吸収分割
　①分社型吸収分割

　　分割会社　承継会社 → 分割会社――承継会社
　　株主A 株主B　株主C　　株主A 株主B　　株主C

　②分割型吸収分割

　　分割会社　承継会社 → 分割会社　　承継会社
　　株主A 株主B　株主C　　株主A 株主B　　株主A 株主B 株主C

分割期日，⑧利益配当等の限度額，⑨新設会社または承継会社の取締役・監査役，⑩共同新設分割の旨。

(2) 分割計画書・分割契約書等の備置

　取締役は，分割計画書または分割契約書の承認総会の会日の2週間前から会社分割の日の後6カ月を経過する日まで，①新設分割においては分割計画書，吸収分割においては分割契約書，②分割比率説明書，③債務履行見込説明書，④分割会社（新設分割の場合）・各当事会社（吸収分割の場合の分割会社と承継会社）の貸借対照表・損益計算書を，分割会社または各当事会社の本店に備置き，株主および債権者がその閲覧・交付等を求めることができるようにしなければならない（374条ノ2・374条ノ18）。

　これは，株主が分割することが妥当かどうか，株式の割当比率が適切かどうか等を判断し，また，債権者が分割に対して異議を述べるかどうかを判断するための資料を提供するものである。また，分割後に，これらの者が分割無効の

訴えを提起するかどうかを判断するための情報を提供することも目的としている。

(3) 承認決議

(a) 承認決議　新設分割の場合には分割会社の株主総会が分割計画書を，吸収分割の場合には分割会社と承継会社の株主総会が分割契約書を，それぞれ株主総会の特別決議により承認しなければならない（374条1項・5項・374条ノ17第1項・5項）。株主総会の特別決議が要求されるのは，分割は会社の組織運営の基本的なあり方に重大な影響を及ぼすからである。分割計画書・分割契約書の承認のための株主総会の招集通知には，その要領が記載または記録されなければならない（374条4項・374条ノ17第4項）。

(b) 株式譲渡制限　分割型の新設分割において，分割会社には株式譲渡制限がないにもかかわらず，新設会社の定款に株式譲渡制限を定める場合には，分割会社につき，株主総会の特殊決議（348条）が必要である（374条6項）。分割型の吸収分割において，承継会社にのみ株式譲渡制限の定めがある場合，または，承継会社が会社分割に際して定款変更をして株式譲渡制限を定める場合についても同様に，分割会社につき，株主総会の特殊決議が必要である（374条ノ17第6項）。また，承継会社が会社分割に際して定款を変更して株式譲渡制限を設ける場合にも，承継会社は株主総会の特殊決議を行う必要がある（同条7項）。

(c) 反対株主の株式買取請求権　会社分割に反対の株主は，(a)の株主総会に先立って反対の意思を会社に対して書面等で通知し，かつ，株主総会の場で承認決議に反対すれば，会社に対して，自己の有する株式を，(a)の決議がなければ有したであろう公正な価格で買い取るよう請求することができる（374条ノ3第1項・374条ノ31第3項）。会社分割に反対の少数株主に，投下資本の回収という経済的救済を与える制度である。

(4) 債権者保護手続

新設分割における分割会社・吸収分割における各当事会社は，(3)(a)の決議の日から2週間以内に，原則として，官報による公告および知れた債権者には個別的に催告し，債権者に会社分割に対し異議を述べる機会を与えなければならない（374条ノ4第1項・374条ノ20第1項）。ただし，吸収分割の場合には，官報のほかに承継会社の定款で定めた時事に関する事項を掲載する日刊新聞紙におい

ても公告したときには，個別の催告は不要となる (374条ノ20第1項ただし書)。これは，会社分割においては，営業を構成する分割会社の財産が新設会社または承継会社に移転し分割会社の責任財産に変動が生じることから，異議を述べた債権者に対して弁済等をすることで，債権者の保護を図ろうとするものである。

これに対して，分社型の場合には，分割会社は，新設会社または承継会社に移転した純資産の額に相当する株式を取得するため，その財産状況に変動はないから，分割会社に対して債権の全額を請求できる債権者については，催告する必要はない (374条ノ4第1項但書・374条ノ20第2項)。

(5) 分割事項書面の備置

取締役は，債権者保護手続の経過，分割の日，分割会社から承継した権利義務，財産の価額および債務の額，その他の分割に関する事項を記載した書面等を，分割の日から6カ月間本店に備置き，株主および債権者がその閲覧・交付等を求めることができるようにしなければならない (374条ノ11・374条ノ31第3項)。

(6) 分割の公告

新設会社または承継会社の株式をその株主に割り当てる分割型の会社分割においては，分割会社は，分割する旨，および，一定の日に株主名簿に記載または記録された株主が新設会社または承継会社の株式を受ける権利を有するとする旨を公告しなければならない (374条ノ7第1項・374条ノ31第3項)。

(7) 分割登記

会社分割の日から，本店所在地では2週間内，支店所在地では3週間内に，分割会社および承継会社については変更登記，新設会社については設立登記をしなければならない (374条ノ8第1項・374条ノ24第1項)。会社分割は，新設会社・承継会社の本店所在地における登記によって効力を生ずる (374条ノ9・374条ノ25)。会社分割によって，分割計画書または分割契約書の定めに従い，新設会社・承継会社は分割会社の権利義務を承継する (374条ノ10・374条ノ26)。

3 簡易分割

新設会社または承継会社が承継する財産が分割会社の有する総資産の額と比較して著しく少ない場合には，株主に与える影響が小さいこと等から，株主総

会の承認決議を得ないで行う簡易分割が認められている。すなわち，分社型の会社分割の場合に，新設分割における新設会社または吸収分割における承継会社が，分割会社から承継する財産の帳簿価額が分割会社の最終の貸借対照表に計上した財産の合計額の20分の1を超えないときには，株主総会の承認決議を得る必要はない，とされている（374条ノ6第1項・374条ノ22第1項）。この場合には，分割会社の株主の利益が害されることはほとんどないと考えられるから，反対株主による株式買取請求権は認められない（374条ノ6第3項・374条ノ22第3項）。

また，吸収分割の場合に，承継会社が分割に際して発行する新株の総数（および分割会社の株主に移転する自己株式）が，その発行済株式の総数の20分の1を超えず，かつ，分割会社またはその株主に支払うべき金額（分割交付金）の額が最終の貸借対照表により承継会社に現存する純資産額の50分の1を超えないときには，承継会社においては株主総会の承認決議を得る必要はない（374条ノ23第1項・2項）。ただし，簡易分割に反対する株主には，株式買取請求権が与えられているほか（同条5項），承継会社の総株主の議決権の6分の1以上にあたる株式を有する株主（ただし，議決権制限株式を有する株主については定款に議決権を有しない旨を定めることができる）が会社分割に反対の意思を通知した場合には，原則どおり株主総会の承認決議が必要となる（同条8項・222条4項2号）。

4 分割無効の訴え

会社分割がされると，それが有効であることを前提として，分割会社，新設会社，承継会社のそれぞれにつき，新たな法律関係が形成される。そのためその利害関係人も多数に上ることから，会社分割の手続に瑕疵があった場合における会社分割の効力については，会社分割無効の訴えという制度が設けられた。これについて，法の一般原則による無効とすると，取引の安全を害するおそれがある。そこで，無効の主張権者・主張期間・主張手段を制限し，遡及効を否定した。すなわち，会社分割の無効は，分割の日から6カ月以内に，訴えをもってのみ主張することができる（374条ノ12第1項・374条ノ28第1項）。これを訴えることができるのは，各当事会社の株主，取締役，監査役（ただし，商法特

例法上の小会社の監査役は除く。商特25条），清算人，破産管財人，分割を承継しない債権者（債権者保護手続において異議を述べた債権者，374条ノ4第2項・374条ノ20第2項・100条2項参照）に限定されている（374条ノ12第2項・374条ノ28第3項）。その際，会社を害する目的で分割無効の訴えが提起されることを防止するため，会社が原告（株主または債権者）の悪意を疎明した場合には，裁判所は，原告に相当の担保の提供を命じることができる（374条ノ12第6項・374条ノ28第3項・106条・249条）。また，分割により新たな法律関係が形成されるから，分割無効の判決は，新設会社または承継会社，株主および第三者の間に生じた権利義務関係には影響を及ぼさないとされており（374条ノ12第6項・374条ノ28第3項・110条），その効力は遡及しない。

このように，分割無効の判決の効力は遡及しないが，①新設分割の場合には，新設会社が将来に向かって消滅するため，新設会社が分割後に取得した財産および負担した債務の帰属先を定める必要がある。そこで，これらはいずれも分割会社に帰属することとした（374条ノ13第1項・2項）。②共同新設分割の場合には，分割会社は，新設会社が分割後に負担した債務について連帯債務を負い，また，新設会社が分割後に取得した財産を共有する（同条3項・4項）。その債務の負担部分または持分については分割会社間で協議して定めることになるが，協議が調わない場合には，請求に基づき裁判所が定める（同条5項）。さらに，③吸収分割の場合には，分割会社および承継会社は承継会社が分割後に負担した債務について連帯債務を負い，また，承継会社が分割後に取得した財産を共有する（374条ノ29第1項・2項）。その債務の負担部分または持分については分割会社間で協議して定めることになるが，協議が調わない場合には，請求に基づき裁判所が定める（同条3項）。

分割無効の判決が確定したときは，本店および支店の所在地で，分割会社および承継会社については変更登記を，新設会社については解散の登記をしなければならない（374条ノ14・374条ノ30）。

ワーク 36　演習問題

【問】　会社分割の手続に関する以下の記述のうち，誤っているものを1つ選びなさい。　　　　　　　　　　　　　　　【法学検定試験3級程度】

(1)　新設分割を行うには分割計画書を，吸収分割を行うには分割契約書を作成しなければならない。

(2)　新設分割および吸収分割には，会社分割について株主総会の承認決議を行う必要のない簡易分割制度が認められている。

(3)　新設分割における分割会社，吸収分割における各当事会社は，原則として，官報による公告および知れた債権者には個別に催告し，債権者に会社分割に対し異議を述べる機会を与えなければならない。

(4)　会社分割に反対の株主は，株主総会の承認決議に先立って反対の意思を会社に対して書面等で通知し，かつ，株主総会の場で承認決議に反対すれば，常に，株式買取請求権を行使できる。

(担当：大久保拓也)

第11章 資本減少

Lesson 37　資本減少

1　資本減少の意義

資本減少とは，会社の資本の額を減少することである。単に減資ともいう（資本については，Lesson 29を参照）。資本は，会社財産を確保するための一定の基準となる数額であるから，会社債権者保護の観点からいって，みだりにこれを減少することは許されない。資本の3原則の1つとして，資本不変の原則があるのはそのためである（資本不変の原則については，Lesson 29を参照）。しかし，①会社が巨大な損害を被り，資本の欠損（資本の欠損については，Lesson 29を参照）を生じたため，欠損を填補しないかぎり株主に利益配当できない場合や，②たとえば会社の事業が当初計画したほど数多くの資本を必要としないことがわかった場合などのように，資本の減少を必要とする場合もある。③また最近では，企業が経営再建にあたり，金融機関から債権放棄や債務の株式化などの支援を受ける際に，けじめとして「株主責任」をとらせるため，資本減少をするという例もある。そこで法は，一定の厳格な手続をみたす場合に資本の減少を認めることにした。

資本減少は，そもそも資本という概念が計算上の数額である以上，本来計算上のものであるはずである。しかし，実際には資本減少にともない，会社財産の減少をともなう場合がある。そこで講学上，前者の場合を名義上（計算上）の資本減少，後者の場合を実質上の資本減少という。前にあげた①が前者の，

②が後者の例である。

2　資本減少の方法

資本減少の方法としては，次のものがある。いずれの場合でも株主平等の原則に違反することは許されない。

(1)　株式数の減少による方法

株式消却による方法と株式併合による方法とがある。株式消却・株式併合については，Lesson 12, 13を参照。

(2)　資本の額のみを減少させる方法

現行法上，株式は無額面株式のみであり，資本と株式の関係は切断されている。したがって，株式数を減少させることなく，単に資本の額のみを減少させることもできる。

3　資本減少の手続

資本減少は，会社経営のみならず，株主・会社債権者に大きな影響を与えるため，以下のような一定の厳格な手続が要求されている。なお，商法上資本は定款の記載事項ではないので，資本減少は定款変更とは無関係にこれをなすことができる。

(1)　株主総会の特別決議

資本減少は，株主の利害に重大な影響を及ぼすため，株主総会の特別決議が要求されている（375条1項）。資本減少に関する議案の要領は，総会招集の通知に記載することを要する（375条2項）。

(2)　債権者保護手続

資本減少は，会社債権者の担保となる資本を減少することである。したがって，資本減少にあたっては，会社債権者を保護する手続が要求される。すなわち会社は，資本減少の決議の日から2週間以内に，会社債権者に対し，1カ月を下らない一定の期間内に異議があれば，述べることができる旨を公告し，かつ，「知れたる債権者」には各別に催告することを要する。会社債権者が異議を述べた場合，会社は，これに対し弁済もしくは相当の担保の提供，または信託会社に相当の財産を信託しなければならない（376条2項・100条）。問題なの

は，「知れたる債権者」とはいったいどのような者であるかである。この点について判例・通説は，会社が債権者名および債権発生原因と内容の大体を知っている場合であると考えている。かならずしも数額の知れた者である必要はない。

(3) 資本減少の実行

資本減少は，株主総会の特別決議があっただけでは足りないのであって，資本減少の実行手続が必要である。具体的にどのような実行手続が必要とされるのかは，資本減少の方法ごとに異なる。株式数の減少による方法をとる場合，株式消却・株式併合としてどのような手続が必要とされるかについては，Lesson 12，13を参照。

4 資本減少の効力

資本減少の効力は，3(1)～(3)のすべての手続が完全に終了したときである。資本減少により，登記事項（資本の額，発行株式総数）に変更が生じる。したがって，資本減少が効力を生じた後，会社は変更の登記をしなければならない。ただ，登記は資本減少の効力発生要件ではない。

資本減少の方法として，株式数の減少による方法をとる場合，会社の発行済株式数が減少する。しかし，通説は，だからといって未発行株式数が増加すると解すべきでないとしている。代表取締役がいったん授権に基づいて株式を発行した以上，後でその株式が消滅したとしても，既発行として取り扱うべきだからである。

5 資本減少の無効

会社訴訟の一種として資本減少の無効の訴えが認められている。

資本減少の無効原因が何かについては，法定されておらず，もっぱら解釈に委ねられている。一般には，資本減少の株主総会決議が取り消されたり無効であった場合や債権者保護手続に欠陥があった場合，資本減少の方法が株主平等の原則に違反する場合などのような資本減少の手続・内容に瑕疵がある場合が無効原因であると解されている。

資本減少の無効の訴えに関しては，他の会社訴訟と同様に，提訴期間，提訴

権者が法定されている。提訴期間は，資本減少の変更登記をなした日から6カ月以内（380条1項）に限られているし，提訴権者も，株主，取締役，監査役（小会社を除く），清算人，破産管財人，資本減少を承認しなかった債権者（380条2項，商特25条）のみである。訴えの管轄，原告の担保の供与，口頭弁論の開始時期，弁論および裁判の併合，訴え提起の公告，敗訴した原告の損害賠償の義務，無効判決の登記などは，設立無効の訴えなどの他の会社訴訟の場合と同様である。

資本減少を無効とする判決は，設立無効の訴えなどと同様，形成判決である。そして資本減少を無効とする判決が確定した場合には，その判決は第三者に対しても効力を有する（対世効，380条3項・109条1項）。注意すべき点は，資本減少の無効の判決は，設立無効の場合と異なり遡及効を生ずる点である。資本減少を無効とする判決について遡及効を否定する条文がないからである。ただこれによって複雑な法律関係が生じる場合もある。

ワーク 37　演習問題

【問】　以下の記述のうち，資本減少をなす際に全く考慮する必要がないものを1つ選びなさい。　　　　　　　　　　　【法学検定試験3級程度】

(1)　変更登記
(2)　債権者保護手続
(3)　株主総会の特別決議
(4)　定款の変更

(担当：松嶋隆弘)

第12章 合併

Lesson 38　合併手続

1　合併の意義と態様
(1)　合併の意義と態様

　会社の合併とは，2以上の会社間の契約によりその人的・物的要素を統合して1つの会社となることであり，合併当事会社のうち合併により消滅する会社の権利義務のすべてが存続会社（吸収合併）または新設会社（新設合併）に当然に**包括承継**されることとなる。

　現行法では，合併の態様として**吸収合併**と**新設合併**の2つが規定されている。**吸収合併**とは，合併当事会社のうち1つの会社が合併後も存続し，これに他の当事会社が吸収されて消滅するものをいう。前者を**存続会社**，後者を**消滅会社**といい，存続会社は消滅会社の一切の権利義務を包括承継するから，消滅会社の債権者・債務者は基本的に存続会社の債権者・債務者となり，消滅会社の株主・社員も基本的に存続会社の株主・社員となる。これに対し，**新設合併**とは，合併当事会社が合併によりすべて消滅して，その権利義務のすべてが合併により設立される**新設会社**に包括承継されるものをいう。新設合併が行われると，基本的に合併当事会社の債権者・債務者は新設会社に対する債権者・債務者となり，当事会社の株主・社員は新設会社の株主・社員として収容されることとなる。

(2) 合併自由の原則と異種会社間の合併

商法は、会社の合併を必要・有益な行為と捉え、会社合併を原則として自由とする立場に立っている（56条1項）。その上で、商法は、異種会社間の合併も原則として許容しながら、合併当事会社の組合せと、存続・新設会社の種類に一定の制限を設ける。

これを具体的にみると、第1は、合名会社同士もしくは合資会社同士の合併、または合名会社と合資会社との合併である。この場合、新設合併により新設会社を株式会社とすることも可能であるが、新設会社を有限会社とすることは認められていない。第2は、株式会社と合名会社または合資会社との合併である。この場合、合名会社・合資会社を存続会社または新設会社とすることは認められていない（56条2項）。第3は、株式会社同士の合併である。この場合、新設合併において、新設会社とすることができるのは、株式会社と有限会社に限定されており、合名会社・合資会社を新設会社とすることはできない（56条2項、有60条1項本文）。第4は、株式会社と有限会社との合併である（有59条1項前段）。吸収合併においては、存続会社を株式会社と有限会社のいずれとしても構わないが、新設合併においては、やはり新設会社が株式会社と有限会社のいずれかに限定される（有59条1項後段）。第5は、有限会社同士の合併である。ここでも、新設合併においては、新設会社が株式会社と有限会社のいずれかに限定されている（有59条1項前段）。

なお、新株予約権を発行した株式会社または社債償還が完了していない株式会社と有限会社とが合併する場合は、存続会社または新設会社を有限会社とすることができない。また、株式会社間の合併で合併当事会社の一方または双方が新株予約権を発行している場合または社債の償還を完了していない場合は、有限会社を新設会社とする新設合併は行えない（有60条1項但書）。有限会社が新株予約権と社債を発行できないことを受けた制限である。

以下では、株式会社間の合併について概説する。

2 合併手続

(1) 合併手続

(a) 合併契約の締結　　株式会社同士が合併する場合、吸収合併であれ新設

合併であれ，合併当事会社間で，各当事会社の取締役会決議に基づき代表取締役が合併契約を締結することが必要となる。合併契約締結に際しては，法定事項を記載した合併契約書の作成が要求されている (409条・410条)。記載事項は，①合併比率等の合併条件，②存続会社または新設会社の体制，および③合併承認総会の期日，合併期日等の合併手続が，記載されることとなる (409条1号〜8号・410条1号〜6号)。ちなみに，新設合併の場合，新設会社の定款規定が記載事項として法定されているが (410条1号)，この定款に対し各当事会社の代表取締役が署名をしなければならない (56条3項)。

(b) 事前情報開示　合併承認総会の会日の2週間前より，各合併当事会社の代表取締役はそれぞれ，合併契約書，合併比率算定理由書，合併承認総会の会日の前6カ月以内に作成された各当事会社の貸借対照表（これが最終のものでないときは，最終の貸借対照表)，および貸借対照表とともに損益計算書が作成されているときは各当事会社の損益計算書を本店に備え置くことを要し (408条ノ2第1項・2項・33条ノ2第1項)，株主および債権者は営業時間内はいつでも備置き書類の閲覧・謄写を請求することができる (408条ノ2第3項本文)。その際，請求株主等は，謄抄本の交付請求，または電磁的記録の電磁的方法による提供もしくはその内容を記録した書面の交付の請求については，会社所定の費用を支払わなければならない (同項但書)。ちなみに，上記書類は，合併の日（合併登記の日または新設会社の設立登記の日）から6カ月を経過する日まで継続して備え置くことを要し，その間は株主等の閲覧・謄写請求の対象となる (408条ノ2第1項)。

(c) 合併承認総会決議　合併当事会社は原則として，各会社において合併契約書の内容につき**株主総会の承認**を経なければならない (408条1項)。合併は会社の基礎的変更に該当する重要事項であるため，合併承認総会の招集通知には議案の要領を記載・記録することを要する (同条3項)。また，合併承認決議は，原則として特別決議によることを要するが (408条4項)，吸収合併において存続会社の定款に株式譲渡制限の定め (204条1項但書) があり，消滅会社の定款に当該規定がないときは，消滅会社では348条所定の総会決議（いわゆる特殊決議）を要し，新設合併において新設会社の定款に株式譲渡制限規定が置かれるときは，その旨の定款規定を有していない当事会社でも同様に，商法

348条所定の総会決議を経なければならない (408条5項)。

なお，合併に反対の株主はその有する株式の買取を会社に対して請求することができる（株式買取請求権）。この権利を行使するためには，反対株主がまず，総会に先立ち会社に対し合併に反対の意思を通知し，かつ総会で合併承認に反対した上で，決議後20日以内に書面または電磁的方法により会社に対して買取請求を行うことを要する (408条ノ3第1項・2項・245条ノ2第2項・245条ノ3)。

(d) 債権者保護手続　各合併当事会社は，総会の合併承認決議後2週間以内に債権者に対し，合併に異議があれば一定の異議申立期間内に異議を述べるべき旨を公告するとともに，「知れたる」債権者にはその旨を個別に催告しなければならない (412条1項本文)。その際，会社が異議申立催告の公告を官報とともに定款所定の公告方法たる日刊新聞紙においてしたときは，個別催告を省略することができる (同項但書)。ちなみに，異議申立期間は1カ月以上でなければならない (412条2項・100条1項後段)。

債権者がこの期間内に異議を述べたときは，会社は当該債権者に対し弁済もしくは担保提供を行うか，または当該債権者への債務の弁済を目的とする担保財産を信託しなければならない (412条2項・100条3項本文)。これに対し，異議を述べなかった債権者は合併を承認したものと見なされる (412条2項・100条2項)。

なお，債権者が既に十分な担保提供を受けているとか，優良会社同士の合併であるなど合併をしても債権者を害するおそれがないときは，当該会社は債権者から異議申立があっても，弁済等をすることなく合併手続を行うことができる (412条2項・100条3項但書)。

(e) 合併登記　合併当事会社は，合併登記を除く合併に必要な法的手続を完了した日から本店所在地では2週間以内に，支店所在地では3週間以内に合併登記を行うことを要する (414条1項)。吸収合併の場合，存続会社では変更登記を，消滅会社では解散登記を行うことを要する。新設合併の場合は，新設会社では設立登記を，消滅会社では解散登記を行わなければならない (同項)。なお，存続会社または新設会社が合併により消滅会社から新株予約権にかかる義務を承継したときは，合併登記と同時に新株予約権の登記を併せ行うことを

要する（同条2項）。

(f) 事後の情報開示　合併登記後6カ月間は合併無効の訴えを株主等が提起できるので（415条），それに必要な情報の提供を目的として，存続会社または新設会社の代表取締役は，合併手続の経過，合併の日，合併により消滅会社より承継した財産の価額と債務の額その他の合併に関する事項を記載または記録した書面または電磁的記録を作成し，合併登記後6カ月間これを本店に備置かなければならない（414条ノ2第1項）。株主と会社債権者はこの書類の閲覧・謄写を請求することができる（同条2項・408条ノ2第3項）。

(2) **合併の効力発生とその効果**

会社の合併は，合併登記によりその効力を生ずる（416条1項・102条）。合併の効力が発生すると，吸収合併においては，存続会社以外のすべての当事会社が，新設合併ではすべての合併当事会社がそれぞれ消滅し，その権利義務がすべて存続会社または新設会社に包括承継される（416条1項・103条）。消滅会社の株主は，存続会社または新設会社の株式の割当を受けるが，吸収合併の場合に存続会社は新株発行に代えて保有自己株式（いわゆる金庫株）を移転することもできる（代用自己株式）。その場合は，移転すべき株式の総数，種類および数を合併契約書に記載することを要する（409条ノ2）。

なお，消滅会社は，その権利義務が存続会社・新設会社に包括承継されるため，清算手続を要しない。

3　簡易合併

(1) **簡易合併の意義**

簡易合併とは，株式会社を存続会社とする吸収合併において，一定の要件を満たしたときに存続会社における株主総会決議を省略することができる簡易な手続による合併のことである。合併手続の合理化の観点から，平成9年の商法改正により導入された。

(2) **要件と手続**

(a) 要件　簡易合併制度を利用するためには，①合併の態様として，株式会社を存続会社とする吸収合併であること，②実質要件として，存続会社が交付する株式（新株または代用自己株式）がその発行済株式総数の20分の1以下

であり，かつ，存続会社が合併交付金を支払うときはその額が存続会社の最終の貸借対照表における純資産額の50分の1以下であること，が必要とされる（413条ノ3第1項・2項）。こうした要件をすべて充足すれば，**存続会社における株主総会決議を省略**できる（413条ノ3第1項本文）。他方，消滅会社ではこの場合も株主総会決議を経なければならない。

　(b) 存続会社における手続　　簡易合併制度による場合，存続会社では以下の手続をとることが必要となる。第1に，消滅会社となる会社との間で合併契約を締結し，所定の事項を記載または記録した合併契約書を作成しなければならないことは通常の合併手続と同様であるが，合併契約書には，総会の承認を経ないで合併を行う旨を記載または記録することを要し，合併契約書に存続会社の定款変更と新たな取締役・監査役の選任の定めをすることができない（413条ノ3第3項）。第2に，存続会社は，合併契約書作成の日から2週間以内に，消滅会社の商号・本店所在地，合併期日および簡易合併による旨を公告し，または株主に通知しなければならない（413条ノ3第4項）ほか，前述の債権者保護手続を合併契約書作成の日から2週間以内に行わなければならない（413条ノ3第9項・412条）。第3に，存続会社の代表取締役は，株主向けの公告・通知の日または債権者向けの公告等の日のいずれか早い方の日から合併貸借対照表など408条ノ2第1項所定の書類・電磁的記録を合併登記後6カ月間は本店に備置き，株主・債権者の閲覧・謄写に供さなければならない（413条ノ3第9項・408条ノ2）。第4に，当該合併に反対の存続会社株主には，やはり株式買取請求権が認められる。反対株主は，上記の株主向け公告または通知の日から2週間内に会社に対し簡易合併に反対の意思を通知することができ，それにより公正価額で株式を買い取るよう請求することができるが（413条ノ3第5項），その際，この通知期間満了の日から20日内に所定の事項を記載または記録した書面または電磁的方法を以って請求することを要する（413条ノ3第6項）。

　なお，反対株主の有する議決権の総数が存続会社の総議決権数の6分の1以上にのぼるときは，簡易合併の方法によることができない（413条ノ3第8項）。

4　合併無効の訴え

(1) 合併無効の訴え

(a) 合併無効の訴えの意義　会社の合併については上述のように法律上，多くの手続の履践が要求されているが，その全部または一部を欠いてなされた合併は本来ならばその効力が無効となるはずである。しかし，合併により複数の会社が1つの会社として統合され，それを前提にさまざまな法律関係が新たに形成されていくだけに，所定の手続・要件を欠いてなされた会社の合併の効力を当然に無効とし，それをいつでも誰でもどのような方法でも主張できることとなると，合併後に形成される多種多様な法律関係を破壊するし，法律関係の安定も害する。そこで，商法は合併無効の訴えという制度を定め，合併に瑕疵があっても，当該合併の効力を当然には無効とせず，合併無効の訴えによってのみその無効を主張しうること（415条1項）とした上で，その提訴権者・提訴期間を制限して法律関係の安定と早期確定を図るとともに，既成事実尊重ないし法律関係の安定の観点から合併無効判決の効力について遡及効制限・対世効を定め，さらに無効判決確定までに生じた債権・債務の帰属関係を規定する。

(b) 提訴権者・提訴期間　合併無効の訴えは形成の訴えであるが，これを提起できるのは，商法上，**各合併当事会社の株主，取締役，監査役（特例法上の小会社は除く），清算人，破産管財人，または合併を承認しない債権者**のみとされている（415条2項）。もっとも，消滅会社の株主，取締役，監査役等は条文上，提訴権者とされているが，合併無効の訴えは存続会社・新設会社を被告とすること，合併無効判決の遡及効が制限されていることを論拠に，消滅会社の株主等には原告適格が認められないとする説も有力である。

合併無効の訴えは，提訴期間が制限されており，**合併登記の日から6カ月内**に訴えを提起しなければ，以後は当該合併の効力は有効なものとして確定する（415条3項・105条1項）。

(2) 合併無効原因

商法は合併無効原因について具体的に規定しておらず，その点を解釈に委ねているが，合併無効判決が，いったん行われた合併の効力を否定することになるだけに，合併無効原因の範囲をなるべく制限的に解するのが通説である。この点，ほぼ異論なく無効原因に該当するものとされているのは，①合併当事会

社または存続・新設会社が法定の適格を欠くこと，②独占禁止法や関係する業法の規定に違反すること，③合併契約書の不作成，法定記載事項の記載の欠缺または違法，合併契約締結における錯誤・詐欺等，④合併承認決議の取消または無効・不存在，⑤債権者保護手続の不遵守などである。

他方，合併比率の不当または不公正については，これを合併無効原因と解する説もあるが，最判平成 5 年10月 5 日判時1331号136頁は，合併比率が不当であっても，この合併に反対の株主は株式買取請求権を行使できることから，合併比率の不当・不公正それ自体は合併無効原因に該当しない旨を判示している。もっとも，現行法では，合併比率算定理由書が合併承認総会の会日の 2 週間前より合併登記後 6 カ月間，本店に備置かれ，株主・債権者の閲覧・謄写に供されていることに鑑みると，こうした判例の立場には疑問なしとしない。

(3) 合併無効判決の効力

合併無効判決が確定した場合，消滅会社が復活することになる（復活会社）。しかし，法律関係の安定のために判決の遡及効が制限されており，合併無効判決は将来に向かってのみその効力を生ずることとなる（**将来効**：415条 3 項・110条）。また，合併無効判決は原告・被告以外の第三者に対してもその効力を有する（**対世効**：415条・109条 1 項）。

したがって，合併無効判決によっていわば会社分割の効果が生じ，消滅会社が合併当時有していた財産で存続会社・新設会社に現存するものは復活会社に帰属することとなるのに対し，存続（新設）会社が合併後に負担した債務は，復活する合併当事会社が連帯して責任を負い，存続（新設）会社が合併後に取得した財産は無効判決の確定後は復活する合併当事会社の共有に属するものとされる（415条 3 項・111条 1 項・ 2 項）。ちなみに，各会社の共有財産の持分または連帯債務にかかる負担部分は，原則として各会社の協議により定めることになるが，協議不調の場合は裁判所が各会社の請求により合併当時の各会社の財産の額その他一切の事情を斟酌してこれを定めるものとされている（415条 3 項・111条 3 項）。

> **ワーク 38** 演習問題

【問】 会社の合併に関する以下の記述のうち誤っているものを1つ選びなさい。　　　　　　　　　　　　　　　　　　　　　　　【法学検定試験3級程度】
(1) 有限会社は合名会社と合併することができない。
(2) 株式会社が合併をする場合，必ず株主総会の特別決議による承認を得なければならない。
(3) 会社の合併により債権者を害するおそれがないときは，異議を述べた債権者に対する弁済等を行う必要がない。
(4) 株式会社を存続会社とする吸収合併においては，存続会社における株主総会決議を省略できる場合がある。
(5) 判例によれば，合併比率の不公正は合併無効の原因に該当しないとされている。

(担当：中村信男)

第13章 会社の消滅

Lesson 39　解散・清算

　株式会社の解散とは，法人格の消滅原因となる法律事実である。解散後に行われる会社をめぐる法律関係の後始末を清算という。清算手続の終了によって会社の法人格が消滅する。清算手続中の会社は清算目的の範囲内で会社としての法人格を有している（430条1項・116条）。清算の目的は，すべての権利義務の処理を行い，残余財産を株主に変換することであるから，清算手続中の会社が営業することはできず，また，事業を廃止したのであるから資金調達のための新株発行，社債発行，支店の新設，移転等も認められず，減資手続も必要としない。これに対して，株主総会，監査役会等の機関は存続し，株式の流通も認められている。会社が清算手続に入ると，取締役はその地位を失い，精算人が清算中の会社の執行機関となる。

1　会社の解散

　株主の意思による解散としては，①存立時期の満了その他定款に定めた事由の発生（404条1号・94条1号），②会社の合併（404条1号・94条3号），③株主総会の特別決議（404条2項）がある。株主の意思によらない強制的な解散としては，④会社の破産（404条1号・94条4号），⑤解散を命ずる裁判（404条1号・94条6号），⑥休眠会社の整理（406条ノ3）がある。休眠会社とは，長期間営業を行っていない会社であるが，営業活動が停止しても，会社そのものが消滅してしまうわ

けではない。実際には事業を行っていないにもかかわらず，登記簿上は会社として存在することは，実体と登記簿の不一致を生じ，商号選択の自由や取引の安全を損うことにつながるので，一定の要件を充たした場合には，登記官が職権で解散登記をすることを認めたものである。

会社が解散したときは，合併および破産の場合を除いて，本店の所在地では2週間，支店の所在地では3週間以内に解散の登記をしなければならない（416条1項・96条，商登91条ノ2・92条・61条）。また，取締役は，破産の場合を除いて，遅滞なく株主に対してその旨の通知を発し，かつ端株券を発行した場合には，これを公告しなければならない（407条・498条1項2号）。

2 株式会社の継続

会社が存立期間の満了，その他定款に定めた事由の発生または株主総会の決議によって解散した場合には，株主総会の特別決議によってこれを清算手続が終了するまで継続することができる（406条）。会社が休眠会社の整理によって解散したものとみなされた場合には，その後3年以内に限り，株主総会の特別決議によりこれを継続することができる（406条ノ3第3項）。解散登記後に会社を継続することになったときは，継続の登記をしなければならない（416条1項・97条）。破産が強制和議によって終了する場合には会社の継続が認められ（破311条），破産廃止によって終了する場合には継続が前提になる（破348条）。

3 清　算

(1) 株式会社の清算の意義・特色

解散した会社のすべての法律関係を処理し，株主に残余財産を分配する手続を清算という。会社が解散すると清算手続に入り（417条1項），会社は清算の結了まで清算の目的の範囲内でのみ存続する（430条1項）。合併の場合には，権利義務は存続会社または新設会社に承継され，株主も収容されるので（416条1項・103条）清算を必要とせず，破産の場合には，破産法による破産手続が行われるため，清算手続を必要としない。ただし，会社が破産宣告と同時に破産廃止の決定を受けたときには（破145条1項），破産手続は行われないが，会社に財産がある以上その清算手続を行う必要がある（最判昭和43年3月15日民集22巻3

号625頁)。

　株式会社には，合名会社・合資会社に認められている任意清算（117条以下・147条）が認められず，必ず法定清算でなければならない。また，株式会社の清算には通常清算の他，通常清算に著しい支障をきたす事情がある場合には，裁判所の監督の下での特別清算が認められている。

(2) 通 常 清 算

　会社が清算手続に入ると，合併・破産により解散した場合を除き，取締役が清算人に就任するのが原則であるが（法定清算人），定款に別段の定めがあるとき，または株主総会において他の者を選任するときは，その者が清算人となる（417条）。このような清算人がいないとき，設立無効の判決が確定し会社が消滅したとき，解散命令・解散判決によって解散したときには，利害関係人もしくは法務大臣の請求によりまたは職権をもって裁判所が清算人を選任する（417条2項・428条3項・138条・430条等）。清算人は清算中の会社の清算事務の意思決定機関である清算人会の構成員としての地位を有し，代表清算人がその会社の代表機関となる（430条2項・259条・260条・261条）。清算人の員数については，清算人会という制度が認められている以上，2人以上を必要と解するのが通説の立場であるが，判例は，清算人の員数には明文の規定を欠くこと，商430条が259条から260条を準用するのは清算人が2人以上選任された場合の規定であり，必ずしもこの規定から清算人の複数化を予定しているものとは断定できないことから，1人しか選任されなかったときには，その者が当然に会社を代表する権限を有すると解している（最判昭和46年10月19日民集25巻7号952頁）。清算人には任期の定めはなく，欠員の場合の措置のみが規定されている（430条2項・258条）。

　清算人のうち，裁判所の選任した者は株主総会の決議で解任することができないが，その他の者はいつでも株主総会の普通決議で解任することができる（426条1項）。また，重要な事由があるときは，裁判所は，少数株主の請求により清算人を解任することができる（426条2項，非訟136条・137条）。なお，清算人の就任・解任については登記が必要である（430条1項・123条・67条，商登92条・62条・63条）。

　清算人会の招集・議事・決議等はすべて取締役会に関する規定が準用される

(430条2項・259条〜260条ノ4)。また，会社および第三者に対する責任についても取締役に関する規定が準用されるが (430条2項・266条・266条ノ3・278条)，代表訴訟制度も準用され (430条2項・267条)，職務執行停止・差止請求の制度も認められている (430条2項・271条・272条・71条ノ2)。清算人の報酬の額は定款または株主総会で定めるが (430条2項・269条)，裁判所が選任した清算人の報酬の額については裁判所がこれを定める (非訟136条・138条ノ3・129条ノ3)。

　清算の目的は，残余財産を株主に返還することであるが，そのために現務を結了し，債権を取り立て，会社財産を換価処分し，債務を弁済しなければならない (430条1項・124条1項)。現務の結了とは，会社の解散当時完了していなかった事務の後始末をすることである。債権の取立てには，債権回収の他，代物弁済，和解等も含まれる。会社財産の換価方法として，営業の全部または重要な一部を譲渡するには，株主総会の特別決議を必要とし (245条1項)，会社が営業全部の譲渡と同時に解散決議をして解散した場合には，清算人がその契約の履行に必要な行為をしなければならない。債務の弁済は法定手続に従って行なわなければならない (421条〜424条)。債務の弁済は，弁済期が到来していない債務，条件付債務，存続期間の不確定な債務等についても行うことができる (430条1項・125条)。債権者を保護するためにすべての債務の弁済後 (430条1項・131条)，残余財産の分配を行うが，その割合は各株主の持株数に比例して行うのが原則である (425条)。

　清算人は，債務を完済し，残余財産の分配を終了したときは，決算報告書を作成し，これを株主総会に提出してその承認を求めなければならない (427条)。承認後一定期間内に清算結了の登記をしなければならないが (430条1項・134条)，会社の消滅は，この登記の時点ではなく，登記がなされても清算が結了するまでは会社は存続する (最判昭和36年12月14日民集15巻11号2813頁)。

(3) 特別清算

　特別清算とは，会社の清算の遂行に著しい支障をきたすべき事情がある場合，または債務超過の疑いがある場合に裁判所の命令によって開始される特別な清算手続をいう。会社が解散する場合の多くは，業績不振で破綻に瀕した場合であり，通常の清算手続で会社自身の手に委ねることは不適当ではあるが，会社を破産させて破産手続を行うことも適当ではない。そこで特別清算では，通常

清算と破産の中間の形態をとり，会社債権者の最小の犠牲の下に，公正かつ円滑に解散会社の法律関係の処理を図ることを目的とする。特別清算も清算の一種であるから，通常清算に関する規定が適用されることは当然であるが，財産状態の悪化した会社の公平な清算を目的としているために，多数の特別規定が置かれ (431条以下)，同一の精神に立脚する整理に関する規定 (431条3項・433条・452条2項・454条2項・3項)，破産法の規定を準用 (破456条等) している。

　清算の執行に著しい支障をきたすべき事情または債務超過の疑いがある場合には，裁判所が，債権者，清算人，監査役もしくは株主の申立により，または職権をもって特別清算の開始を命ずることができる (431条1項)。清算人は債務超過の疑いがあるときは申立をなすことを要する。また，裁判所は会社の業務を監督する官庁の通告に基づき職権で特別清算の開始を命ずることができる (431条・433条・381条2項)。特別清算の開始申立または通告があったときには，必要があれば開始決定前であっても，裁判所は和議・破産手続等の中止を命ずることができ (433条・383条1項)，会社財産の保全処分，株主の名義書換の禁止等の処分をすることもできる (432条・454条1項1号・2号・6号)。

　特別清算の開始決定があると会社は特別清算の状態に入り，破産・和議・強制執行，仮差押，仮処分等は禁止，中止，失効し (433条・383条2項・3項)，裁判所は担保権の実行として競売手続の中止を命ずることができ (433条・384条)，また会社債権者の債権については時効が停止し (433条・385条)，相殺が制限される (456条1項，破104条)。

　特別清算の機関には，①清算人，②債権者集会，③監査委員の3つがある。特別清算の清算人の職務は，通常清算の清算人の場合と同様であるが，会社財産の処分，その他の一定の行為については，監査委員が選任されているときは，その同意を，監査委員が選任されていないときには債権者集会の決議を必要としている (445条)。債権者集会は，会社債権者の総意を決定するための議決機関であり，特別清算の実行上必要があると認められる場合に招集され (439条1項)，裁判所がこれを指揮する (非訟138条ノ8第1項)。債権者集会は監査委員を選任することができ (444条1項)，監査委員が選任されたときは監査委員が清算人を補助し監督する (447条・451条・444条4項・390条・452条) が，監査委員の員数は3名以上を必要とする (444条4項・255条)。

特別清算でも，通常清算と同様に債務の弁済をしたり，債務の一部免除等を行うことができるが，通常は協定に基づいて清算が行われる。協定は，会社と債権者との間の一種の和議である。清算人は，監査委員の意見を聞いて債権者集会に協定の申出を行うことができ（447条），協定案を作成する場合，必要に応じて別除権者の参加を求めることができる（449条）。協定が実行されると特別清算が結了となり，裁判所によって特別清算終結の決定がなされ（456条1項・399条），この決定が特別清算の終了による場合には会社は消滅し，特別清算の必要がなくなったことによる場合には通常清算に移行する（456条1項・400条・387条・382条）。協定の見込がないか，または協定の実行の見込がないときは，裁判所は職権をもって破産の宣告をしなければならない（455条）。

ワーク 39　演習問題

【問】　会社の解散および清算に関する次の記述のうち，正しいものはどれか。

【法学検定試験3級程度】

(1)　解散中の会社は，本店を移転することができる。
(2)　株式会社が解散すると，取締役は裁判所に清算人の選任を請求しなければならない。
(3)　株主は解散後は，株式を譲渡することができない。
(4)　株式会社の監査役は，解散するとその地位を失う。
(5)　株式会社は，解散するまでは定時総会を開かなければならない。

（担当：松本　博）

ワークスタディ
商法（会社法）

解答と解説

解 答

＜ワーク１＞

正解　（4）

【解説】
- (1)　誤　会社は営利社団法人に限られる。
- (2)　誤　商行為以外の事業を営む会社もある（52条2項，民事会社）。
- (3)　誤　問題文の記述は，商人の営利性を意味し，会社の営利性の場合には得た利益の社員への分配が加わる。
- (4)　正　94条4号・147条。
- (5)　誤　合名会社の社員が退社した場合の持分払戻請求権にはその債権者の差押の効力が及ぶ。

＜ワーク２＞

正解　（2）

【解説】
- (1)　正　会社は他の会社の無限責任社員となることはできない。55条。
- (2)　誤　会社は解散しても直ちに権利能力を失うわけではなく，清算結了によって消滅する。
- (3)　正　判例は会社にも民法43条の適用を認める（最大判昭和45年6月24日民集24巻6号625頁ほか多数）。
- (4)　正　前掲最大判昭和45年6月24日。
- (5)　正　営利の目的とは，会社が企業活動によって利益を得ることだけでなく，企業活動から生じた利益を社員に分配することも含む。

＜ワーク３＞

正解　（5）

【解説】
- (1)　正
- (2)　正
- (3)　正
- (4)　正
- (5)　誤　判例は，手続法上の問題として法人格否認の法理により判決の既判力・執行力を被告以外の者にまで拡張することは認められないと解している。

<ワーク4>

正解　(3)

【解説】

(1) 正　　55条。
(2) 正
(3) 誤　　85条1号。
(4) 正　　166条1項。
(5) 正　　156条。

<ワーク5>

正解　(4)

【解説】

(1) 誤　　財産引受は発起人以外にも可。
(2) 誤　　募集手続の特徴。
(3) 誤　　最低資本金は共に1,000万円以上。
(4) 正
(5) 誤　　裁判所選任の検査役の検査が必要なのは変態設立の場合で，少額出資特例を受けられないとき。

<ワーク6>

正解　(5)

【解説】

(1) 誤　　少額免除は資本金の5分の1以下と500万円のより少ない額までである。本問では500万円までとなる。
(2) 誤　　創立総会では変態設立事項を削除または縮減することしかできない。
(3) 誤　　財産引受は単なる取引行為だから，相手方はまったくの第三者でもよい。
(4) 誤　　対抗要件の具備は会社成立後でもよい。
(5) 正　　発起人が引受を取り消しても，一定の手続の下に設立を継続することができる。

<ワーク7>

正解　(5)

【解説】

(1) 誤　　法律上必要か否かを問わず設立に必要な一切の費用を設立費用という。定款には総額を記載すれば足り，明細を記載する必要はない。
(2) 誤　　発起人の株式引受は設立中の会社の機関としての行為ではない。

(3) 誤　　判例は，設立費用の借入を設立に関してなした行為に含めない（大判昭和14年4月19日民集18巻472頁）。
(4) 誤　　判例は，法定要件を満たした限度で会社が設立費用を負担し，限度外の部分は発起人が負担するとする（大判昭和2年7月4日民集6巻429頁）。
(5) 正　　判例は追認を否定する（最判昭和42年9月26日民集21巻7号1870頁など）。

＜ワーク8＞

正解　(3)

【解説】
(1) 正　　198条。通説による擬似発起人の責任に関する考え方である。
(2) 正　　196条・266条5項。資本充実責任との区別がポイントである。
(3) 誤　　会社不成立の際の設立費用は株式引受人ではなく，「発起人が負担」するため（194条2項），これが誤り。
(4) 正　　192条ノ2。現物出資者・譲渡人は免除されない。
(5) 正　　192条。引受・払込担保責任を負うことになる。

＜ワーク9＞

正解　(4)

【解説】
(1) 誤　　トラッキング・ストックが法認されたのでかかる株式も発行できる。
(2) 誤　　一部議決権制限株式が法認されたのでかかる株式も発行できる。
(3) 誤　　議決権の復活も定款自治に委ねられ，議決権が全く復活しない株式も発行できる。
(5) 誤　　算定の基準の要綱だけ定款に定めれば足りる。

＜ワーク10＞

正解　(4)

【解説】
(1) 正　　会社の事務処理が煩雑になるため，会社に対しては効力を有しない。
(2) 正　　このような場合，株主の権利で重大な影響を与えることから，反対株主には株式買取請求権が認められている。
(3) 正　　会社は名義書換を拒絶できるため，この結論を認めても譲渡制限の趣旨は維持される。
(4) 誤　　株式の取得者からも，譲渡承認請求をすることができる。これが誤り。
(5) 正　　平成6年改正で会社自身が先買権者となることが認められた。

＜ワーク11＞

正解　(3)

【解説】
(1)　誤　　自己株式に関し完全に弊害が除去されたわけではないので，その買受・保有・処分・消却は規制を受ける。
(2)　誤　　特定の売主から買い受けるときは相対取引となる。
(4)　誤　　自己株式の資産性は否定された。
(5)　誤　　株式消却特例法は廃止された。

＜ワーク12＞

正解　(1)

【解説】
(1)　正
(2)　誤　　株式の併合比率によっては，端数部分について株主としての権利が認められなくなるという不利益を被ったり，株主としての地位を失う場合もある。
(3)　誤　　平成13年改正商法は，株式併合を行える事由に関する商法上の制限を撤廃した。
(4)　誤　　たとえば，2株を3株に分割すると，奇数の数の株式を有する株主については，端数（端株）が発生する。
(5)　誤　　株式分割を行うと，1株当たりの会社財産は減少するが，会社財産自体は減少しない。

＜ワーク13＞

正解　(4)

【解説】
(1)　誤　　株券提出期間の満了時に，消却の効力が発生する。
(2)　誤　　特定の株式を消滅させる会社の意思が客観的に認識できる行為がなされれば足り，必ずしも物理的に株券を廃棄する必要はない。
(3)　誤　　定款の規定に基づかなければ，株式の強制消却はできない。
(4)　正
(5)　誤　　定時総会の決議に基づかなければ，配当可能利益による自己株式の買受けはできない。

＜ワーク14＞

正解　(2)

【解説】
(1)　正　　定款によって100分の1とは異なる割合を定めたり，1株未満の端数は

端株原簿に記載しない旨を定めることができる。
- (2) 誤　利益配当請求権や新株引受権等は，定款で与えない旨の定めがあれば排除することができる。これが誤り。
- (3) 正　端株券廃止に伴う投下資本回収手段として買取請求権が端株主に認められる。
- (4) 正　単元未満株主には，株主総会出席権等の共益権は認められないから，単元未満株式の合計数は，発行済株式総数に算入しない。
- (5) 正　単元未満株式は流通が制限されているため，単元未満株主に買取請求権を認めた。

＜ワーク15＞

正解　(3)

【解説】
- (1) 誤　有効に成立する。招集通知発送後に必要があって会場を変更した場合，株主が新たな会場にたどり着けるような合理的手段を講じればよい。
- (2) 誤　有効に成立する。招集通知は原則として株主名簿記載の住所に発送すればよい。
- (3) 正　決議不存在となる。招集は代表取締役が行わなければならない。事故などにより代表取締役が招集できない場合には，新たな代表取締役を選任する必要がある。
- (4) 誤　有効に成立する。全員出席総会であるから，権限者による招集は必要ないし，招集手続の瑕疵も治癒される。
- (5) 誤　有効に成立する。招集通知の効力については発信主義がとられるから，定められた期日までに発送すれば足り，株主に到達する必要はない。

＜ワーク16＞

正解　(4)

【解説】
- (1) 誤　わが国の商法では一株一議決権主義をとっており（241条1項），例外的に議決権制限株式は認められるが（222条参照）複数議決権株式は認められていない。
- (2) 誤　議決権に関する代理権の授与は総会ごとに行わなければならない（239条4項）。
- (3) 誤　議決権行使書面には，議案ごとに賛否の欄を記載する欄を設けなければならない。

(4) 正　株主は会日の3日前までに書面をもって会社に通知すれば，議決権の不統一行使が認められる（239条ノ2）。
(5) 誤　株主には議決権の代理行使が認められており，会社がその勧誘を行うことは，特に妨げられていない反面，商法でも会社が勧誘を行うことまで義務づけてはいない。

<ワーク17>

正解　(3)

【解説】
(1) 正
(2) 正
(3) 誤　原案（会社提案）に賛成の書面投票用紙を，総会の議事進行に関する動議を否決するために用いることはできないと解するのが多数説である。
(4) 正
(5) 正

<ワーク18>

正解　(2)

【解説】
(1) 正　株主総会決議取消の訴えは，法律関係の変動を宣言する判決（形成判決）を求める形成訴訟である。
(2) 誤　裁量棄却が認められるためには，双方の要件を充たさなければならない。
(3) 正　裁量棄却の対象となるのは，株主総会の招集手続または決議方法が法令・定款に違反する場合のみである。
(4) 正　招集手続に関する違反の程度が著しく，総会決議が存在したと認められないときは，決議不存在確認の訴えの対象となる。
(5) 正　対世効について，252条・109条。総会決議無効確認判決は，決議が当初から無効であったことを確認するものであるので，その性質上当然に判決の効力は決議の時点から生ずる。

<ワーク19>

正解　(2)

(1) 正　法人の取締役就任については否定説が通説である。
(2) 誤　欠格事由該当者の選任決議は無効だが，兼任規制違反の場合には現職の辞任を条件として決議の効力が生じる。
(3) 正　256条ノ2の規定は，定款による定足数が総株主の議決権の3分の1未

満の場合であっても，取締役選任決議に関してはこれを3分の1とする，ということである。定款規定がなかったり（定足数は2分の1），3分の1以上の定足数を定めている場合には，高い方の定足数が適用される。
(4) 正　定款で累積投票を完全に排除できるので，その場合には株主の請求があっても累積投票は行われない。
(5) 正　判例は一貫として会社と取締役を必要的共同被告と解している。

＜ワーク20＞

正解　(4)

【解説】

(1) 正　260条1項・2項。取締役会の法定の権限事項である。
(2) 正　260条ノ2第2項。取締役会の決議方法の特色である。
(3) 正　260条1項。取締役会の職務上の権限の内容である。
(4) 誤　会計監査人の選任権を有するのは株主総会であるため（商特3条1項），これが誤り。商法特例法にも気を付けて欲しい。
(5) 正　260条ノ3。監査役の取締役会出席義務。平成13年商法改正により「権限」から「義務」に強化された。

＜ワーク21＞

正解　(4)

【解説】

(1) 正　261条3項・78条1項・275条ノ4。
(2) 正　261条2項・3項・188条2項9号。
(3) 正　262条。善意・無重過失であれば適用がある（最判昭和52年10月14日判時871号86頁）。
(4) 誤　取締役会決議を欠く新株発行（280条ノ2第1項）については，無効説も有力であるが，判例は有効説をとる（最判昭和36年3月31日民集15巻3号645頁）。
(5) 正　判例は心裡留保説をとる（最判昭和38年9月5日民集17巻8号909頁など）。

＜ワーク22＞

正解　(3)

【解説】

(1) 誤　通説・判例は取締役の善管注意義務と忠実義務を同じ性質のものとしてとらえている。
(2) 誤　取締役の競業避止義務の対象となる取引は，現に会社が行っている取引にとどまらず，会社の進出が見込まれる取引と競合する取引まで対象とする。

(3) 正　取締役の競業避止義務違反については266条1項5号の責任が生じ，同条2項・3項により取締役会の決議があった場合には，その決議に賛成した取締役にも同様の責任が生じるとされている。
(4) 誤　取締役から会社に対する贈与など，取締役にとって一方的に不利益となるような取引は規制されない。
(5) 誤　判例は取締役会の承認を経ずになされた利益相反取引について，相対的無効説をとっている。

＜ワーク23＞

正解　(3)

【解説】
(1) 誤　266条1項5号の責任は，過失責任である。
(2) 誤　266条1項4号の責任は，取締役会の承認を得た利益相反取引に関するものだと解されている。
(3) 正　266条2項参照。
(4) 誤　266条1項4号の責任については，免除の要件が緩和されている（同条6項）。

＜ワーク24＞

正解　(4)

【解説】
(1) 誤　会社と取締役の関係は委任関係であるが，報酬の決定は269条による。
(2) 誤　取締役の報酬は，一般の従業員の給与（雇用契約の成立要素）とは法的性格が異なる。したがって，従業員の給与規定をそのまま適用できない。
(3) 誤　定款で規定するか，株主総会で総額を決定する。取締役会に自由に一任できない。
(4) 正
(5) 誤　取締役の報酬は労働法上の賃金ではないから，第三者に譲渡できる。

＜ワーク25＞

正解　(1)

【解説】
(1) 誤　取締役の責任追及は，本来会社が行うべきものだから，原則としてはまず会社に訴訟提起を請求する。60日経過しても会社がこれに応じない場合に，はじめて株主が代表訴訟を提起することができる。これが誤り。
(2) 正　267条1項。

- (3) 正　馴合訴訟の防止のため会社の訴訟参加が認められた。
- (4) 正　濫用的訴訟の防止のため，このような担保提供の制度が認められる。
- (5) 正　代表訴訟に勝訴した株主は直接財産的利益を得られるわけではないから，株主が支出した費用は合理的範囲内で会社に負担させるべきである。

＜ワーク26＞

正解　(3)

【解説】
- (1) 誤　大会社のみ最低人数は3人以上必要。
- (2) 誤　選任資格に取締役と同様な制限がある254条ノ2参照。
- (3) 正
- (4) 誤　小会社の場合には会計監査権しかない。
- (5) 誤　具体的な配分は，監査役の協議による。279条2項参照。

＜ワーク27＞

正解　(2)

【解説】
- (1) 誤　監査役は，株主総会で監査役の選任についての意見を述べることができる（275条ノ3）。
- (2) 正　280条1項・254条2項
- (3) 誤　監査役自らが取締役会を招集することが認められる（260条ノ3第4項・259条3項）。
- (4) 誤　監査役は独任制の機関であり，それぞれが単独で権限を行使することができる。
- (5) 誤　親会社の監査役は，子会社の調査権を有しているが（274条ノ3第1項），子会社の監査役の親会社に対する調査権については認められていない。

＜ワーク28＞

正解　(4)

【解説】
- (1) 誤　問題文は平成13年の改正前の規定である。現在は，監査役の半数以上が社外監査役でなければならないものとされており，社外監査役とは，その就任前に会社またはその子会社の取締役または支配人その他の使用人となったことがない者をいう（商特18条1項）。
- (2) 誤　監査役は自己の分担外の事項であっても調査し，監査報告書に記載することができる（商特14条3項・18条の2第2項但書）

(3) 誤　監査役としての職務を行うために必要があるときに限り，請求できる（商特8条2項）。
(4) 正　商特5条の2第3項＝3条3項前段。
(5) 誤　職務執行につき注意を怠らなかったことを証明した場合には，賠償責任を負わない（商特10条但書）。

＜ワーク29＞

正解　(1)

【解説】

(1) 誤　資本確定の原則が放棄されているのは，新株発行の場合のみ。設立の場合には依然として維持されている。したがって明らかに誤っている。
(2) 正
(3) 正
(4) 正

＜ワーク30＞

正解　(3)

【解説】

(1) 正
(2) 正　290条1項4号。
(3) 誤　290条1項6号。
(4) 正

＜ワーク31＞

正解　(2)

【解説】

(1) 正　通説。民法703条・704条による不当利得の返還請求権である。
(2) 誤　取締役が第三者に対して責任を負うのは「悪意または重大なる過失」がある場合のみであるため（266条ノ3），これが誤り。
(3) 正　290条2項。会社債権者による返還請求が認められている。
(4) 正　266条ノ2。取締役による求償権の行使の対象は悪意の株主とされている。
(5) 正　489条1項3号の違法配当罪である。

＜ワーク32＞

正解　(3)

【解説】

(1) 誤　株主割当ではかつては時価がいくら高額になろうとも額面発行が多かった。
(2) 誤　公開会社では特定日の株式の時価を「公正な発行価額」とする場合であっても，その5％引きが「公正な発行価額」の目安とされよう。
(4) 誤　事前的には，新株発行事項の公示（280条ノ3ノ2）に基づく新株発行差止請求権（280条ノ10）で，事後的には，取締役の賠償責任（266条1項5号）および通謀株式引受人の差額支払責任（280条ノ11）で図られることになる。
(5) 誤　判例は（絶対的）無効説に立つ。

＜ワーク33＞

正解　(1)

【解説】

(1) 誤　社債を券面額以上または以下で償還する旨の特約は有効である（300条）。
(2) 正　正社債の発行は，原則として，取締役会の決議で行うことができる（296条）。
(3) 正　306条1項
(4) 正　社債についての発行限度規制はない。
(5) 正　社債は，複数の会社が合同して発行することができる（304条）。

＜ワーク34＞

正解　(1)

【解説】

(1) 正　280条ノ19第1項。
(2) 誤　新株予約権も，新株予約権付社債も，原則として取締役会の決議で発行することができる（280条ノ20第2項柱書本文，341条ノ3第1項柱書本文）。
(3) 誤　株主以外の者に対し特に有利な条件で新株予約権を発行する場合に株主総会の特別決議が必要である旨の規定は，株主以外の者に対し特に有利な条件で新株予約権を付した新株予約権付社債を発行する場合においても，準用されている（341条ノ3第3項・280条ノ21第1項）。
(4) 誤　新株予約権付社債とは，新株予約権を付した社債であって（341条ノ2第1項），新株予約権または社債が消滅した場合を除いて，新株予約権または社債の一方のみを譲渡することができないものである（341条ノ2第4項）。したがって，新株予約権だけを譲渡することはできない。

＜ワーク35＞

正解　(3)

【解説】
(1) 正　株式交換・株式移転によって，株式の譲渡制限が行われる結果となる場合には，決議要件が加重される（353条6項・365条2項・348条1項・2項参照）。
(2) 正　株式交換は，株主の変動を伴うに過ぎず，当事会社の資産構成等に大規模な変動を伴うものではないので，債権者保護手続は予定されていない。
(3) 誤　簡易株式交換は，既に多数の株式を所有している会社を完全子会社化する場合に，完全親会社における影響が少ないことに鑑みて，完全親会社となる会社の側の手続の簡易化を認める制度である（358条参照）。
(4) 正　株式移転においては，完全親会社となる会社は新規に設立されるため，新たに定款を作成しなければならない（365条1項1号）。
(5) 正　株式交換の効力が生じる日は株式交換契約書によって定められるが（353条2項6号），株式移転の効力は登記によって生じるものとされる（370条）。

<ワーク36>

正解　(4)

【解説】
(1) 正　374条1項・374条ノ17第1項。
(2) 正　374条ノ6・374条ノ22・374条ノ23。
(3) 正　374条ノ4第1項・374条ノ20第1項。なお，吸収分割の場合には，官報のほかに承継会社の定款で定めた日刊新聞紙にも公告したときには，個別の催告は不要である（374条ノ20第1項但書）。また，分社型の場合には，分割会社の財産状況に変動はないから，分割会社に対して債権の全額を請求できる債権者については催告する必要はない（374条ノ4第1項但書・374条ノ20第2項）。
(4) 誤　会社分割に反対の株主は，株式買取請求権を行使できるが（374条ノ3第1項，374条ノ31第3項），簡易分割においては，株式買取請求権が認められない場合がある（374条ノ6第3項・374条ノ22第3項。なお，簡易な吸収分割の場合には株式買取請求権が認められる場合もある。374条ノ23第5項）。

<ワーク37>

正解　(4)

【解説】
(1) 誤　登記は資本減少の効力発生要件ではないものの，資本減少が効力を生じた後，会社は変更の登記をしなければならない。なぜならば，資本減少により，登記事項（資本の額など）に変更が生じるからである。
(2) 誤　資本減少にあたっては，債権者保護手続が要求される（376条2項・100条）。

(3) 誤　　資本減少にあたっては，株主総会の特別決議が要求されている（375条1項）。

(4) 正　　資本は定款の記載事項ではないので，資本減少は定款変更とは無関係にこれをなすことができる。

＜ワーク38＞

正解　(2)

【解説】

(1) 正

(2) 誤　　株式会社の合併は原則として株主総会の特別決議による承認が必要であるが，存続（新設）会社の定款に株式譲渡制限の定めがあるのに，消滅会社の定款にその旨の定めが置かれていない場合は，いわゆる特殊決議（348条）による承認を要する。また，簡易合併の場合は，存続会社となる株式会社において株主総会決議による承認を省略することができる。

(3) 正

(4) 正

(5) 正

＜ワーク39＞

正解　(1)

【解説】

(1) 正　　清算手続のために必要な場合には，本店を移転することができる。

(2) 誤　　株式会社が合併・破産以外の事由で解散したときは，定款に定めがある場合，株主総会で選任した場合を除いて，取締役が清算人となる（417条1項）。

(3) 誤　　株主は会社の解散後であっても，株式を譲渡することができる。

(4) 誤　　取締役と異なり，営業活動を前提としない監査役は，会社が解散しても，当然には，その地位を失わない。

(5) 誤　　解散後，清算結了までは定時総会を開かなければならない。

事項索引

あ

悪意の株主 …………………………… *221*
預合（あずけあい）……………………… *55, 57*

い

委員会等設置会社 ……………… *120, 146*
異種会社間の合併 …………………… *272*
一元的組織 ……………………………… *27*
一単元の株式 ………………………… *35*
1人会社（いちにんがいしゃ）………… *4, 30*
一部議決権制限株式 ………………… *67*
一括回答 ……………………………… *122*
委任契約 ……………………………… *174*
委任状 ………………………………… *114*
委任の終了原因 ……………………… *189*
違法行為差止請求権 ………… *12, 182, 196*
違法な買受の効果 …………………… *82*
違法配当 ……………………………… *219*
違法配当罪 …………………………… *222*
員　数 ………………………………… *135*

う

訴えの提起 …………………………… *183*
訴えの利益 …………………………… *129*

え

営利社団法人 …………………… *1, 10, 45*
延　会 ………………………………… *123*

お

親子会社 ……………………………… *18*

か

開業準備行為 ………………………… *45*
会計監査権 …………………………… *187*
会計監査権限 ………………………… *199*
会計監査人 …………………… *191, 202*
会計帳簿 ……………………………… *192*
開示規制 ……………………………… *258*
会　社 …………………………………… *1*
　——の営利性 ………………………… *2*
　——の解散 ………………………… *280*
　——の解散命令 ………………… *13, 15*
　——の社団性 ………………………… *3*
　——の種類 ………………………… *22*
　——の消滅 ………………………… *279*
　——の政治献金 ……………………… *11*
会社設立手続の瑕疵 ………………… *56*
会社設立取消の訴え ………………… *17*
会社・取締役間の訴訟 ……………… *196*
会社・取締役間の利益相反取引 …… *156*
会社不成立 …………………………… *49, 58*
会社不存在 …………………………… *58*
額面株式 ……………………………… *101*
仮装取引 ……………………………… *151*
合併契約 ……………………………… *273*
合併承認総会決議 …………………… *273*
合併登記 ……………………………… *274*
合併の効力発生 ……………………… *275*
合併比率算定理由書 ………………… *273*
合併無効原因 ………………………… *277*
合併無効の訴え ……………………… *277*
株　券 ………………………………… *72*
　——の回収 ………………………… *96*
　——の発行 ………………………… *73*
株　式
　——の仮装払込 ………………… *55, 56*
　——の公開買付（TOB）………… *151, 226*
　——の失効手続 …………………… *98*

——の自由譲渡性 ……………… *25, 71*
——の消却 ……………………… *93*
——の譲渡 …………………… *25, 71, 73*
——の譲渡制限 ………………… *25*
——の担保化 …………………… *74*
——の分割 ……………………… *86, 89*
——の併合 ……………………… *86, 87*
——の併合の効力発生時期 …… *88*
株式移転 …………………… *252, 258*
——の登記 ……………………… *258*
——の無効 ……………………… *259*
株式買占への対抗 ……………… *230*
株式会社 …………………………… *24*
——の継続 ……………………… *281*
——の清算 ……………………… *281*
株式買取請求権 ……… *255, 259, 262, 264*
株式交換 ………………………… *253*
——の日 ………………………… *254*
——の無効 ……………………… *257*
株式交換契約書 ………………… *253*
株式交換交付金 ………………… *254*
株式交換差益 …………………… *254*
株式交換貸借対照表 …………… *256*
株式交換比率 …………………… *254*
株式交換無効の訴え …………… *257*
株式社団説 ………………………… *5*
株式社内留保契約 ……………… *81*
株式消却特例法 ………………… *95*
株式譲渡制限会社 ……………… *84*
株式買取請求権 …………… *274, 276*
株式配当 ………………………… *89*
株式発行前の譲渡制限 ………… *71*
株式平等原則 …………………… *62*
株式分割の効力発生時期 ……… *91*
株式分割の手続 ………………… *90*
株式持合解消の受皿 …………… *78*
株　主 …………………………… *24*
——の質問権 …………………… *121*

——の動議提出権 ……………… *122*
株主消却特例法 ………………… *211*
株主責任 ………………………… *267*
株主総会 ………………………… *105*
——の議長 ……………………… *118*
——の決議事項 ………………… *120*
——の招集手続 ………………… *105*
——の特別決議 ……… *190, 233, 268*
株主総会決議 …………………… *130*
——の瑕疵 ……………………… *126*
——の取消 ……………………… *126*
——の取消訴権 ………………… *68*
株主代表訴訟 …………… *169, 182*
株主平等の原則 ………………… *111*
株主有限責任 …………………… *206*
——の原則 ……………………… *27*
仮処分命令 ……………………… *235*
仮取締役 ………………………… *135*
簡易合併 ………………………… *275*
簡易株式交換 …………………… *256*
簡易分割 ………………………… *263*
監査委員会（制度）…………… *147, 187*
監査証明 ………………………… *227*
監査被選任資格 ………………… *188*
監査費用 ………………………… *197*
監査報告書 ……………………… *195*
監査法人 …………………… *202, 225*
監査役 ……………………… *142, 186*
——の権限 ………… *194, 199, 200*
監査役会 ………………………… *191*
——の招集 ……………………… *201*
完全無議決権株式 ……………… *67*
監督権限 ………………………… *142*
看板的取締役 …………………… *172*
元利支払 ………………………… *243*

き

企業維持の原則 ………………… *51*

企業価値 …………………………… 149
企業結合 …………………………… 26
企業情報の開示 …………………… 223
企業買収（M&A）………………… 226
議決権 ……………………………… 111
　──の代理行使 ………………… 113
　──の不統一行使 ……………… 116
議決権行使書面 …………………… 115
議決権制限 ………………………… 111
議決権制限株式 …………………… 67
擬似発起人 ………………………… 54
擬制商人 …………………………… 2
寄付行為 …………………………… 30
基本的商行為 ……………………… 1
記名社債 …………………………… 239
客観的濫用説 ……………………… 17
吸収合併 …………………………… 270
吸収分割 …………………………… 260
共益権能群 ………………………… 83
競業取引の承認 …………………… 162
競業避止義務 ………………… 160, 161
　──の効果 …………………… 162
　──の対象 …………………… 161
強制消却 …………………………… 96
強制転換条項付株式 ……………… 66
共同組合 …………………………… 2
共同代表取締役 …………………… 157
業務監査権 ………………………… 187
業務監査権限 ……………………… 199
業務執行決定権 …………………… 142
業務上横領罪 ……………………… 227
虚偽有価証券報告書記載・提出罪 … 227
金庫株 ……………………………… 78

く

組　合 ……………………………… 3

け

形骸化・無機能化現象 …………… 145
形式的形骸化説 …………………… 19
決議取消事由 ……………………… 126
決議取消の訴え …………………… 128
決議不存在確認の訴え …………… 131
決議無効確認の訴え ……………… 130
原始定款 …………………………… 60
原始的1人会社 …………………… 5
建設利息 …………………………… 218
兼任の禁止 ………………………… 134
現物債 ……………………………… 240
現物出資 ………………………… 31, 38, 47
権利株 ……………………………… 71
権利能力 ………………………… 8, 46

こ

公益法人 …………………………… 2
公開会社 …………………………… 231
合資会社 ………………………… 3, 23
公示催告手続 ……………………… 74
公正証書原本不実記載罪 ………… 56
公正な発行価額 …………………… 230
公認会計士 ………………………… 202
後発的1人会社 …………………… 4
公法人 ……………………………… 2
合名会社 ………………………… 3, 22
子会社調査権 ……………………… 195
小商人 ……………………………… 207
コーポレート・ガバナンス ……… 141
　──・システム ……………… 143
雇用契約 …………………………… 175
混合株 ……………………………… 62
コンプライアンス→法令遵守

さ

採決の方法 ………………………… 123

債権者保護手続	262, 264, 278
最高意思決定機関	141
財産引受	31, 39, 46
最初の取締役	135
財務諸表	225
在来型数種の株式	61
裁量棄却	128
錯　誤	36

し

自益権能群	83
時価主義	226
自己株式（自社株）	76, 112
——の買受規制	79
——の換価価値	83
——の取得	77
——の担保取得	79
事後設立	47, 48
事後の情報開示	274
失権手続	36
執行役（オフィサー）	146
実質的支配説	18
自動再任制度	203
資　本	206
——の計算尺度機能	208
——の欠損	207, 211, 267
——の財産拘束機能	208
資本確定の原則	208
資本組入	211
資本減少	208, 267
——の効力	269
——の手続	268
——の無効	269
資本充実・維持の原則	208
資本充実責任	52
資本準備金	210
資本調達	230
資本不変の原則	208

指名委員会	147
社外取締役	146, 147
社　債	238
——と株式の相違	238
——の償還	243
——の発行手続	240
社債管理会社	242
社債権者集会	242
社債原簿	241, 249
重要財産委員会	148
主観的濫用説	17
授権資本	26, 32, 207
受動的の監視義務	143
主要目的法理	235
準無償交付	89
小会社	24
少額出資	31
償還株式	65
常勤監査役	199
証券市場（マーケット）	223
証券取引委員会（SEC）	150
証券取引等監査委員会	226
商行為	1
商事会社	1
招集通知	107
招集手続の瑕疵	109
常設機関	186
譲渡制限株式の譲渡	72
使用人兼取締役	178
——の報酬	179
消滅会社	270
賞　与	176
将来効	277
除権判決	74
書面投票	108
書面投票制度	113, 115
書面投票制度採用	123
新型数種の株式	61

事項索引　305

新株の第三者割当 ……………………230
新株の有利価額発行 …………………229
新株発行差止請求 ……………………234
新株発行代用自己株式 ………………78
新株引受権 ……………………………60
新株引受権証書 ………………………60
新株予約権 ……………………………245
　——の行使 ……………………112, 247
　——の最低発行価額 …………………246
　——の消却 ……………………248, 250
　——の譲渡 ……………………………247
　——の発行価額 ………………………244
　——の発行手続 ………………………245
　——の有利発行 ………………………236
新株予約権原簿 ………………………249
新株予約権付社債 ………………248, 258
　——の行使 ……………………………250
　——の譲渡 ……………………………249
　——の発行手続 ………………………248
新株予約権付社債券 ……………249, 250
新設会社 ………………………………271
新設合併 ………………………………271
新設分割 ………………………………260
人的信頼関係 …………………………27
心裡留保 ………………………………35
心裡留保説 ………………………145, 156

す

随時償還制 ……………………………243
数種の株式 ……………………………60, 91
ステイク・ホルダー …………………223

せ

清算中の会社 …………………………9
責任の免除 ……………………………169
説明拒絶事由 …………………………121
設立関与者の責任 ……………………51
設立詐欺 ………………………………51

設立中の会社 ……………………8, 30, 44
設立登記 ……………………………8, 44
設立費用 ……………………………40, 48
設立無効 ……………………………56, 58
　——の訴え ……………………………57
善意取得 ………………………………74
全員出席総会 …………………………109
善管注意義務 ……………………53, 160, 193
潜在的社団説 …………………………5
専務会 …………………………………141

そ

総会議事録 ……………………………124
総会議長の権限 ………………………119
総会決議の不存在 ……………………131
総会未決定の報酬 ……………………180
相互保険会社 …………………………2
相互保有株式 …………………………112
相対的部分的無効説 …………………234
相対的無効説 …………………………165
相場操作（マニュピレーション）……151
相場操縦 ………………………………225
遡及効 …………………………………57
続　会 …………………………………124
ソニー・アイワ事件 …………………232
損益計算書 ……………………………234
損害賠償請求権 ………………………53
存続会社 ………………………………271

た

大会社 ……………………………24, 177
　——の監査制度 ………………………199
第三者に対する新株の有利発行 ……155
退　社 …………………………………23
貸借対照表 ……………………………224
退職慰労金 ………………………177, 190
対世効 …………………………………278
退任登記未了の取締役 ………………172

代表権制限説 …………………………… *11*
代表権の跋扈 …………………………… *154*
代表執行役 ……………………………… *146*
代表取締役 ……………………………… *153*
代用自己株式 …………………………… *275*
大量保有報告書 ………………………… *226*
タクマ事件 ……………………………… *231*
蛸（タコ）配当 ………………………… *219*
単元株制度 ………………………… *102, 113*
単元未満株主の権利 …………………… *103*
担保付社債 ……………………………… *239*

ち

中会社 ……………………………………… *24*
中間配当 …………………………… *217, 254*
忠実義務 ………………………………… *160*
忠実屋事件 ………………………… *232, 235*
中小企業の法人成り（株式会社成り）… *15*
調査権限 ………………………………… *194*
直接損害 ………………………………… *171*

つ

通常清算 ………………………………… *282*

て

定　款 ……………………………… *30, 44*
　　──に記載のない財産引受 ………… *46*
　　──による資格制限 ……………… *133*
　　──による譲渡制限 ………………… *71*
　　──の目的による権利能力の制限 …… *9*
定款変更 …………………………………… *60*
定時総会 ………………………………… *108*
定時分割償還 …………………………… *243*
ディスクロージャー …………………… *223*
提訴期間 ………………………………… *277*
提訴権者 ………………………………… *277*
手形行為 ………………………………… *164*
適法性監査権 …………………………… *187*

電磁的方法による議決権行使 ………… *115*
転換予約権付株式 ………………………… *66*

と

同一性説 …………………………………… *45*
登記簿上の表見的取締役 ……………… *172*
投資単位 ………………………………… *100*
頭数主義 ………………………………… *144*
登録社債 ………………………………… *240*
特別議決 ………………………………… *120*
　　──のない有利価額発行 …………… *233*
特別清算 ………………………………… *283*
特別背任罪 ………………………… *51, 227*
特別利害関係人 ………………………… *127*
土地再評価法 ……………………………… *95*
土地の定着物 ……………………………… *33*
トラッキング・ストック ………………… *61*
取締役 ……………………………… *133, 153*
　　──の員数 ………………………… *135*
　　──の会社に対する責任 …… *167, 182*
　　──の解任 ………………………… *138*
　　──の義務 ………………………… *160*
　　──の求償権 ……………………… *220*
　　──の欠格事由 …………………… *134*
　　──の兼任の禁止 ………………… *134*
　　──の資格制限 …………………… *133*
　　──の責任 …………………………… *13*
　　──の選任 ………………………… *136*
　　──の第三者に対する責任 ……… *170*
　　──の報酬 ………………………… *174*
取締役会 …………………………… *133, 141, 153*
　　──の決議の瑕疵 ………………… *144*
　　──の招集権限 …………………… *142*
　　──への出席・招集権 …………… *195*
取締役会中心主義 ……………………… *141*
取締役解任の訴え ………………… *13, 136, 138*

な

内部者（インサイダー）取引 …………150
馴合訴訟 …………………………184
馴合取引 …………………………151

に

二元的組織 ………………………23
ニューヨーク証券取引所 …………150
任意準備金 ……………209, 212, 216
任意消却 …………………93, 96, 97
任　期 ……………………………135
認　証 ……………………………30
任務懈怠責任 ……………………191

の

能動的監視義務 …………………143

は

配当可能利益 ………………213, 219
端　株 ……………………………101
端株主の権利 ……………………102
派生的機関説 …………………145, 153
払込・給付の担保責任 ……………52
払込金保管証明書 ………………55
払込取扱機関 ……………………55

ひ

引受価額 …………………………52
引受担保責任 ……………………52
被後見人 …………………………29
非参加的優先株 …………………239
一株一議決権の原則 ……………111
一人一議決権 ……………………144
被保佐人 …………………………29
表見代表取締役 …………………158
表見的取締役 ……………………172
表示資本 …………………………207

ふ

風説の流布 ………………………152
複数監査役制度 …………………199
付属的商行為 ……………………2
普通議決 …………………………120
復活会社 …………………………278
不動産の鑑定 ……………………33
不法行為特則説 …………………170
分割型の会社分割 ………………260
分割計画書 ………………………260
分割契約書 ………………………260
分割登記 …………………………263
分割無効の訴え …………………264
分社型の会社分割 ………………260
粉飾決算 …………………………226

へ

並列的機関説 …………………145, 154
変態設立 …………………………38
変態設立規制 ……………………25
変態設立事項 ……………………47
　──の調査 ……………………41
変動取引 …………………………151

ほ

包括委任状 ………………………123
包括承継 ……………………271, 275
報告事項 …………………………119
報酬委員会 …………………147, 148
法人格 ……………………………6
　──の形骸化 …………………18
　──の濫用事例 ………………16
法人格否認の法理 ………………170
法定資本 …………………………207
法定準備金 …………………209, 214
法定責任説 ………………………170
法令遵守 …………………………223

募集設立 ……………………………25, 34
発起設立 ……………………………25, 30
発起人 ………………………………29, 44
　　──の責任 …………………………54
発起人組合 ………………………………44
発起人・取締役の会社に対する責任 ……51

み

見せ金 ……………………………………55
宮入バルブ事件 ………………………232
民事会社 …………………………………1

む

無議決権条項 ……………………………63
無記名社債 ……………………………239
無限責任社員 ………………………22, 23, 24
無償消却 …………………………………93
無担保付社債 …………………………239

も

持株会社制度 …………………………252
持　分 ……………………………………22
持分単一主義 ……………………………22
持分複数主義 ……………………………22

や

八幡製鉄政治献金事件 …………………11

ゆ

誘引目的 ………………………………151

有価証券報告書 ………………………225
有限会社 ………………………………1, 27
有限責任社員 ………………………23, 24, 27
有効説 …………………………………233
有償消却 …………………………………93
優先株 ……………………………………62
　　──の発行方法 ……………………65
　　──の類型 …………………………64
優先株主 …………………………………60
優先的利益配当 …………………………63

ら

濫用的訴訟 ……………………………183

り

利益準備金 ……………………………210
利益相反取引 …………………………163, 168
利益相反取引規制 ……………………160
利益配当 ………………………………213, 254
リスク・マネージメント ……………149

る

累積投票 ………………………………136
累積投票制度 …………………………37, 111

れ

劣後株 ……………………………………62
連結主義 ………………………………226
連帯債務者 ……………………………192

ワークスタディ 商法 会社法

2002年5月25日 第1版第1刷発行

編者 石 山 卓 磨

発行 不 磨 書 房
〒113-0033 東京都文京区本郷 6-2-9-302
TEL 03-3813-7199／FAX 03-3813-7104

発売 ㈱信 山 社
〒113-0033 東京都文京区本郷 6-2-9-102
TEL 03-3818-1019／FAX 03-3818-0344

制作：編集工房 INABA　　　印刷・製本／松澤印刷
ⓒ著者, 2002, Printed in Japan

ISBN4-7972-9289-X C3332

不磨書房

◇◇ **法学検定試験**を視野に入れた **ワークスタディ** シリーズ ◇◇　最新刊

1　ワークスタディ　刑法総論（第2版）　定価：本体 1,800円（税別）

島岡まな（亜細亜大学）編　／北川佳世子（海上保安大学校）／末道康之（清和大学）
松原芳博（早稲田大学）／萩原滋（愛知大学）／津田重憲（明治大学）／大野正博（朝日大学）
勝亦藤彦（海上保安大学校）／小名木明宏（熊本大学）／平澤修（中央学院大学）／
石井徹哉（奈良産業大学）／對馬直紀（宮崎産業経営大学）／内山良雄（九州国際大学）　9280-6

2　ワークスタディ　刑法各論　定価：本体 2,200円（税別）

島岡まな（亜細亜大学）編　／北川佳世子（海上保安大学校）／末道康之（清和大学）
松原芳博（早稲田大学）／萩原滋（愛知大学）／津田重憲（明治大学）／大野正博（朝日大学）
勝亦藤彦（海上保安大学校）／小名木明宏（熊本大学）／平澤修（中央学院大学）
石井徹哉（奈良産業大学）／對馬直紀（宮崎産業経営大学）／内山良雄（九州国際大学）
関哲夫（国士舘大学）／清水真（東亜大学）／近藤佐保子（明治大学）　9281-4

3　ワークスタディ　商法（会社法）　定価：本体 2,400円（税別）

石山卓磨（日本大学）編　／河内隆史（神奈川大学）／中村信男（早稲田大学）
土井勝久（札幌大学）／土田亮（東亜大学）／松岡啓祐（専修大学）／松崎良（東日本国際大学）
王子田誠（東亜大学）／前田修志（東亜大学）／松本博（宮崎産業経営大学）／
大久保拓也（日本大学）／松嶋隆弘（日本大学）／川島いづみ（早稲田大学）　9289-X

ケイスメソッド　**民　法　I　総則**　9282-2　【法学検定試験対応テキスト】

上條醇（山梨学院大学）／工藤農（東北福祉大学）／舘幸嗣（中央学院大学）
湯川益英（山梨学院大学）／大窪久代（近畿大学短期大学部）　定価：本体 2,000円（税別）

ケイスメソッド　**民　法　II　担保物権**　9284-9　（近刊）

上條醇（山梨学院大学）／工藤農（東北福祉大学）／舘幸嗣（中央学院大学）／湯川益英
（山梨学院大学）／大窪久代／伊野琢彦（山梨学院大学）／小林秀年（東洋大学）

ドメスティック・バイオレンス　戒能民江 著（お茶の水女子大学教授）

■沈黙を破った女たち■ジェンダーと女性への暴力■DV防止法の成立　9297-0
DV法の制定は、DV対応の一歩にすぎない。総合的な検証と取組みへの指針■3,200円（税別）

これからの　家族の法　奥山恭子 著（帝京大学助教授）

1 親族法編　9233-4　　2 相続法編　9296-2　（2分冊）　■各巻 1,600円（税別）